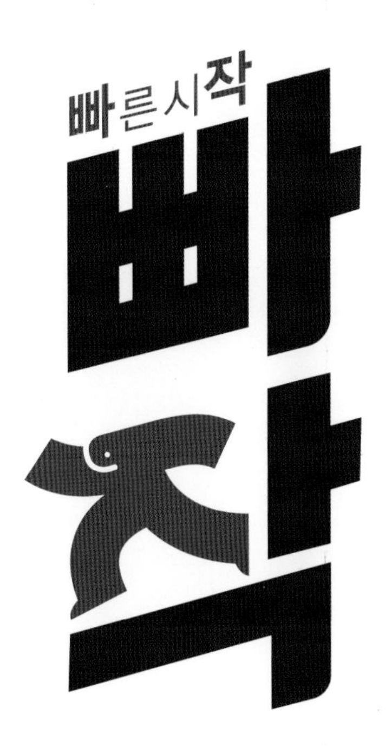

중학 국어 **어휘**

2

중학 국어 빠작 시리즈

비문학 독해 0, 1, 2, 3 | 독해력과 어휘력을 함께 키우는 독해 기본서
문학 독해 1, 2, 3 | 필수 작품을 통해 문학 독해력을 기르는 독해 기본서
문학x비문학 독해 1, 2, 3 | 문학 독해력과 비문학 독해력을 함께 키우는 독해 기본서
고전 문학 독해 | 필수 작품을 통해 고전 문학 독해력을 기르는 독해 기본서
어휘 1, 2, 3 | 내신과 수능의 기초를 마련하는 중학 어휘 기본서
한자 어휘 | 한자를 통해 중학 국어 필수 어휘를 배우는 한자 어휘 기본서
첫 문법 | 중학 국어 문법을 쉽게 익히는 문법 입문서
문법 | 풍부한 문제로 문법 개념을 정리하는 문법서
서술형 쓰기 | 유형으로 익히는 실전 TIP 중심의 서술형 실전서

이 책을 쓰신 선생님

이은정(신천중) 이세주(광성고) 허단비(전 인화여중)

중학 국어

어휘

2

차 례

차 례

구성과 특징

- **2015개정 중학교 2학년 국어 교과서를 바탕**으로 어휘를 엄선하였습니다.
- **단계별 학습**과 **반복 학습**이 가능한 체재로 학습의 효과를 높일 수 있도록 하였습니다.
- **학교 내신 대비**와 함께 **수능 국어의 기초**를 쌓을 수 있도록 어휘를 제시하고, 체재를 구성하였습니다.

① 어휘 익히기

매 회차별로 17개의 필수 어휘, 필수 개념, 한자 성어 | 관용구 | 속담을 익힙니다.

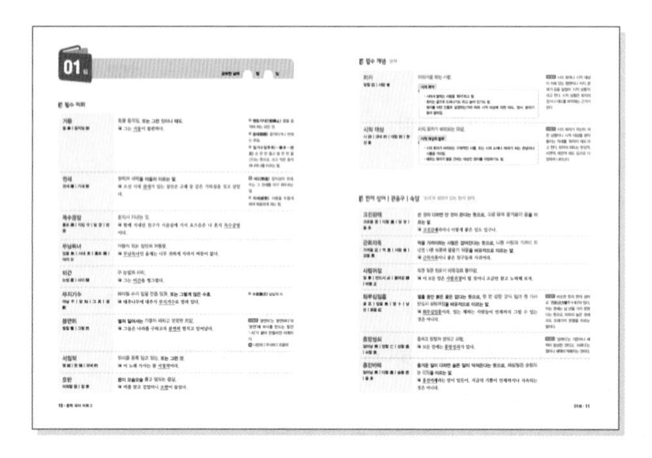

필수 어휘 눈에 띄는 색감을 활용하여 어휘의 주요 뜻을 쉽게 기억할 수 있도록 하였으며, 유의어(유), 반의어(반), 연관 어휘, 수능 기출 예문을 접할 수 있게 하였습니다.

필수 개념 영역별 필수 개념을 학습하여 학교 국어 시험을 대비할 수 있게 하였습니다.

한자 성어 | 관용구 | 속담 한자 성어와 관용구, 속담은 주제 또는 소재로 분류하여 제시하였습니다.

② 확인 문제

문제를 풀며 앞에서 학습한 어휘의 이해 정도를 확인합니다.

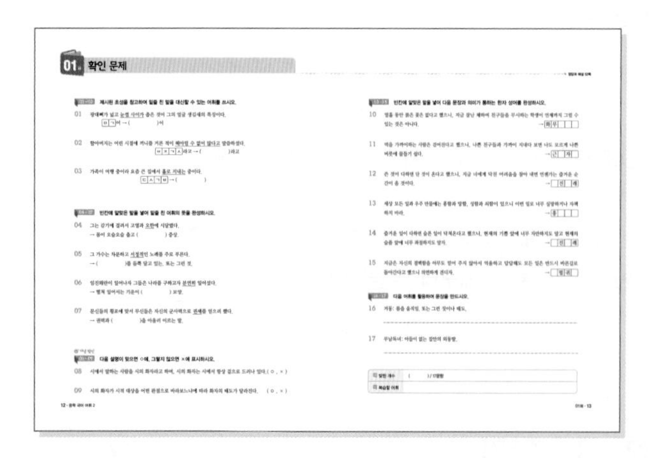

어렵지 않은 난이도의 확인 문제를 풀며 앞에서 익힌 어휘의 이해 정도를 확인할 수 있도록 하였습니다.

개념 확인 앞에서 학습한 영역별 필수 개념을 바르게 이해하고 있는지 문제를 풀며 확인할 수 있게 하였습니다.

자기 점검 채점을 한 후 복습할 어휘를 적어 보게 하여 보충 학습을 할 수 있게 하였습니다.

3 종합 문제 6회분 어휘를 종합한 문제로 실전을 대비하는 어휘력을 기릅니다.

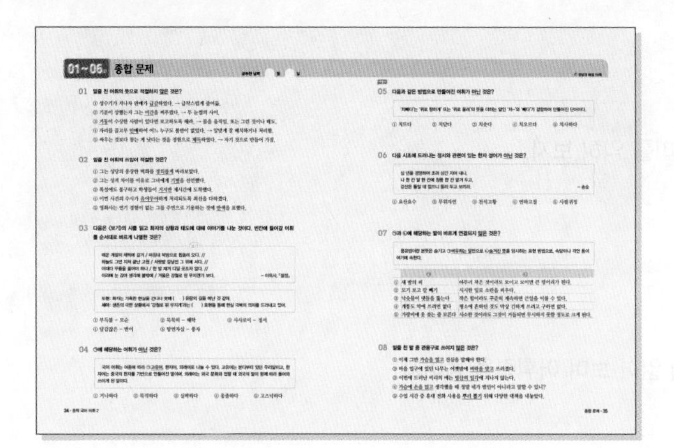

다양한 유형의 문제를 풀며 실전을 대비하는 어휘력을 기를 수 있도록 하였습니다.

수능 기출 응용 수능 기출을 응용한 문제를 통해 수능에서 출제되는 어휘 문제의 유형을 접할 수 있게 하였습니다.

어법+ 어휘를 바탕으로 어법에 대해서도 이해할 수 있도록 하였습니다.

책 속의 책

어휘력 다지기

본책에서 학습한 어휘를 복습하며 어휘력을 확실하게 다집니다.

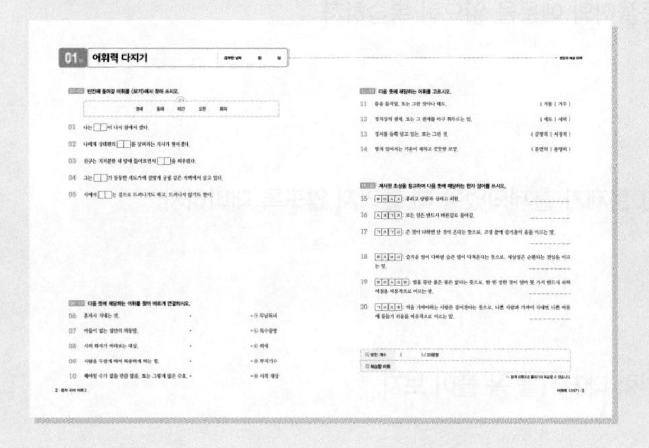

정답과 해설

정답 해설과 오답 풀이를 읽으며 어휘 학습을 빈틈없이 완성합니다.

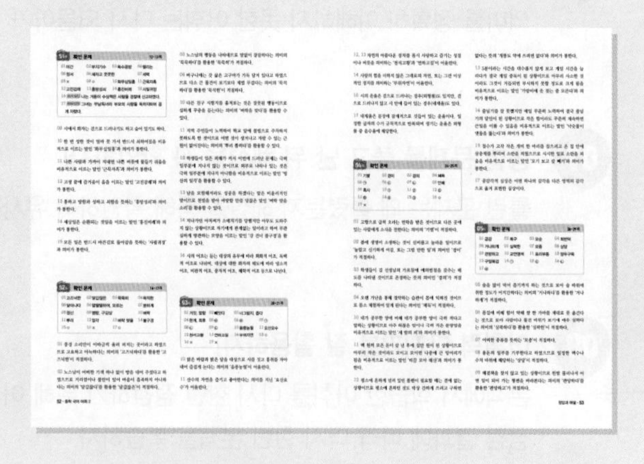

이 책의 활용 방법

01 학습 계획을 세우고, 꾸준히 공부하자!

매일 20~30분씩 학습하면 4주에 학습을 마칠 수 있도록 구성된 책이다.
주 2회 이상 어휘 공부를 하는 것으로 학습 계획을 세워서 꾸준히 공부하자.

02 한자의 뜻을 보며 어휘의 의미를 익히자!

한자어가 많은 우리말, 한자의 뜻을 보면서 어휘의 의미를 익혀 보자.
어휘의 의미가 더욱 잘 이해될 것이다.

03 유의어, 반의어, 연관 어휘까지 챙기자!

표제어 옆에 제시된 유의어, 반의어, 연관 어휘도 함께 읽어 보며 어휘력을 높이자.

04 필수 개념은 확실히 익히자!

학교 시험과 관련 있는 영역별 필수 개념은 예시와 추가 설명을 찬찬히 읽어 보며 확실히 익히도록 하자.

05 주제 및 소재별로 구분한 한자 성어, 관용구, 속담을 기억하자!

한자 성어, 관용구, 속담은 주제 및 소재별로 구분하여 키워드를 제시하였다.
키워드를 기억하며 머릿속에 차곡차곡 정리해 두자.

06 확인 문제를 풀고 난 뒤 복습이 필요한 어휘는 바로 다시 공부하자!

의미를 정확히 이해하지 못한 어휘는 다시 되돌아가 뜻풀이와 예문을 읽으며 복습하자.

07 종합 문제를 풀고 난 뒤 해설을 꼭 확인하자!

틀린 문제는 왜 틀렸는지 해설을 통해 확인하여 유사한 문제가 출제되었을 때 틀리지 않도록 대비하자.

08 어휘력 다지기를 잘 활용하자!

본책에서 학습한 어휘를 다시 한번 점검하기 위해 어휘력 다지기를 꼭 풀어 보자.
점검 결과에 따라 다시 한번 본책을 복습하자.

학습 점검표

| 학습한 날짜를 기록하면서 자신의 학습 현황을 점검해 보자.

본책	학습한 날	복습한 날
1회		
2회		
3회		
4회		
5회		
6회		
1~6회 종합 문제		
7회		
8회		
9회		
10회		
11회		
12회		
7~12회 종합 문제		
13회		
14회		
15회		
16회		
17회		
18회		
13~18회 종합 문제		
19회		
20회		
21회		
22회		
23회		
24회		
19~24회 종합 문제		

어휘력 다지기	학습
1회	
2회	
3회	
4회	
5회	
6회	
7회	
8회	
9회	
10회	
11회	
12회	
13회	
14회	
15회	
16회	
17회	
18회	
19회	
20회	
21회	
22회	
23회	
24회	

필수 어휘

어휘	뜻과 예문	참고
거동 들 擧 | 움직일 動	**몸을 움직임. 또는 그런 짓이나 태도.** 예 그는 거동이 불편하다.	⊕ 행동거지(行動擧止): 몸을 움직여 하는 모든 짓. ⊕ 동태(動態): 움직이거나 변하는 모습. ⊕ 일거수일투족(一擧手一投足): 손 한 번 들고 발 한 번 옮긴다는 뜻으로, 크고 작은 동작 하나하나를 이르는 말.
권세 권세 權 | 기세 勢	**권력과 세력을 아울러 이르는 말.** 예 조선 시대 권세가 있는 집안은 고래 등 같은 기와집을 짓고 살았다.	유 세도(勢道): 정치상의 권세. 또는 그 권세를 마구 휘두르는 일. ⊕ 위세(威勢): 사람을 두렵게 하여 복종하게 하는 힘.
독수공방 홀로 獨 | 지킬 守 | 빌 空 | 방 房	**혼자서 지내는 것.** 예 함께 지내던 친구가 시골집에 가서 요즈음은 나 혼자 독수공방이다.	
무남독녀 없을 無 | 사내 男 | 홀로 獨 | 여자 女	**아들이 없는 집안의 외동딸.** 예 무남독녀인 윤재는 너무 귀하게 자라서 버릇이 없다.	
미간 눈썹 眉 | 사이 間	**두 눈썹의 사이.** 예 그는 미간을 찡그렸다.	
부지기수 아닐 不 | 알 知 | 그 其 | 셀 數	**헤아릴 수가 없을 만큼 많음. 또는 그렇게 많은 수효.** 예 대추나무에 대추가 부지기수로 열려 있다.	⊕ 수효(數爻): 낱낱의 수.
분연히 떨칠 奮 | 그럴 然	**떨쳐 일어서는 기운이 세차고 꿋꿋한 모양.** 예 그들은 나라를 구하고자 분연히 떨치고 일어났다.	더 알기 '분연히'는 '분연하다'의 '분연'에 부사를 만드는 말인 '-히'가 붙어 만들어진 어휘이다. 예 나란히 | 무사히 | 조용히
서정적 펼 敍 | 뜻 情 | 과녁 的	**정서를 듬뿍 담고 있는. 또는 그런 것.** 예 이 노래 가사는 참 서정적이다.	
오한 미워할 惡 | 찰 寒	**몸이 오슬오슬 춥고 떨리는 증상.** 예 비를 맞고 걸었더니 오한이 들었다.	

필수 개념 문학

화자
말할 話 | 사람 者

이야기를 하는 사람.

시의 화자

- 시에서 말하는 사람을 '화자'라고 함.
- 화자는 겉으로 드러나기도 하고 숨어 있기도 함.
- 화자를 어떤 인물로 설정하는가에 따라 시적 대상에 대한 태도, 정서, 분위기 등이 달라짐.

더 알기 시의 화자나 시적 대상이 처해 있는 형편이나 처지, 분위기 등을 일컬어 '시적 상황'이라고 한다. 시적 상황은 화자의 정서나 태도를 파악하는 근거가 된다.

시적 대상
시 詩 | 과녁 的 | 대할 對 | 형상 象

시의 화자가 바라보는 대상.

시적 대상의 범위

- 시의 화자가 바라보는 구체적인 사물, 또는 시의 소재나 제재가 되는 관념이나 사물을 가리킴.
- 때로는 화자가 말을 건네는 대상인 청자를 지칭하기도 함.

더 알기 시의 화자가 자신이 처한 상황이나 시적 대상을 받아들이는 자세를 '화자의 태도'라고 한다. 화자의 태도는 반성적, 비판적, 예찬적 태도 등으로 다양하게 나타난다.

한자 성어 | 관용구 | 속담 '순리'와 관련이 있는 한자 성어

고진감래
괴로울 苦 | 다할 盡 | 달 甘 | 올 來

쓴 것이 다하면 단 것이 온다는 뜻으로, **고생 끝에 즐거움이 옴을 이르는 말.**

예 고진감래라더니 이렇게 좋은 일도 있구나.

근묵자흑
가까울 近 | 먹 墨 | 사람 者 | 검을 黑

먹을 가까이하는 사람은 검어진다는 뜻으로, **나쁜 사람과 가까이 지내면 나쁜 버릇에 물들기 쉬움을 비유적으로 이르는 말.**

예 근묵자흑이니 좋은 친구들과 사귀어라.

사필귀정
일 事 | 반드시 必 | 돌아갈 歸 | 바를 正

모든 일은 반드시 바른길로 돌아감.

예 이 모든 일은 사필귀정이 될 것이니 조금만 참고 노력해 보자.

화무십일홍
꽃 花 | 없을 無 | 열 十 | 날 日 | 붉을 紅

열흘 동안 붉은 꽃은 없다는 뜻으로, **한 번 성한 것이 얼마 못 가서 반드시 쇠하여짐을 비유적으로 이르는 말.**

예 화무십일홍이라, 있는 체하는 사람들이 언제까지 그럴 수 있는 것은 아니다.

더 알기 비슷한 뜻의 한자 성어로 '권불십년(權不十年)'이 있다. 이는 권세는 십 년을 가지 못한다는 뜻으로, 아무리 높은 권세라도 오래가지 못함을 이르는 말이다.

흥망성쇠
일어날 興 | 망할 亡 | 성할 盛 | 쇠할 衰

흥하고 망함과 성하고 쇠함.

예 모든 일에는 흥망성쇠가 있다.

더 알기 '성하다'는 기운이나 세력이 왕성한 것이고, '쇠하다'는 힘이나 세력이 약해지는 것이다.

흥진비래
일어날 興 | 다할 盡 | 슬플 悲 | 올 來

즐거운 일이 다하면 슬픈 일이 닥쳐온다는 뜻으로, **세상일은 순환되는 것임을 이르는 말.**

예 흥진비래라는 말이 있듯이, 지금의 기쁨이 언제까지나 지속되는 것은 아니다.

01회 확인 문제

01~03 제시된 초성을 참고하여 밑줄 친 말을 대신할 수 있는 어휘를 쓰시오.

01 광대뼈가 넓고 눈썹 사이가 좁은 것이 그의 얼굴 생김새의 특징이다.

ㅁㄱ이 → ( )이

02 할아버지는 어린 시절에 끼니를 거른 적이 헤아릴 수 없이 많다고 말씀하셨다.

ㅂㅈㄱㅅ라고 → ( )라고

03 가족이 여행 중이라 요즘 큰 집에서 홀로 지내는 중이다.

ㄷㅅㄱㅂ → ( )

04~07 빈칸에 알맞은 말을 넣어 밑줄 친 어휘의 뜻을 완성하시오.

04 그는 감기에 걸려서 고열과 오한에 시달렸다.

→ 몸이 오슬오슬 춥고 ( ) 증상.

05 그 가수는 차분하고 서정적인 노래를 주로 부른다.

→ ( )를 듬뿍 담고 있는. 또는 그런 것.

06 임진왜란이 일어나자 그들은 나라를 구하고자 분연히 일어섰다.

→ 떨쳐 일어서는 기운이 ( ) 모양.

07 문신들의 횡포에 맞서 무신들은 자신의 군사력으로 권세를 얻으려 했다.

→ 권력과 ( )을 아울러 이르는 말.

개념 확인

08~09 다음 설명이 맞으면 ○에, 그렇지 않으면 ×에 표시하시오.

08 시에서 말하는 사람을 시의 화자라고 하며, 시의 화자는 시에서 항상 겉으로 드러나 있다. (○ , ×)

09 시의 화자가 시적 대상을 어떤 관점으로 바라보느냐에 따라 화자의 태도가 달라진다. (○ , ×)

10~15 빈칸에 알맞은 말을 넣어 다음 문장과 의미가 통하는 한자 성어를 완성하시오.

10 열흘 동안 붉은 꽃은 없다고 했으니, 지금 잘난 체하며 친구들을 무시하는 학생이 언제까지 그럴 수 있는 것은 아니다. → 화 무 □ □ □

11 먹을 가까이하는 사람은 검어진다고 했으니, 나쁜 친구들과 가까이 지내다 보면 나도 모르게 나쁜 버릇에 물들기 쉽다. → 근 □ 자 □

12 쓴 것이 다하면 단 것이 온다고 했으니, 지금 너에게 닥친 어려움을 참아 내면 언젠가는 즐거운 순간이 올 것이다. → □ 진 □ 래

13 세상 모든 일과 우주 만물에는 흥함과 망함, 성함과 쇠함이 있으니 이번 일로 너무 실망하거나 자책하지 마라. → 흥 □ □ □

14 즐거운 일이 다하면 슬픈 일이 닥쳐온다고 했으니, 현재의 기쁨 앞에 너무 자만하지도 말고 현재의 슬픔 앞에 너무 좌절하지도 말자. → □ 진 □ 래

15 지금은 자신의 결백함을 아무도 믿어 주지 않아서 억울하고 답답해도 모든 일은 반드시 바른길로 돌아간다고 했으니 의연하게 견디자. → □ 필 귀 □

16~17 다음 어휘를 활용하여 문장을 만드시오.

16 거동: 몸을 움직임. 또는 그런 짓이나 태도.

____

17 무남독녀: 아들이 없는 집안의 외동딸.

____

맞힌 개수	(　　　) / 17문항
복습할 어휘	

필수 어휘

어휘	뜻과 예문	참고
고즈넉하다	「1」 고요하고 아늑하다. 예 산 너머에는 고즈넉한 산사가 있다. 「2」 말없이 다소곳하거나 잠잠하다. 예 여인은 고즈넉한 표정에 말이 없었다.	⊕ 잠잠(潛潛)하다: 분위기나 활동 따위가 소란하지 않고 조용하다.
낭창하다 밝을 朗 | 화창할 暢	성격 따위가 밝고 명랑하여 구김살이 없다. 예 신입생인 수지는 낭창해서 친구들에게 인기가 많다.	⊕ 구김살: 표정이나 성격에 서려 있는 그늘지고 뒤틀린 모습.
달갑잖다	거리낌이나 불만이 있어 마음이 흡족하지 아니하다. 예 그는 달갑잖은 목소리로 대답하였다.	반 달갑다: 거리낌이나 불만이 없어 마음이 흡족하다.
망연자실 아득할 茫 | 그럴 然 | 스스로 自 | 잃을 失	멍하니 정신을 잃음. 예 그는 돈이 든 지갑을 잃어버리고 망연자실의 상태가 되었다.	
묵묵하다 잠잠할 默 | 잠잠할 默	말없이 잠잠하다. 예 어려운 상황에서도 아내는 묵묵하게 살림을 꾸려 나갔다.	
묵직하다	「1」 다소 큰 물건이 보기보다 제법 무겁다. 예 묵직한 바구니에는 과일이 가득했다. 「2」 사람이 점잖고 무게가 있다. 예 그분은 묵직하고 너그러운 인상을 지니셨다.	⊕ 듬직하다: ① 사람됨이 믿음성 있게 묵직하다. ② 사물이 크고 묵직하여 굳건하다. ⊕ 가볍다: ① 무게가 일반적이거나 기준이 되는 대상의 것보다 적다. ② 생각이나 언어, 행동이 침착하지 못하거나 진득하지 못하다.
분개하다 성낼 憤 | 분개할 慨	몹시 분하게 여기다. 예 그들은 부당한 대우에 대해 분개하였다.	
우두망찰	정신이 얼떨떨하여 어찌할 바를 모르는 모양. 예 사고 소식을 들은 사람들은 한동안 우두망찰 서 있었다.	
치빼다	(속되게) 냅다 달아나다. 예 나는 바위를 끼고 엉금엉금 기어서 산 위로 치빼지 않을 수 없었다.	더 알기 '치빼다'의 '치-'는 '위로 향하게' 또는 '위로 올려'의 뜻을 더하는 말이다. 예 치뜨다 | 치밀다 | 치솟다

필수 개념 문학

정서
뜻 情 | 실마리 緖

화자가 시적 대상이나 상황에 대해 느끼는 여러 가지 감정. 또는 감정을 불러일으키는 기분이나 분위기.

예 정지용의 「향수」 → 고향에 대한 그리움의 정서가 드러남.

더 알기 시의 주제는 시의 정서에 의해 드러나는 경우가 많으므로 시의 정서를 파악하며 시를 감상해야 한다.

어조
말씀 語 | 고를 調

시적 대상이나 상황에 대한 **화자의 말하는 방식이나 말투.**

화자의 어조

- 듣는 대상의 유무에 따라: 회화적, 독백적
- 화자의 유형에 따라: 어린아이, 어른
- 화자의 정서에 따라: 낙천적, 염세적, 격정적, 애상적 등
- 대상에 대한 화자의 태도에 따라: 냉소적, 비판적, 풍자적, 해학적 등

더 알기 시의 어조는 시의 분위기와도 밀접한 관련이 있으며 어조를 통해 화자의 태도도 파악할 수 있다.

감정 이입
느낄 感 | 뜻 情 | 옮길 移 | 들 入

화자의 감정을 다른 대상에 옮겨 넣어 마치 대상이 화자의 정서를 함께 느끼는 것처럼 **표현하는 기법.**

객관적 상관물

- 화자가 자신의 감정을 구체적인 사물을 통해 간접적으로 나타낼 때 활용되는 사물.
- 화자의 감정이 이입된 대상이기도 하고, 화자의 상황이나 정서와 대비되어 화자의 감정을 심화하는 대상이기도 함.

한자 성어 | 관용구 | 속담 '자연 현상'과 관련이 있는 관용구

강 건너 불구경
자기에게 관계없는 일이라고 하여 **무관심하게 방관하는 모양.**

예 동생 일인데 강 건너 불구경으로 있으면 어떻게 하냐.

벼락 맞을 소리
천벌을 받아 마땅할 만큼 **당찮은 말.**

예 그 애가 도둑질을 했다니, 세상에 그런 벼락 맞을 소리가 어디 있니?

벼락을 맞다
「1」 아주 못된 짓을 하여 **큰 벌을 받다.**

예 남의 눈에 피눈물 나게 하면 벼락을 맞는다.

「2」 **심하게 꾸중을 듣다.**

예 장난을 치다가 선생님께 벼락을 맞았다.

빙산의 일각
대부분이 숨겨져 있고 **외부로 나타나 있는 것은 극히 일부분에 지나지 아니함**을 비유적으로 이르는 말.

예 우리가 그 사람에 대해 알고 있는 건 빙산의 일각이야.

더 알기 '빙산(氷山)'은 빙하에서 떨어져 나와 호수나 바다에 흘러 다니는 얼음덩어리이고, '일각(一角)'은 한 귀퉁이를 의미한다.

뿌리 뽑히다
어떤 것이 생겨나고 자랄 수 있는 **근원이 없어지다.**

예 그 조직은 이미 뿌리 뽑힌 거나 다름없다.

02회 확인 문제

01~04 빈칸에 들어갈 어휘를 〈보기〉에서 찾아 문맥에 맞게 쓰시오.

보기

고즈넉하다　　달갑잖다　　묵묵하다　　묵직하다

산길을 한참 걸은 후에야 우리는 비로소 작은 산사 하나를 발견했다. 풍경 소리만이 이따금씩 울려 퍼지는 01 (　　　　) 곳이었다. 산사를 지키던 노스님이 02 (　　　　) 기색 하나 없이 03 (　　　　) 방을 내어 주셨다. 잠시 후 스님이 가져다 준 04 (　　　　) 바구니에는 갓 삶은 고구마가 가득 담겨 있었다.

05~09 빈칸에 알맞은 말을 넣어 밑줄 친 어휘의 뜻을 완성하시오.

05 그는 달려드는 멧돼지를 피해 허겁지겁 산 위로 치뺐다.
→ 치빼다: 냅다 (　　　　).

06 너무나 갑자기 닥친 불행한 일이라 경미는 그저 우두망찰 지켜볼 뿐이었다.
→ 우두망찰: 정신이 (　　　　) 어찌할 바를 (　　　　) 모양.

07 사람들은 잘못을 하고도 오히려 큰소리를 치는 그의 태도에 모두 분개하였다.
→ 분개하다: 몹시 (　　　　) 여기다.

08 어머니는 아끼던 유리병이 바닥에 떨어져 산산조각이 난 것을 보고 망연자실 서 계셨다.
→ 망연자실: 멍하니 (　　　　)을 잃음.

09 그는 타고난 성격이 낭창하고 낙천적이어서 팀이 위기에 처했을 때도 즐겁게 경기를 풀어 가려고 하는 편이다.
→ 낭창하다: 성격 따위가 밝고 (　　　　)하여 (　　　　)이 없다.

정답과 해설 52쪽

10~14 빈칸에 알맞은 어휘를 넣어 관용구를 완성하시오.

10 다른 친구 시험지를 훔쳐보다가 선생님께 □□을 맞았다.

11 지역 주민들의 노력으로 학교 앞 불법 주차가 □□ 뽑힐 수 있었다.

12 학생들이 입은 피해를 생각한다면 이번에 드러난 문제는 빙산의 □□에 불과하다.

13 남을 모함해서라도 성공을 하겠다니 세상에 그런 □□ □□ 소리가 어디 있니?

14 지나가던 아저씨가 소매치기를 당했지만 사람들은 모두 강 건너 □□□ 하듯 바라보기만 했다.

개념 확인

15~17 다음 설명이 맞으면 ○에, 그렇지 않으면 ×에 표시하시오.

15 시의 정서는 화자가 시적 대상이나 상황에 대해 느끼는 여러 가지 감정으로, 시의 주제와 밀접하게 연관된다. (○ , ×)

16 시의 어조는 시적 대상이나 상황에 대한 화자의 말하는 방식이나 말투로, 대상에 대한 화자의 태도에 따라 회화적 어조, 독백적 어조로 나뉜다. (○ , ×)

17 감정 이입은 화자의 감정을 다른 대상에 옮겨 넣어 마치 대상이 화자의 정서를 함께 느끼는 것처럼 표현하는 기법을 말한다. (○ , ×)

맞힌 개수	( ) / 17문항
복습할 어휘	

03회

공부한 날짜 월 일

필수 어휘

어휘	뜻과 예문	더 알기
갈취하다 위협할 喝 | 취할 取	남의 것을 강제로 빼앗다. 예 불량배들이 학생들에게서 금품을 갈취한다.	더 알기 '갈취하다'의 '-하다'는 일부 명사 뒤에 붙어 동사를 만드는 말이다. 예 공부하다 | 사랑하다 | 생각하다
극한 다할 極 | 한계 限	궁극의 한계. 사물이 진행하여 도달할 수 있는 최후의 단계나 지점을 이른다. 예 극한의 상황까지 몰고 가다.	2018 수능 극한의 추위를 드러내는 시간적 배경을 제시하여, 화자나 인물이 처한 상황을 드러내고 있다. 유 극단(極端): 길이나 일의 진행이 끝까지 미쳐 더 나아갈 데가 없는 지경. + 극치(極致): 도달할 수 있는 최고의 정취나 경지.
반색	매우 반가워함. 또는 그런 기색. 예 할머니는 놀러 온 외손자를 반색을 하며 안았다.	
생색 날 生 | 빛 色	다른 사람 앞에 당당히 나설 수 있거나 자랑할 수 있는 체면. 예 청소는 아무리 잘해도 생색이 나지 않았다.	+ 체면(體面): 남을 대하기에 떳떳한 도리나 얼굴.
시효 때 時 | 드러낼 效	어떤 사실 상태가 일정한 기간 동안 계속되는 일. 예 얼마 후면 그 사건의 공소 시효가 만료된다.	
실토 열매 實 | 토할 吐	거짓 없이 사실대로 다 말함. 예 형사는 범인의 실토를 받아 냈다.	유 토설(吐說): 숨겼던 사실을 비로소 밝히어 말함.
옹졸하다 막을 壅 | 졸할 拙	성품이 너그럽지 못하고 생각이 좁다. 예 그는 첫인상부터 옹졸해 보였다.	반 관대(寬大)하다: 마음이 너그럽고 크다.
유야무야 있을 有 | 어조사 耶 | 없을 無 | 어조사 耶	있는 듯 없는 듯 흐지부지함. 예 사건이 유야무야 처리되었다.	
포획 사로잡을 捕 | 얻을 獲	「1」 적병을 사로잡음. 예 이번 전투에서 우리는 적군의 포획이라는 성과를 올렸다. 「2」 짐승이나 물고기를 잡음. 예 무분별한 고래의 포획을 금지했다.	

필수 개념 문학

운율
운 韻 | 법 律

시를 읽을 때 느껴지는 말의 가락.

운율 형성 방법
- 같거나 비슷한 소리의 반복.
- 일정한 글자 수의 반복.
- 같거나 비슷한 문장 구조의 반복.

더 알기 정형시는 외형률을 지니고 있으며, 자유시와 산문시는 내재율을 지니고 있다.

외형률
바깥 外 | 형상 形 | 법 律

시의 운율이 겉으로 드러나 있는 운율.

외형률의 종류
- **음수율** 일정한 글자의 수가 규칙적으로 반복되며 생기는 운율.
- **음보율** 끊어 읽는 말의 덩이가 규칙적으로 반복되며 생기는 운율.

더 알기 시조는 3·4조(또는 4·4조)의 음수율과 4음보의 율격을 지닌다.

내재율
안 內 | 있을 在 | 법 律

시의 운율이 겉으로 드러나지 않고 문장에 잠재적으로 깃들어 있는 운율.
예 박두진의 「해」 → 겉으로는 산문처럼 보이지만 읽다 보면 시어, 행, 연, 작품 전체를 통해 운율이 느껴짐.

한자 성어 | 관용구 | 속담 '자연'과 관련이 있는 한자 성어

무위자연
없을 無 | 할 爲 | 스스로 自 | 그럴 然

사람의 힘을 더하지 않은 그대로의 자연. 또는 그런 이상적인 경지.
예 그는 속세를 잊고 산골로 들어가 무위자연의 삶을 누렸다.

연하고질
연기 煙 | 노을 霞 | 고질 痼 | 병 疾

자연의 아름다운 경치를 몹시 사랑하고 즐기는 성벽.
예 경치 좋은 곳을 찾아 발품을 아끼지 않았던 옛 선비의 연하고질이 느껴진다.

더 알기 '성벽(性癖)'은 굳어진 성질이나 버릇을 의미한다.

요산요수
좋을 樂 | 산 山 | 좋을 樂 | 물 水

산수(山水)의 자연을 즐기고 좋아함.
예 예로부터 군자는 요산요수를 즐긴다고 했다.

더 알기 '어진 사람은 산을 좋아하고 지혜로운 사람은 물을 좋아한다(仁者樂山 知者樂水).'라는 『논어』의 구절에서 유래하였다.

음풍농월
읊을 吟 | 바람 風 | 희롱할 弄 | 달 月

맑은 바람과 밝은 달을 대상으로 시를 짓고 흥취를 자아내어 즐겁게 놂.
예 음풍농월을 일삼던 시절도 이제 다 지나갔구나.

천석고황
샘 泉 | 돌 石 | 기름 膏 | 명치 끝 肓

자연의 아름다운 경치를 몹시 사랑하고 즐기는 성벽.
예 고질병이 되다시피 산수를 좋아하니, 이게 바로 천석고황이다.

더 알기 샘과 돌이 '고황'에 들었다는 뜻으로 고질병처럼 산수를 좋아함을 일컫는다. '고황'은 심장과 횡경막 사이로, 이곳에 병이 생기면 낫기 어렵다고 한다.

03회 확인 문제

01~04 빈칸에 알맞은 말을 넣어 밑줄 친 어휘의 뜻을 완성하시오.

01 선생님께 잘못을 실토하고 용서를 구했다.
→ 실토: (   ) 없이 사실대로 다 (   ).

02 상인들을 협박하여 금품을 갈취한 일당들이 체포되었다.
→ 갈취하다: 남의 것을 강제로 (   ).

03 철수는 그 정도의 일로 화를 낼 만큼 옹졸한 사람이 아니다.
→ 옹졸하다: 성품이 (   ) 못하고 생각이 (   ).

04 그 선수는 극한의 고통을 참아 내고 경기에서 우승하였다.
→ 극한: 궁극의 (   ). 사물이 진행하여 도달할 수 있는 (   )의 단계나 지점.

05~09 밑줄 친 어휘의 뜻을 찾아 바르게 연결하시오.

05 몇백 원짜리 지우개 하나 사 주고 생색은 요란하게 낸다. •

06 검찰은 공소 시효가 끝난 사건을 재수사하지 않을 방침이다. •

07 해안 경비정은 바닷가 근처에서 적군의 경비정 2척을 포획하였다. •

08 그 사건의 수사는 어떤 이유에서인지 유야무야로 끝나고 말았다. •

09 선수들은 오랜만의 외출에 다들 반색을 표했다. •

• ㉠ 적병을 사로잡음.

• ㉡ 있는 듯 없는 듯 흐지부지함.

• ㉢ 매우 반가워함. 또는 그런 기색.

• ㉣ 어떤 사실 상태가 일정한 기간 동안 계속되는 일.

• ㉤ 다른 사람 앞에 당당히 나설 수 있거나 자랑할 수 있는 체면.

10~14 **빈칸에 알맞은 말을 넣어 다음 그림에 어울리는 한자 성어를 완성하시오.**

밝은 달 아래 맑은 바람을 맞으며 시를 짓고 노니,
10 음□농□이로구나.

예로부터 어진 사람은 산을 좋아하고 지혜로운 사람은 물을 좋아한다고 했으니, **11** 요□요□로구나.

자연을 몹시 사랑하고 즐기는 나의 마음이 **12** □□고황이자 **13** □□고질이니, **14** 무위□□을 누리는 지금의 삶이 지극히 만족스럽다.

개념 확인

15~17 **다음 설명이 맞으면 ○에, 그렇지 않으면 ×에 표시하시오.**

15 시를 읽을 때 느껴지는 말의 가락을 운율이라고 한다. (○ , ×)

16 모든 시는 운율이 겉으로 드러나는 외형률을 지닌다. (○ , ×)

17 내재율은 일정한 글자의 수가 규칙적으로 반복되며 생기는 운율을 말한다. (○ , ×)

맞힌 개수	( ) / 17문항
복습할 어휘	

04회

공부한 날짜 월 일

필수 어휘

경의
공경할 敬 | 뜻 意

존경하는 뜻.
예 그는 스승님에게 경의를 표했다.

경이
놀랄 驚 | 다를 異

놀랍고 신기하게 여김. 또는 그럴 만한 일.
예 경이에 찬 눈으로 바라보다.

2017 수능 자연의 경이로운 풍광에 대한 감상을 장황하게 서술하고 있다.

⊕ 경이(驚異)롭다: 놀랍고 신기한 데가 있다.

기별
기이할 奇 | 다를 別

다른 곳에 있는 사람에게 소식을 전함. 또는 소식을 적은 종이.
예 추석에 내려가겠다고 집에 기별을 보냈다.

부득불
아닐 不 | 얻을 得 | 아닐 不

하지 아니할 수 없어. 또는 마음이 내키지 아니하나 마지못하여.
예 나는 부탁을 받고 부득불 대책을 마련하게 되었다.

⊕ 부득이(不得已): 마지못하여 하는 수 없이.

안배
살필 按 | 나눌 配

알맞게 잘 배치하거나 처리함.
예 연극 공연을 할 때에는 역할 안배를 잘해야 한다.

⊕ 배치(配置): 사람이나 물자 따위를 일정한 자리에 나누어 둠.

찬미
기릴 讚 | 아름다울 美

아름답고 훌륭한 것이나 위대한 것 따위를 기리어 칭송함.
예 관객들은 훌륭한 연기를 한 배우에게 환호와 찬미를 아끼지 않았다.

⊕ 예찬(禮讚): 무엇이 훌륭하거나 좋거나 아름답다고 찬양함.

⊕ 찬탄(讚嘆): 칭찬하며 감탄함.

체득
몸 體 | 얻을 得

몸소 체험하여 알게 됨.
예 머리로만 아는 것보다 실제 경험을 통한 체득이 더 중요하다.

혹사
혹독할 酷 | 부릴 使

혹독하게 일을 시킴.
예 학생들은 입시 준비로 혹사를 당하고 있다.

유 고사(苦使): 매우 혹독하게 일을 시키거나 부림.

흠모
공경할 欽 | 사모할 慕

기쁜 마음으로 공경하며 사모함.
예 그는 우리들 사이에서 흠모의 대상이다.

⊕ 연모(戀慕): 이성을 사랑하여 간절히 그리워함.

⊕ 사모(思慕): 애틋하게 생각하고 그리워함.

필수 개념 문학

심상
마음 心 | 형상 象

감각에 의하여 획득한 현상이 마음속에서 재생된 것.

심상의 종류

- **시각적 심상** 눈으로 보는 것 같은 느낌을 주는 심상.
- **청각적 심상** 귀를 통해 소리를 듣는 듯한 느낌을 주는 심상.
- **미각적 심상** 혀를 통해 맛을 보는 듯한 느낌을 주는 심상.
- **후각적 심상** 코를 통해 냄새를 맡는 듯한 느낌을 주는 심상.
- **촉각적 심상** 피부에 닿는 듯한 느낌을 주는 심상.

더 알기 시에서 심상은 시어를 통해 마음속에 떠오르는 구체적이거나 감각적인 인상을 말한다.

공감각적 심상
함께 共 | 느낄 感 | 깨달을 覺 | 과녁 的 | 마음 心 | 형상 象

어떤 하나의 감각을 다른 영역의 감각으로 옮겨 표현한 심상.

공감각적 심상의 유형

- **시각의 청각화** 금으로 타는 태양의 즐거운 울림(박남수, 「아침 이미지」)
- **시각의 촉각화** 새파란 초생달이 시리다(김기림, 「바다와 나비」)
- **청각의 시각화** 푸른 휘파람 소리가 나거든요(박성룡, 「풀잎」)
- **후각의 시각화** 피라미 은빛 비린내(유재영, 「둑방길」)

더 알기 하나의 감각이 다른 감각으로 옮아가는 것을 '전이(轉移)'라고 한다.

한자 성어 | 관용구 | 속담 '사소함'과 관련이 있는 속담

가랑비에 옷 젖는 줄 모른다
아무리 사소한 것이라도 그것이 거듭되면 무시하지 못할 정도로 크게 됨을 비유적으로 이르는 말.

예 가랑비에 옷 젖는 줄 모른다더니 하나하나 집어 먹다 동생 몫까지 다 먹었다.

개똥도 약에 쓰려면 없다
평소에 흔하던 것도 막상 긴하게 쓰려고 구하면 없다는 말.

예 개똥도 약에 쓰려면 없다더니 그 흔한 고무줄 하나 찾을 수가 없네.

더 알기 '긴하다'는 꼭 필요하다는 뜻이다.

낙숫물이 댓돌을 뚫는다
작은 힘이라도 꾸준히 계속하면 큰일을 이룰 수 있음을 비유적으로 이르는 말.

예 낙숫물이 댓돌을 뚫는다더니 그는 불편한 걸음이지만 끝까지 걸어 마라톤을 완주하였다.

더 알기 '낙숫물'은 처마 끝에서 떨어지는 물이고, '댓돌'은 낙숫물이 떨어지는 곳 안쪽으로 돌려 가며 놓은 돌을 의미한다.

모기 보고 칼 빼기
시시한 일로 소란을 피움을 비유적으로 이르는 말.

예 모기 보고 칼 빼기라더니 벌레 한 마리 잡겠다고 온 집 안에 소독약을 뿌려 댔다.

새 발의 피
새의 가느다란 발에서 나오는 피라는 뜻으로, 아주 하찮은 일이나 극히 적은 분량임을 비유적으로 이르는 말.

예 내가 먹은 음식의 양은 철수가 먹은 것에 비하면 새발의 피였다.

티끌 모아 태산
아무리 작은 것이라도 모이고 모이면 나중에 큰 덩어리가 됨을 비유적으로 이르는 말.

예 티끌 모아 태산이라더니 그는 한 푼 한 푼 모아서 컴퓨터를 샀다.

더 알기 '티끌'은 티와 먼지를 통틀어 이르는 말이고, '태산(泰山)'은 높고 큰 산을 의미한다.

04회 확인 문제

01~04 다음 문장에 어울리는 어휘를 고르시오.

01 그는 급히 오라는 (기별 | 이별)을 받고 고향으로 내려갔다.

02 봄은 신비와 (경의 | 경이)로 가득한 생명의 위대한 현장이다.

03 학생들은 김 선생님의 가르침에 깍듯이 (경의 | 경이)를 표하였다.

04 그의 절약하는 습관은 오랜 가난에서 (체득 | 체험)되었을 것이다.

05~07 밑줄 친 어휘의 뜻을 찾아 바르게 연결하시오.

05 그분의 높은 지조를 항상 흠모해 왔다. •

06 그는 대자연을 찬미하는 시를 지어 노래했다. •

07 너무 많은 사람들이 몰리면 부득불 입장객을 제한할 수밖에 없다. •

• ㉠ 기쁜 마음으로 공경하며 사모함.

• ㉡ 하지 아니할 수 없어. 또는 마음이 내키지 아니하나 마지못하여.

• ㉢ 아름답고 훌륭한 것이나 위대한 것 따위를 기리어 칭송함.

08~09 제시된 초성을 참고하여 밑줄 친 말을 대신할 수 있는 어휘를 쓰시오.

08 각자가 맡을 일을 잘 나누어 배치해야 일이 효율적으로 진행될 수 있다.

ㅇㅂ → (　　　　　)

09 이 회사는 노동자들을 배려하지 않고 혹독하게 일을 시키는 것으로 악명이 높다.

ㅎㅅ하는 → (　　　　　)하는

정답과 해설 53쪽

10~15 다음 상황과 의미가 통하는 속담을 〈보기〉에서 찾아 번호를 쓰시오.

보기

① 새 발의 피 ② 티끌 모아 태산 ③ 모기 보고 칼 빼기
④ 낙숫물이 댓돌을 뚫는다 ⑤ 개똥도 약에 쓰려면 없다 ⑥ 가랑비에 옷 젖는 줄 모른다

10 내가 공부한 양에 비하면 네가 공부한 것은 아무것도 아니다. ( )

11 영주는 매일 용돈을 백 원씩 모아서 삼 년 후에 십만 원짜리 자전거를 샀다. ( )

12 평소에는 여기저기 널려 있던 볼펜들이 막상 쓰려고 찾으니 어디에도 없다. ( )

13 5분만 더, 5분만 더 하고 게임 시간을 늘리다 보니 어느새 게임 중독이 되어 있었다. ( )

14 나는 줄넘기를 잘 못했는데 하루도 빠짐없이 한 시간씩 연습한 결과, 줄넘기의 달인이 되었다. ( )

15 철수는 자기 방에서 개미 한 마리를 발견하고는 개미를 잡겠다며 온 집 안 가득 살충제를 뿌려 놓았다. ( )

개념 확인

16~17 다음 설명이 맞으면 ○에, 그렇지 않으면 ×에 표시하시오.

16 시에서 심상은 시어를 통해 마음속에 떠오르는 구체적이거나 감각적인 인상이다. (○ , ×)

17 공감각적 심상은 공간의 이동에 따른 느낌의 변화를 표현한 인상이다. (○ , ×)

맞힌 개수	( ) / 17문항
복습할 어휘	

필수 어휘

어휘	뜻과 예문	더 알기
거나하다	술 따위에 취한 정도가 어지간하다. 예 그는 술에 거나하게 취하자 노래를 불렀다.	
관망하다 볼 觀 | 바랄 望	「1」 한발 물러나서 어떤 일이 되어 가는 형편을 바라보다. 예 그는 상황을 관망했다. 「2」 풍경 따위를 멀리서 바라보다. 예 산꼭대기는 마을을 관망하기 좋은 장소이다.	⊕ 관조(觀照)하다: 고요한 마음으로 사물이나 현상을 관찰하거나 비추어 보다.
급감 급할 急 | 덜 減	급작스럽게 줄어듦. 예 가격의 상승은 판매량의 급감을 가져왔다.	반 급증(急增): 급작스럽게 늘어남.
모순 창 矛 | 방패 盾	어떤 사실의 앞뒤, 또는 두 사실이 이치상 어긋나서 서로 맞지 않음을 이르는 말. 예 이 법은 여러 가지 면에서 모순을 안고 있다.	2019 수능 두 명제가 모두 참인 것도 모두 거짓인 것도 가능하지 않은 관계를 모순 관계라고 한다. 유 배반(背反): 논리적으로 양립할 수 없음. ⊕ 상충(相衝): 맞지 아니하고 서로 어긋남.
모종 아무 某 | 종류 種	어떠한 종류. 예 그는 원하는 것을 얻는 대신 모종의 대가를 치러야 했다.	더 알기 '모종'은 흔히 '모종의' 꼴로 쓰인다.
복구 돌아올 復 | 옛 舊	손실 이전의 상태로 회복함. 예 길이 끊겨 피해 복구가 늦어지고 있다.	⊕ 복원(復元): 원래대로 회복함.
상당 서로 相 | 마땅할 當	일정한 액수나 수치 따위에 해당함. 예 그는 상당 기간 군인으로 복무하였다.	
실팍하다	사람이나 물건 따위가 보기에 매우 실하다. 예 내 친구는 키가 작아도 몸은 실팍하다.	⊕ 실(實)하다: 단단하고 튼튼하다.
희번덕거리다	눈을 크게 뜨고 흰자위를 자꾸 번득이며 움직이다. 또는 그렇게 되게 하다. 예 나를 쳐다보는 그녀의 눈은 싸늘하게 희번덕거렸다.	더 알기 '희번덕거리다'의 '-거리다'는 동작 또는 상태를 나타내는 일부 어근 뒤에 붙어 '그런 상태가 잇따라 계속됨'의 뜻을 더하고 동사를 만드는 역할을 한다.('어근'은 75쪽 참조) 예 까불거리다 | 반짝거리다 | 출렁거리다

필수 개념 문학

반어 돌이킬 反 | 말씀 語	**표현의 효과를 높이기 위해 실제와 반대되는 뜻의 말을 하는 것.** 예 (못난 사람을 보고) "잘났다, 잘났어."	
역설 거스를 逆 | 말씀 說	**겉으로 보기에는 모순되는 진술이지만 그 속에 중요한 진리를 담고 있는 것.** 예 이것은 소리 없는 아우성(유치환, 「깃발」)	
풍자 풍자할 諷 | 찌를 刺	**사회나 인물의 부정적인 면을 폭로하여 웃음을 유발하며 비판하는 것.** 예 「흥부전」에서 '놀부'는 풍자의 대상으로 탐욕스러운 인간의 모습을 비판적으로 드러낸다.	더 알기 풍자는 부정적 현상이나 현실을 과장하거나 왜곡, 비꼬아 표현함으로써 웃음을 유발한다.
해학 화할 諧 | 희롱할 謔	**대상이 가지고 있는 불완전한 측면을 악의 없이 드러내어 웃음을 유발하는 것.** 예 「흥부전」에서 '흥부'는 해학적으로 표현되어 동정심을 유발한다.	더 알기 '풍자'의 웃음에는 대상을 공격하려는 비판적인 의도가 담겨 있는 반면, '해학'의 웃음에는 대상에 대한 연민과 긍정의 시선이 담겨 있다.

한자 성어 | 관용구 | 속담 '위선'과 관련이 있는 한자 성어

교언영색 교묘할 巧 | 말씀 言 | 명령할 令 | 빛 色	**아첨하는 말과 알랑거리는 태도.** 예 이익이 되는 일이라면 교언영색을 마다하지 않는 사람들이 있다.	더 알기 '아첨(阿諂)'은 남의 환심을 사거나 잘 보이려고 알랑거리는 것을 의미한다.
구밀복검 입 口 | 꿀 蜜 | 배 腹 | 칼 劍	입에는 꿀이 있고 배 속에는 칼이 있다는 뜻으로, **말로는 친한 듯하나 속으로는 해칠 생각이 있음을 이르는 말.** 예 그 사람 말이 너무 번드르르한데, 구밀복검일지도 모르니 한 번 더 생각해 보세요.	
양두구육 양 羊 | 머리 頭 | 개 狗 | 고기 肉	양의 머리를 걸어 놓고 개고기를 판다는 뜻으로, **겉보기만 그럴듯하게 보이고 속은 변변하지 아니함을 이르는 말.** 예 말만 그럴듯하고 늘 할 일을 제대로 못 하는 사람을 보면 양두구육이라는 말이 생각난다.	
표리부동 겉 表 | 속 裏 | 아닐 不 | 같을 同	**겉으로 드러나는 언행과 속으로 가지는 생각이 다름.** 예 우리는 표리부동의 태도를 경계해야 한다.	더 알기 '언행(言行)'은 말과 행동을 아울러 이르는 말이다.

05회 확인 문제

01~04 제시된 초성과 뜻을 참고하여 빈칸에 들어갈 어휘를 쓰시오.

01 ㄱ ㄱ: 급작스럽게 줄어듦.

예 여름이 끝나자 아이스크림 판매량이 (   )한 것으로 나타났다.

02 ㅂ ㄱ: 손실 이전의 상태로 회복함.

예 컴퓨터의 바이러스 치료가 늦어져 자료 (   )에 시간이 더 걸린다.

03 ㅁ ㅅ: 어떤 사실의 앞뒤, 또는 두 사실이 이치상 어긋나서 서로 맞지 않음을 이르는 말.

예 그의 추리는 목격자들의 증언과 (   )된다.

04 ㅎ ㅂ ㄷ거리다: 눈을 크게 뜨고 흰자위를 자꾸 번득이며 움직이다. 또는 그렇게 되게 하다.

예 깜짝 놀란 그의 눈이 몇 번이나 (   )거렸다.

05~09 빈칸에 들어갈 어휘를 <보기>에서 찾아 문맥에 맞게 쓰시오.

보기
모종 상당 거나하다 관망하다 실팍하다

05 그는 (   ) 취하여 꾸벅꾸벅 졸기까지 하였다.

06 그는 (   ) 몸집인데도 쌀 한 가마를 제대로 못 옮겼다.

07 그들은 (   )의 중요한 임무를 수행하기 위해 지금 대기 중이다.

08 예서는 꽤 오래전부터 용돈의 (   ) 금액을 자선 단체에 기부하고 있다.

09 한시라도 빨리 해결책을 찾아야지 사태를 그렇게 (   ) 있으면 어떡해요?

정답과 해설 53쪽

10~13 다음 뜻에 해당하는 한자 성어를 〈보기〉에서 찾아 쓰시오.

보기

교언영색 구밀복검 양두구육 표리부동

10 아첨하는 말과 알랑거리는 태도. ____________

11 겉으로 드러나는 언행과 속으로 가지는 생각이 다름. ____________

12 양의 머리를 걸어 놓고 개고기를 판다는 뜻으로, 겉보기만 그럴듯하게 보이고 속은 변변하지 아니함을 이르는 말. ____________

13 입에는 꿀이 있고 배 속에는 칼이 있다는 뜻으로, 말로는 친한 듯하나 속으로는 해칠 생각이 있음을 이르는 말. ____________

개념 확인

14~17 다음 개념에 알맞은 설명을 찾아 바르게 연결하시오.

14 반어 •

15 역설 •

16 풍자 •

17 해학 •

• ㉠ 실제와 반대되는 뜻의 말을 하는 것.

• ㉡ 사회나 인물의 부정적인 면을 폭로하여 웃음을 유발하며 비판하는 것.

• ㉢ 겉으로 보기에는 모순되는 진술이지만 그 속에 중요한 진리를 담고 있는 것.

• ㉣ 대상이 가지고 있는 불완전한 측면을 악의 없이 드러내어 웃음을 유발하는 것.

맞힌 개수	( ) / 17문항
복습할 어휘	

06 회

공부한 날짜 월 일

필수 어휘

어휘	뜻	참고
거지반 있을 居 | 어조사 之 | 반 半	「1」 거의 절반. 예 그들 거지반은 나보다 나이가 많다. 「2」 거의 절반 가까이. 예 소풍 나온 사람들은 거지반 도시락을 싸 왔다.	⊕ 얼추: ① 어지간한 정도로 대충. ② 어떤 기준에 거의 가깝게.
걱실걱실하다	성질이 너그러워 말과 행동을 시원스럽게 하다. 또는 성질이 너그러워 말과 행동이 시원스럽다. 예 소문대로 그는 걱실걱실하게 일을 잘하는 사람이었다.	
골몰하다 빠질 汨 | 잠길 沒	다른 생각을 할 여유도 없이 한 가지 일에만 파묻히다. 예 대책 마련에 골몰하다.	유 몰두(沒頭)하다: 어떤 일에 온 정신을 다 기울여 열중하다. ⊕ 골똘하다: 한 가지 일에 온 정신을 쏟아 딴생각이 없다.
내외하다 안 內 | 바깥 外	남의 남녀 사이에 서로 얼굴을 마주 대하지 않고 피하다. 예 오랫동안 알고 지낸 그들은 내외할 사이가 아니다.	
멀거니	정신없이 물끄러미 보고 있는 모양. 예 혼자 멀거니 앉아 있다.	⊕ 물끄러미: 우두커니 한곳만 바라보는 모양. ⊕ 우두커니: 넋이 나간 듯이 가만히 한자리에 서 있거나 앉아 있는 모양.
사사롭다 사사로울 私 | 사사로울 私	공적(公的)이 아닌 개인적인 범위나 관계의 성질이 있다. 예 정치인에게 사사로운 청탁을 해서는 안 된다.	더 알기 '사사롭다'는 흔히 '사사로운' 꼴로 쓰인다.
산천초목 산 山 | 내 川 | 풀 草 | 나무 木	산과 내와 풀과 나무라는 뜻으로, '자연'을 이르는 말. 예 봄이 되자 산천초목에 생명의 기운이 가득하다.	✪ 2017 수능 산천초목이 다 슬퍼하더라.
성마르다	참을성이 없고 성질이 조급하다. 예 그는 성마른 성격을 지녔다.	더 알기 '성마르다'는 성품을 나타내는 한자어 '성(性)'과 감정이나 열정 따위가 없어진다는 뜻의 '마르다'가 결합하여 만들어진 말이다. ⊕ 옹졸(壅拙)하다: 성품이 너그럽지 못하고 생각이 좁다.
질펀하다	땅이 넓고 평평하게 펼쳐져 있다. 예 이 고개만 넘어가면 들판이 질펀하게 깔려 있다.	

필수 개념 문학

대유법
대신할 代 | 비유할 喩 | 법도 法

대상의 일부분이나 속성으로 그 대상 전체를 나타내는 표현 방법.

대유법의 종류

- **환유법** 어떤 사물을, 그것의 속성과 밀접한 관계가 있는 다른 사물을 빌려서 나타내는 표현 방법.
  예 '펜은 칼보다 무섭다.'에서 '펜'은 문(文)을, '칼'은 무(武)를 나타냄.
- **제유법** 사물의 한 부분으로 그 사물의 전체를 나타내는 표현 방법.
  예 '인간은 빵만으로 살 수 없다.'에서 '빵'은 '식량' 전체를 나타냄.

풍유법
풍자할 諷 | 비유할 諭 | 법도 法

본뜻은 숨기고 비유하는 말만으로 숨겨진 뜻을 암시하는 표현 방법. 속담이나 격언 등이 여기에 속한다.

예 숭어가 뛰니까 망둥이도 뛴다더니 → 제 분수나 처지는 생각하지 않고 잘난 사람을 덮어놓고 따름을 비유적으로 이르는 말.

더 알기 '우화(寓話)'도 풍유법에 속한다. 우화는 인격화된 동식물이나 기타 사물을 주인공으로 하여 그들의 행동 속에 풍자와 교훈의 뜻을 나타내는 이야기이다.

활유법
살 活 | 비유할 喩 | 법도 法

무생물을 생물인 것처럼, 감정이 없는 것을 감정이 있는 것처럼 나타내는 표현 방법.

예 목마른 대지, 파도가 으르렁거린다 → 무생물인 '대지', '파도'를 생물처럼 표현함.

더 알기 의인법은 '강물은 말없이 흐른다.'와 같이 사람이 아닌 대상에 인격을 부여하여 사람이 행동하는 것처럼 나타내는 표현 방법이다.

한자 성어 | 관용구 | 속담 '가슴'과 관련이 있는 관용구

가슴에 새기다

잊지 않게 단단히 마음에 기억하다.

예 그는 할아버지 말씀을 가슴에 새기고 집을 떠났다.

가슴에 손을 얹다

양심에 근거를 두다.

예 네가 잘못한 것이 없는지 가슴에 손을 얹고 생각해 봐라.

가슴을 열다

속마음을 털어놓거나 받아들이다.

예 그와 나는 가슴을 열고 이야기하는 사이다.

가슴을 펴다

굽힐 것 없이 당당하다.

예 그는 어려운 상황이지만 가슴을 펴고 자신의 의견을 제시했다.

가슴이 서늘하다

두려움으로 마음속에 찬 바람이 이는 것같이 선득하다.

예 나는 그의 매서운 눈초리를 보니 가슴이 서늘했다.

더 알기 '선득하다'는 갑자기 서늘한 느낌이 있다는 의미이다.

06회 확인 문제

01~03 제시된 초성과 뜻을 참고하여 빈칸에 들어갈 어휘를 쓰시오.

01 ㄱㅈㅂ: 거의 절반. 거의 절반 가까이.

예 어느 틈에 집안 식구가 (　　　　　　) 마당 멍석자리로 모여들었다.

02 ㅅㅅ롭다: 공적이 아닌 개인적인 범위나 관계의 성질이 있다.

예 공적인 일을 할 때에는 (　　　　　　) 감정에 이끌려서는 안 된다.

03 ㄱㅅㄱㅅ하다: 성질이 너그러워 말과 행동을 시원스럽게 하다.

예 나는 점순이가 (　　　　　　)하게 일 잘하고 얼굴 예쁜 계집애인 줄 알았다.

04~06 다음 뜻에 해당하는 어휘에 ∨표 하시오.

04 다른 생각을 할 여유도 없이 한 가지 일에만 파묻히다. □ 골몰하다 □ 출몰하다

05 남의 남녀 사이에 서로 얼굴을 마주 대하지 않고 피하다. □ 경외하다 □ 내외하다

06 산과 내와 풀과 나무라는 뜻으로, '자연'을 이르는 말. □ 산천초목 □ 적막강산

07~09 밑줄 친 어휘의 뜻을 〈보기〉에서 찾아 번호를 쓰시오.

보기

① 참을성이 없고 성질이 조급하다.
② 땅이 넓고 평평하게 펼쳐져 있다.
③ 정신없이 물끄러미 보고 있는 모양.

그의 **07** 성마른 성격이 불편했는지, 장성하여 타지로 나간 아들은 고향에 자주 찾아오지 않았다. 그는 마당에 혼자 **08** 멀거니 앉았다. 아무도 오지 않을 것을 알면서도 마을 입구만 하염없이 바라보았다. 그때 자동차 한 대가 **09** 질펀하게 뻗은 논 사이로 달려오는 것이 보였다. 그는 벌떡 일어섰다. 아들 녀석이 얼마 전 샀다는 그 차가 분명했다.

07 (　　　　　)　**08** (　　　　　)　**09** (　　　　　)

정답과 해설 54쪽

10~14 빈칸에 들어갈 관용구를 〈보기〉의 어휘를 조합하여 문맥에 맞게 쓰시오.

보기

손 가슴 얹다 열다 펴다 새기다 서늘하다

10 나는 친구에게 ( ) 모든 고민을 말했다.

11 차갑게 식은 그의 눈길을 받자 ( ) 견디기 힘들었다.

12 선생님이 해 주신 말씀을 ( ) 앞으로 열심히 생활하겠습니다.

13 네가 지금 하는 말이 아무 거리낄 것이 없는지 ( ) 생각해 봐라.

14 학급 회장으로 당선되려면 ( ) 또렷한 목소리로 소견 발표를 해야 한다.

개념 확인

15~17 다음 문장에 해당하는 표현법과 그 설명을 찾아 바르게 연결하시오.

	문장	표현법	설명
15	요람에서 무덤까지 •	• ㉠ 활유법 •	• ⓐ 무생물을 생물인 것처럼 나타내는 표현 방법.
16	까마귀 날자 배 떨어지는 꼴이군. •	• ㉡ 풍유법 •	• ⓑ 대상의 일부분이나 속성으로 그 대상 전체를 나타내는 표현 방법.
17	어둠은 새를 낳고, 돌을 낳는다. •	• ㉢ 대유법 •	• ⓒ 속담이나 격언 등을 이용하여 숨겨진 뜻을 암시하는 표현 방법.

맞힌 개수	( ) / 17문항
복습할 어휘	

01~06회 종합 문제

공부한 날짜 월 일

01 **밑줄 친 어휘의 뜻으로 적절하지 않은 것은?**

① 성수기가 지나자 판매가 급감하였다. → 급작스럽게 줄어듦.
② 기분이 상했는지 그는 미간을 찌푸렸다. → 두 눈썹의 사이.
③ 거동이 수상한 사람이 있다면 보고하도록 해라. → 몸을 움직임. 또는 그런 짓이나 태도.
④ 자리를 골고루 안배하여 어느 누구도 불만이 없었다. → 알맞게 잘 배치하거나 처리함.
⑤ 싸우는 것보다 참는 게 낫다는 것을 경험으로 체득하였다. → 자기 것으로 만들어 가짐.

02 **밑줄 친 어휘의 쓰임이 적절한 것은?**

① 그는 성당의 웅장한 벽화를 경의롭게 바라보았다.
② 그는 성격 차이를 이유로 그녀에게 기별을 선언했다.
③ 폭설에도 불구하고 학생들이 거지반 제시간에 도착했다.
④ 이번 사건의 수사가 유야무야하게 처리되도록 최선을 다하겠다.
⑤ 영화사는 연기 경험이 없는 그를 주연으로 기용하는 것에 반색을 표했다.

03 **다음은 〈보기〉의 시를 읽고 화자의 상황과 태도에 대해 이야기를 나눈 것이다. 빈칸에 들어갈 어휘를 순서대로 바르게 나열한 것은?**

보기

매운 계절의 채찍에 갈겨 / 마침내 북방으로 휩쓸려 오다. //
하늘도 그만 지쳐 끝난 고원 / 서릿발 칼날진 그 위에 서다. //
어데다 무릎을 꿇어야 하나 / 한 발 재겨 디딜 곳조차 없다. //
이러매 눈 감아 생각해 볼밖에 / 겨울은 강철로 된 무지갠가 보다.

– 이육사, 「절정」

도현: 화자는 가혹한 현실을 견디다 못해 (   ) 유랑의 길을 떠난 것 같아.
세아: 생존의 극한 상황에서 '강철로 된 무지개'라는 (   ) 표현을 통해 현실 극복의 의지를 드러내고 있어.

① 부득불 – 모순
② 묵묵히 – 해학
③ 사사로이 – 정서
④ 달갑잖은 – 반어
⑤ 망연자실 – 풍자

04 **㉠에 해당하는 어휘가 아닌 것은?**

국어 어휘는 어종에 따라 ㉠고유어, 한자어, 외래어로 나눌 수 있다. 고유어는 본디부터 있던 우리말이고, 한자어는 중국의 한자를 기반으로 만들어진 말이며, 외래어는 외국 문화와 접할 때 외국의 말이 함께 따라 들어와 쓰이게 된 말이다.

① 거나하다 ② 묵직하다 ③ 실팍하다 ④ 옹졸하다 ⑤ 고즈넉하다

어법+

05 다음과 같은 방법으로 만들어진 어휘가 아닌 것은?

> '치빼다'는 '위로 향하게' 또는 '위로 올려'의 뜻을 더하는 말인 '치-'와 '빼다'가 결합하여 만들어진 단어이다.

① 치뜨다　② 치닫다　③ 치솟다　④ 치오르다　⑤ 치사하다

06 다음 시조에 드러나는 정서와 관련이 있는 한자 성어가 아닌 것은?

> 십 년을 경영하여 초려 삼간 지어 내니,
> 나 한 칸 달 한 칸에 청풍 한 칸 맡겨 두고,
> 강산은 들일 데 없으니 둘러 두고 보리라.
> – 송순

① 요산요수　② 무위자연　③ 천석고황　④ 연하고질　⑤ 사필귀정

07 ㉠과 ㉡에 해당하는 말이 바르게 연결되지 않은 것은?

> 풍유법이란 본뜻은 숨기고 ㉠비유하는 말만으로 ㉡숨겨진 뜻을 암시하는 표현 방법으로, 속담이나 격언 등이 여기에 속한다.

	㉠	㉡
①	새 발의 피	아무리 작은 것이라도 모이고 모이면 큰 덩어리가 된다.
②	모기 보고 칼 빼기	시시한 일로 소란을 피우다.
③	낙숫물이 댓돌을 뚫는다	작은 힘이라도 꾸준히 계속하면 큰일을 이룰 수 있다.
④	개똥도 약에 쓰려면 없다	평소에 흔하던 것도 막상 긴하게 쓰려고 구하면 없다.
⑤	가랑비에 옷 젖는 줄 모른다	사소한 것이라도 그것이 거듭되면 무시하지 못할 정도로 크게 된다.

08 밑줄 친 말 중 관용구로 쓰이지 않은 것은?

① 이제 그만 가슴을 열고 진심을 말해야 한다.
② 마을 입구에 있던 나무는 어젯밤에 벼락을 맞고 쓰러졌다.
③ 이번에 드러난 비리의 예는 빙산의 일각에 지나지 않는다.
④ 가슴에 손을 얹고 생각했을 때 정말 네가 범인이 아니라고 말할 수 있니?
⑤ 수업 시간 중 휴대 전화 사용을 뿌리 뽑기 위해 다양한 대책을 내놓았다.

쉼터 만화로 보는 고사성어

기우
나라 이름 杞 | 근심 憂

앞일에 대해 쓸데없는 걱정을 함. 또는 그 걱정. 옛날 중국 기나라에 살던 한 사람이 '만일 하늘이 무너지면 어디로 피해야 좋을 것인가?' 하고 먹고 자는 것을 잊고 걱정하였다는 데서 유래한다.

하늘은 공기로 이루어진 것이네. 우리가 하늘의 공기 속에서 움직이며 숨을 쉬는데 어찌 하늘이 무너지겠는가.

하늘이 무너지지 않는다니 정말 다행이군. 그렇지만 땅이 꺼지면 어쩌나?
어허, 자네도 참 딱하이.

땅은 흙덩이가 모여 이루어진 것이니 꺼지지 않네. 빈틈없이 가득 차 있으니 사람이 걸어 다니고 뛰어도 끄떡없다네.
옳소!

자네 말을 듣고 나니 걱정이 사라졌네. 고마우이~
헤헤. 뭘, 그 정도를 가지고~

기우의 사례로는 무엇이 있을까?
내가 수학여행에서 춤을 잘 추면 인기가 많아질 텐데, 그럼 학교생활이 피곤해지겠지?
그런 걸 보고 기우라고 하는 거야. 지금 네 춤이 얼마나 엉성한지 영상으로 찍어서 보여 줘야겠다.
찰칵!

07회

공부한 날짜 월 일

필수 어휘

낙방
떨어질 落 | 방 붙일 榜

시험, 모집, 선거 따위에 응하였다가 떨어짐.
예 그는 이번 시험에도 낙방을 했으나 좌절하지 않았다.

⊕ 낙제(落第): 시험이나 검사 따위에 떨어짐.

모태
어머니 母 | 아이 밸 胎

「1」 어머니의 태 안.
예 모태 내의 환경은 아기의 건강에 중요한 영향을 끼친다.
「2」 사물의 발생 · 발전의 근거가 되는 토대를 비유적으로 이르는 말.
예 고향은 내 인격 형성의 모태가 되었다.

⊕ 태(胎): 태반이나 탯줄과 같이 태아를 둘러싸고 있는 여러 조직을 일상적으로 이르는 말.

발상
필 發 | 생각 想

어떤 생각을 해 냄. 또는 그 생각.
예 광고를 만들 때에는 독창적인 발상이 중요하다.

⊕ 착상(着想): 어떤 일이나 창작의 실마리가 되는 생각이나 구상 따위를 잡음. 또는 그 생각이나 구상.

소견
바 所 | 볼 見

어떤 일이나 사물을 살펴보고 가지게 되는 생각이나 의견.
예 이번 안건에 대한 소견을 말씀해 주십시오.

★ 2017 수능 내 좁은 소견을 말씀드렸다.

심산
마음 心 | 계산 算

마음속으로 하는 궁리나 계획.
예 그는 나를 약 올릴 심산으로 말을 함부로 했다.

우화
위탁할 寓 | 이야기 話

인격화한 동식물이나 기타 사물을 주인공으로 하여 그들의 행동 속에 풍자와 교훈의 뜻을 나타내는 이야기.
예 그녀는 우화로 우리 사회의 문제점을 비판하였다.

★ 2014 수능 우화를 제시하여 글쓴이가 처한 부정적인 상황을 강조하고 있다.

원경
멀 遠 | 경치 景

멀리 보이는 경치. 또는 먼 데서 보는 경치.
예 나는 산 아래 원경으로 펼쳐진 마을을 굽어보았다.

반 근경(近景): 가까이 보이는 경치. 또는 가까운 데서 보는 경치.

원형
근원 原 | 형상 形

「1」 본디의 모습.
예 그곳은 원형대로 잘 보존되고 있었다.
「2」 복잡하고 다양한 모습으로 바뀌기 이전의 단순한 모습.
예 대통령제의 원형은 원래 삼권 분립론에 근거한 것이었다.

⊕ 원형(原型): 같거나 비슷한 여러 개가 만들어져 나온 본바탕.

전례
앞 前 | 법식 例

「1」 (주로 없거나 적다는 뜻의 서술어와 함께 쓰여) 이전부터 있었던 사례.
예 시장 경제는 인류에게 역사상 전례 없는 경제적 발전을 가져왔다.
「2」 예로부터 전하여 내려오는 일 처리의 관습.
예 국왕의 장례식은 전례를 따라 행해졌다.

⊕ 선례(先例): ① 이전부터 있었던 사례. ② 예로부터 전하여 내려오는 일 처리의 관습.

필수 개념 문학

재구성
다시 再 | 얽을 構 | 이룰 成

한 번 구성하였던 것을 다시 새롭게 구성함.
예 셰익스피어의 「로미오와 줄리엣」은 영화, 연극, 뮤지컬 등으로 재구성되었다.

더 알기 재구성된 작품을 원작과 비교하여 감상하면 재구성된 작품에 반영된 새로운 상상력과 가치를 발견하여 작품을 폭넓게 이해할 수 있다.

모티프

어떤 이야기를 구성하는 최소의 단위로, 문학 작품에서 자주 반복되어 나타나는 제재나 내용 등을 이르는 말이기도 하다.
예 고전 소설 「박씨전」에는 추녀였던 박씨가 미녀로 변신하는 '변신 모티프'가 나타난다.

더 알기 우리 설화에서 반복되어 등장하는 이별한 임이나 서양 동화에 자주 등장하는 요술 할머니 또는 미녀 따위를 모티프의 예로 들 수 있다.

패러디

특정 작품의 소재나 작가의 문체를 흉내 내어 익살스럽게 표현하는 수법. 또는 그런 작품.
예 장정일의 시 「라디오같이 사랑을 끄고 켤 수 있다면」은 김춘수의 시 「꽃」을 패러디한 작품이다.

더 알기 패러디는 단순히 다른 작품을 흉내 내거나 모방하는 것이 아니라 원작과는 또 다른 새로운 의미를 독자들에게 전달해야 한다.

한자 성어 | 관용구 | 속담 '근심, 분노'와 관련이 있는 한자 성어

비분강개
슬플 悲 | 성낼 憤 | 원통할 慷 | 분개할 慨

슬프고 분하여 마음이 북받침.
예 그는 부당한 차별 대우를 받고 비분강개를 금하지 못했다.

전전긍긍
두려워할 戰 | 두려워할 戰 | 조심할 兢 | 조심할 兢

몹시 두려워서 벌벌 떨며 조심함.
예 영감은 그 비밀을 누구한테 들킬까 봐 늘 전전긍긍이었다.

전전반측
구를 輾 | 구를 轉 | 돌이킬 反 | 곁 側

누워서 몸을 **이리저리 뒤척이며 잠을 이루지 못함.**
예 그는 집을 떠난 동생 걱정에 밤새도록 잠을 못 이루고 전전반측이었다.

더 알기 같은 의미의 한자 성어로 '전전불매(輾轉不寐)'가 있다.

좌불안석
앉을 坐 | 아닐 不 | 편안할 安 | 자리 席

앉아도 자리가 편안하지 않다는 뜻으로, **마음이 불안하거나 걱정스러워서** 한군데에 가만히 앉아 있지 못하고 **안절부절못하는 모양**을 이르는 말.
예 그녀는 전쟁터에 나간 아들 걱정에 좌불안석이었다.

천인공노
하늘 天 | 사람 人 | 함께 共 | 성낼 怒

하늘과 사람이 함께 노한다는 뜻으로, **누구나 분노할 만큼 증오스럽거나 도저히 용납할 수 없음**을 이르는 말.
예 요즈음 천인공노할 범죄가 잇달아 발생하고 있다.

07회 확인 문제

01~05 제시된 초성과 뜻을 참고하여 빈칸에 들어갈 어휘를 쓰시오.

01 ㅅ ㅅ: 마음속으로 하는 궁리나 계획.

예 나는 그를 화나게 할 (　　　　　　)으로 일부러 얄밉게 굴었다.

02 ㄴ ㅂ: 시험, 모집, 선거 따위에 응하였다가 떨어짐.

예 당시는 실력이 있어도 권력이 없으면 (　　　　　　)이 되던 시대였다.

03 ㅇ ㄱ: 멀리 보이는 경치. 또는 먼 데서 보는 경치.

예 차창을 통해 마을의 모습이 (　　　　　　)으로 드러나고 있었다.

04 ㅅ ㄱ: 어떤 일이나 사물을 살펴보고 가지게 되는 생각이나 의견.

예 그는 이번 사건에 대한 자신의 (　　　　　　)을 당당하게 밝혔다.

05 ㅁ ㅌ: 사물의 발생 · 발전의 근거가 되는 토대를 비유적으로 이르는 말.

예 설화는 소설의 (　　　　　　)라고 말할 수 있다.

06~09 다음 뜻에 해당하는 한자 성어를 〈보기〉에서 찾아 쓰시오.

보기

비분강개　　전전긍긍　　전전반측　　천인공노

06 슬프고 분하여 마음이 북받침. ____________

07 몹시 두려워서 벌벌 떨며 조심함. ____________

08 누워서 몸을 이리저리 뒤척이며 잠을 이루지 못함. ____________

09 누구나 분노할 만큼 증오스럽거나 도저히 용납할 수 없음을 이르는 말. ____________

정답과 해설 55쪽

10~14 **빈칸에 들어갈 어휘를 〈보기〉의 글자를 조합하여 쓰시오.**

보기

원	전	좌	우	발	불
형	례	석	화	안	상

10 요즘 기업에서는 직원들에게 (　　　　　)의 전환을 강조한다.

11 요즈음 그의 하루하루는 바늘방석에 앉은 것 같은 (　　　　　)이었다.

12 기상청에서는 올겨울 (　　　　　)가 없이 많은 눈이 내릴 것이라고 예보하였다.

13 그곳은 화재로 타 버린 건물의 (　　　　　)을 복원하는 공사가 한창 진행 중이다.

14 이솝의 (　　　　　)에서 여우는 속임수를 쓰다가 오히려 제 꾀에 넘어가는 동물로 등장한다.

개념 확인

15~17 **다음 설명에 해당하는 문학 개념을 쓰시오.**

15 어떤 이야기를 구성하는 최소의 단위로, 문학 작품에서 자주 반복되어 나타나는 제재나 내용 등을 이르는 말이기도 하다. ____________

16 특정 작품의 소재나 작가의 문체를 흉내 내어 익살스럽게 표현하는 수법을 의미하며, 단순히 다른 작품을 모방하는 것이 아니라 원작과는 또 다른 새로운 의미를 독자들에게 전달하기 위한 것이다. ____________

17 한 번 구성하였던 것을 다시 새롭게 구성한다는 의미로, 원작과는 다른 새로운 상상력과 가치를 발견할 수 있다. ____________

맞힌 개수	(　　　　) / 17문항
복습할 어휘	

필수 어휘

어휘	뜻과 예문	참고
곤욕 괴로울 困 | 욕될 辱	심한 모욕. 또는 참기 힘든 일. 예 그는 추위에 약해서 겨울마다 곤욕을 겪는다.	⊕ 모욕(侮辱): 깔보고 욕되게 함.
난입 어지러울 亂 | 들 入	어지럽게 함부로 들어오거나 들어감. 예 갑작스러운 적군의 난입으로 성안은 아수라장이 되었다.	
심보	마음을 쓰는 속 바탕. 예 그는 놀부처럼 심보가 고약하다.	⊕ 심통: 마땅치 않게 여기는 나쁜 마음.
애호가 사랑 愛 | 좋을 好 | 집 家	어떤 사물을 사랑하고 좋아하는 사람. 예 이번 전시회에 미술을 사랑하시는 애호가 여러분의 많은 호응이 있기를 바랍니다.	더 알기 '애호가'에서 '-가'는 앞말에 붙어서 '그 특성을 지닌 사람'의 뜻을 더해 주는 말이다. 예 대식가 | 명망가 | 애연가
역정 거스를 逆 | 뜻 情	몹시 언짢거나 못마땅하여서 내는 성. 예 어쩌다가 아버지의 역정을 샀니?	
정적 고요할 靜 | 고요할 寂	고요하여 괴괴함. 예 숨소리 하나 들리지 않을 만큼 정적이 흘렀다.	⊕ 괴괴하다: 쓸쓸한 느낌이 들 정도로 아주 고요하다.
주체 주인 主 | 몸 體	「1」 어떤 단체나 물건의 주가 되는 부분. 예 국가의 주체는 국민이다. 「2」 사물의 작용이나 어떤 행동의 주가 되는 것. 예 내 행동의 주체는 '나'가 되어야 한다.	★ 2018 수능 ⓑ에는 꿈을 꾼 주체의 출생 내력이 제시되어 있다.
초래하다 부를 招 | 올 來	어떤 결과를 가져오게 하다. 예 한순간의 부주의가 돌이킬 수 없는 재앙을 초래할 수도 있다.	
칭호 일컬을 稱 | 부르짖을 號	어떠한 뜻으로 일컫는 이름. 예 그는 천하장사라는 칭호를 얻었다.	

필수 개념 문학

개념	뜻과 예	참고
서술자 펼 敍 | 지을 述 | 사람 者	소설에서 말하는 이로, 소설의 분위기와 주제 등을 독자에게 효과적으로 전달하기 위해 작가가 내세운 존재. 예 김유정의 「동백꽃」 → '점순'의 마음을 모르는 어리숙한 '나'를 서술자로 설정하여 웃음을 유발함.	더 알기 서술자가 누구이고 사건을 어떻게 바라보느냐에 따라 소설의 내용과 분위기가 다르게 전달된다.

일인칭 시점
하나 一 | 사람 人 | 일컬을 稱 | 볼 視 | 점찍을 點

작품 속 등장인물인 '나'가 서술자가 되어 이야기를 서술하는 시점.

일인칭 시점

일인칭 주인공 시점	• 작품 속 주인공인 '나'가 자신의 이야기를 서술하는 시점. • 주인공이 직접 자신의 이야기를 하므로 독자에게 친근감과 신뢰감을 줄 수 있음.
일인칭 관찰자 시점	• 작품 속 주변 인물인 '나'가 주인공의 이야기를 관찰하여 서술하는 시점. • '나'가 관찰한 것만 서술하므로 서술의 한계가 존재함.

더 알기 일인칭 주인공 시점은 주인공의 내면 세계를 효과적으로 표현할 수 있고, 일인칭 관찰자 시점은 독자의 호기심과 상상력을 자극할 수 있다.

삼인칭 시점
석 三 | 사람 人 | 일컬을 稱 | 볼 視 | 점찍을 點

작품 밖의 서술자가 작품 속의 인물, 사건 등에 대해서 서술하는 시점.

삼인칭 시점

전지적 작가 시점	• 작품 밖 서술자가 신과 같은 위치에서 인물의 심리나 사건의 속사정까지 다 알고 구체적으로 서술하는 시점. • 서술자가 사건 전개에 광범위하게 관여하므로 독자의 상상력이 제한될 수 있음.
작가 관찰자 시점	• 작품 밖 서술자가 관찰자의 위치에서 인물의 행동이나 사건을 객관적으로 서술하는 시점. • 서술자가 객관적인 태도로 외부 사실을 전달하므로 독자는 인물의 심리나 사건의 전말에 대해서 의미 파악이 어려울 수 있음.

더 알기 전지적 작가 시점은 독자가 인물의 심리나 사건을 쉽게 이해할 수 있고, 작가 관찰자 시점은 사건 내면에 대한 독자의 상상력, 판단력이 크게 자극될 수 있다.

한자 성어 | 관용구 | 속담 '숫자, 단위'와 관련이 있는 속담

내 코가 석 자
내 사정이 급하고 어려워서 남을 돌볼 여유가 없음을 비유적으로 이르는 말.

예 내 코가 석 자인데 무슨 정신으로 남을 돕겠어?

더 알기 '자'는 길이의 단위로, 한 자는 약 30.3cm에 해당한다.

되로 주고 말로 받는다
조금 주고 그 대가로 몇 곱절이나 많이 받는 경우를 비유적으로 이르는 말.

예 떡을 돌린 다음 날 옆집에서 고기를 갖다 준 것을 보고 어머니는 되로 주고 말로 받는다며 고마워하셨다.

더 알기 '되'는 부피의 단위로, 곡식, 가루, 액체 따위의 부피를 잴 때 쓴다. 한 되는 한 말의 10분의 1로 약 1.8리터에 해당한다.

말 한마디에 천 냥 빚도 갚는다
말만 잘하면 어려운 일이나 불가능해 보이는 일도 해결할 수 있다는 말.

예 말 한마디에 천 냥 빚도 갚는다는데 위로의 말 한마디 하기가 그렇게 어렵니?

더 알기 '냥'은 예전에, 엽전을 세던 단위이다.

앞길이 구만 리 같다
아직 나이가 젊어서 앞으로 어떤 큰일이라도 해낼 수 있는 세월이 충분히 있다는 말.

예 앞길이 구만 리 같은 사람이 왜 포기를 하려는지 모르겠다.

더 알기 '리(里)'는 거리의 단위로, 1리는 약 0.393km에 해당한다.

열 길 물속은 알아도 한 길 사람의 속은 모른다
사람의 속마음을 알기란 매우 힘듦을 비유적으로 이르는 말.

예 열 길 물속은 알아도 한 길 사람의 속은 모른다는데 내가 어떻게 그 사람 마음을 알겠니?

더 알기 '길'은 길이의 단위로, 한 길은 사람의 키 정도의 길이이다.

08회 확인 문제

01~04 밑줄 친 어휘의 뜻을 〈보기〉에서 찾아 번호를 쓰시오.

보기

① 고요하여 괴괴함.
② 어떤 결과를 가져오게 하다.
③ 심한 모욕. 또는 참기 힘든 일.
④ 몹시 언짢거나 못마땅하여서 내는 성.

01 형은 회사에서 해고당한 후 부쩍 역정을 잘 냈다.
( )

02 극심한 지구의 오염은 궁극적으로는 인류의 멸망을 초래할지도 모른다.
( )

03 나를 싫어하는 사람과 한곳에서 함께 식사를 하는 일은 정말 곤욕이다.
( )

04 여기저기서 꾸르륵대던 개구리 소리가 그치자 정적이 감돌았다.
( )

05~07 밑줄 친 어휘의 뜻을 고르시오.

05 그녀는 아줌마라는 칭호로 불리는 것이 싫었다.

① 어떠한 뜻으로 일컫는 이름.
② 어떠한 뜻을 나타내기 위하여 쓰이는 부호, 문자, 표지 따위를 통틀어 이르는 말.

06 음악 애호가인 나는 음반을 천 장 가까이 모았다.

① 어떤 사물을 사랑하고 좋아하는 사람.
② 어떤 일에 전문적인 지식이 없는 사람.

07 그 일은 바로 우리 자신이 주체가 되어 밀고 나가야 한다.

① 대상이나 물건 따위를 소유한 사람.
② 사물의 작용이나 어떤 행동의 주가 되는 것.

08~12 다음 뜻에 해당하는 속담을 찾아 바르게 연결하시오.

08 사람의 속마음을 알기란 매우 힘듦. •	• ㉠ 내 코가 석 자
09 조금 주고 그 대가로 몇 곱절이나 많이 받음. •	• ㉡ 앞길이 구만 리 같다
10 내 사정이 급하고 어려워서 남을 돌볼 여유가 없음. •	• ㉢ 되로 주고 말로 받는다
11 말만 잘하면 어려운 일이나 불가능해 보이는 일도 해결할 수 있음. •	• ㉣ 말 한마디에 천 냥 빚도 갚는다
12 아직 나이가 젊어서 앞으로 어떤 큰일이라도 해낼 수 있는 세월이 충분히 있음. •	• ㉤ 열 길 물속은 알아도 한 길 사람의 속은 모른다

13~14 다음 문장에 어울리는 어휘를 고르시오.

13 경찰은 대학생들의 대사관 (난입 | 입장) 사건에 대해 조사를 벌이고 있다.

14 너는 남이 잘되면 배 아프고 남이 못되면 신이 나는 그 (심산 | 심보)부터 고쳐야 한다.

개념 확인

15~17 다음 설명이 맞으면 ○에, 그렇지 않으면 ×에 표시하시오.

15 소설에서 독자에게 이야기를 전달해 주는 사람을 서술자라고 한다. (○ , ×)

16 일인칭 시점은 작품 밖의 서술자가 작품 속의 인물, 사건 등에 대해서 서술하는 시점이다. (○ , ×)

17 삼인칭 시점에는 서술자가 인물의 심리나 사건의 속사정까지 다 알고 있는 전지적 작가 시점, 서술자가 인물의 행동이나 사건을 객관적으로 전달하는 작가 관찰자 시점이 있다. (○ , ×)

맞힌 개수	(　　　) / 17문항
복습할 어휘	

필수 어휘

괄시
소홀히 할 恝 | 볼 視

업신여겨 하찮게 대함.
예 나이 먹은 것만도 서러운데 이런 괄시를 받다니.

⊕ 홀대(忽待): 소홀히 대접함.
⊕ 환대(歡待): 반갑게 맞아 정성껏 후하게 대접함.

달음질

급히 뛰어 달려감.
예 아무리 달음질을 해도 자전거를 따라잡을 수 없었다.

문신
글월 文 | 신하 臣

문관인 신하.
예 문신들의 횡포에 맞서 무신들은 자신의 군사력으로 권세를 얻으려 했다.

⊕ 문관(文官): 문과 출신의 벼슬아치.
반 무신(武臣): 신하 가운데 무관인 사람.

사리사욕
사사로울 私 | 이로울 利 | 사사로울 私 | 욕심 慾

사사로운 이익과 욕심.
예 그는 사리사욕을 채우는 데에만 급급했다.

⊕ 사사(私私)롭다: 공적(公的)이 아닌 개인적인 범위나 관계의 성질이 있다.
⊕ 공익(公益): 사회 전체의 이익.

열화
더울 熱 | 불 火

「1」 뜨거운 불길이라는 뜻으로, 매우 격렬한 열정을 비유적으로 이르는 말.
예 그 가수는 관객의 열화 같은 호응에 보답하고자 한 곡 더 불렀다.
「2」 매우 급하게 치밀어 오르는 화증.
예 그는 열화가 치밀어 올라 소리를 질렀다.

천부적
하늘 天 | 구실 賦 | 과녁 的

태어날 때부터 지닌. 또는 그런 것.
예 그 사람은 음악에 천부적 감각을 지녔다.

유 선천적(先天的): 태어날 때부터 지니고 있는. 또는 그런 것.
반 후천적(後天的): 성질, 체질, 질환 따위가 태어난 후에 얻어진. 또는 그런 것.

풍채
바람 風 | 풍채 采

드러나 보이는 사람의 겉모양.
예 우리 국어 선생님은 풍채가 늠름하다.

하릴없이

달리 어떻게 할 도리가 없이.
예 나는 문제를 해결하지 못하고 하릴없이 시간만 보냈다.

더 알기 '하릴없이'의 '-이'는 일부 형용사 어근 뒤에 붙어 부사를 만드는 말이다.
예 깊숙이 | 수북이 | 끔찍이

행색
다닐 行 | 빛 色

겉으로 드러나는 차림이나 태도.
예 그는 초라한 행색으로 나타났다.

필수 개념 문학

전형적 인물
법 典 | 본보기 型 | 과녁 的 | 사람 人 | 만물 物

어떤 계층이나 집단, 세대의 특징을 잘 나타내는 인물.
예 「심청전」의 '심청'은 효녀를 대표하는 전형적 인물이고, 「흥부전」의 '놀부'는 욕심 많은 양반 지배층을 대표하는 전형적 인물이다.

더 알기 전형적 인물은 고전 소설에 자주 등장하는 인물 유형이다.

개성적 인물
낱 個 | 성품 性 | 과녁 的 | 사람 人 | 만물 物

어떤 무리의 대표적 성격이 아니라 개인만의 분명하고 독특한 성격을 가진 인물.
예 김유정의 「동백꽃」에 나타나는 '점순'과 오정희의 「소음 공해」에 나타나는 '나'는 각각 활달하고 적극적인 성격, 품위와 예절을 지키는 성격을 지닌 개성적 인물이다.

더 알기 현대 소설에 등장하는 대부분의 인물들이 개성적 인물에 해당한다.

평면적 인물
평평할 平 | 낯 面 | 과녁 的 | 사람 人 | 만물 物

이야기 전개 과정에서 단일하고 일관된 성격을 보여 주는 인물.
예 「흥부전」의 '흥부'는 처음부터 끝까지 착한 인물로 등장하고, 「춘향전」의 '춘향'은 이 도령에 대한 절개를 끝까지 지키는 인물로 등장하므로 평면적 인물이다.

더 알기 평면적 인물은 처음부터 끝까지 성격이 변화하지 않는 인물로, 주로 고전 소설에 자주 등장한다.

입체적 인물
설 立 | 몸 體 | 과녁 的 | 사람 人 | 만물 物

이야기 전개 과정에서 변화하고 발전하는 성격을 보여 주는 인물.
예 김동인의 「감자」에 나타나는 '복녀'는 순수하고 도덕적인 인물이었으나 가난 때문에 돈에 집착하게 되면서 타락한 인물로 변화하는 입체적 인물이다.

더 알기 입체적 인물은 상황과 환경의 변화에 따라 성격이 변화하는 인물로, 현대 소설에 많이 등장한다.

한자 성어 | 관용구 | 속담 '평범함'과 관련이 있는 한자 성어

갑남을녀
갑옷 甲 | 사내 男 | 새 乙 | 여자 女

갑이란 남자와 을이란 여자라는 뜻으로, 평범한 사람들을 이르는 말.
예 우리 사회는 뛰어난 몇몇의 사람이 잘사는 사회가 아닌 갑남을녀가 평화롭게 살아가는 사회를 지향해야 한다.

장삼이사
베풀 張 | 석 三 | 오얏 李 | 넉 四

장씨(張氏)의 셋째 아들과 이씨(李氏)의 넷째 아들이라는 뜻으로, 이름이나 신분이 특별하지 아니한 평범한 사람들을 이르는 말.
예 그도 평화로운 시대에 태어났더라면 장삼이사로 조용하게 살아갔을 것이다.

초동급부
땔나무 樵 | 아이 童 | 길을 汲 | 아내 婦

땔나무를 하는 아이와 물을 긷는 아낙네라는 뜻으로, 평범한 사람을 이르는 말.
예 나 역시 사람들과 어울리기를 좋아하는 초동급부의 하나이다.

더 알기 '땔나무'는 불을 때는 데 쓰는 재료인 땔감이 되는 나무를 말한다.

필부필부
짝 匹 | 남편 夫 | 짝 匹 | 아내 婦

평범한 남녀.
예 나는 부와 권력을 누리며 한세상을 사는 것보다 필부필부의 삶을 살아가는 것이 더 좋다고 본다.

09회 확인 문제

01~05 빈칸에 들어갈 어휘를 〈보기〉에서 찾아 쓰시오.

보기

괄시　　문신　　열화　　풍채　　행색

01 그녀는 관중들의 □□와 같은 성원에 눈물을 흘렸다.

02 사람의 겉모습만 보고 그렇게 □□를 해서는 안 된다.

03 그들은 모두 갓을 쓰고 도포 차림을 한 양반 □□이었다.

04 그의 훤칠한 키와 잘생긴 □□가 이웃 사람들의 마음을 움직였다.

05 그 장군은 □□을 가리켜 책상 앞에 앉아서 현실성이 없는 논의만 하는 존재들이라고 비난하였다.

06~09 〈보기〉의 글자를 조합하여 다음 뜻에 해당하는 어휘를 쓰고, 이를 활용하여 문장을 만드시오.

보기

달　사　천　적　없　리　음

욕　릴　부　하　질　이

06 급히 뛰어 달려감.

→ □□□: ____________________

07 태어날 때부터 지닌. 또는 그런 것.

→ □□□: ____________________

08 사사로운 이익과 욕심.

→ □□□□: ____________________

09 달리 어떻게 할 도리가 없이.

→ □□□□: ____________________

10~13 사다리타기를 하여 빈칸에 들어갈 한자 성어의 뜻을 〈보기〉에서 찾아 번호를 쓰시오.

보기

① 평범한 남녀.
② 갑이란 남자와 을이란 여자라는 뜻으로, 평범한 사람들을 이르는 말.
③ 땔나무를 하는 아이와 물을 긷는 아낙네라는 뜻으로, 평범한 사람을 이르는 말.
④ 장씨의 셋째 아들과 이씨의 넷째 아들이라는 뜻으로, 평범한 사람들을 이르는 말.

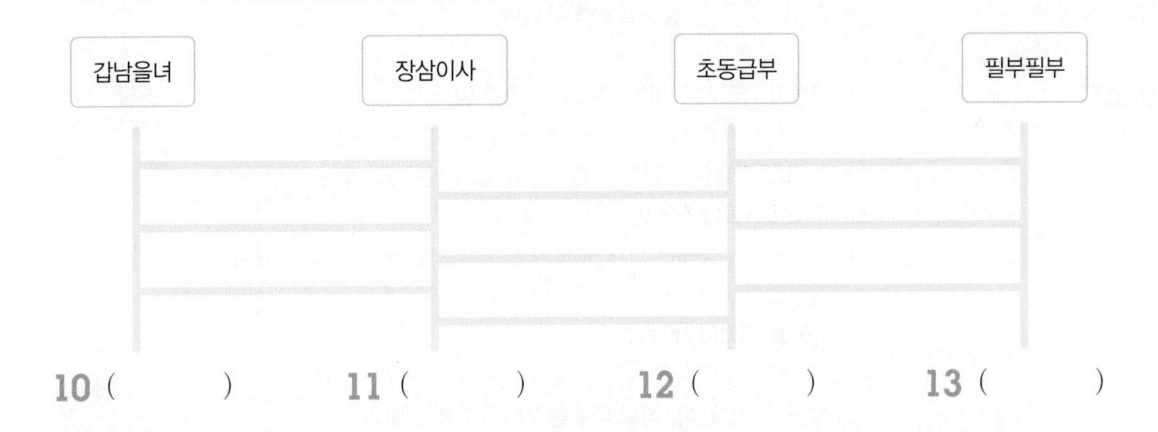

10 (　　　)　**11** (　　　)　**12** (　　　)　**13** (　　　)

개념 확인

14~17 다음 설명에 해당하는 인물 유형을 〈보기〉에서 찾아 쓰시오.

보기

개성적 인물　전형적 인물　입체적 인물　평면적 인물

14 「흥부전」의 '흥부'처럼 작품 속에서 성격의 변화가 없는 인물이다. ____________

15 「흥부전」에서 욕심 많은 양반 지배층을 대표하는 '놀부'처럼 어떤 계층이나 집단, 세대의 특징을 잘 나타내는 인물이다. ____________

16 어떤 무리의 대표적 성격이 아니라 개인만의 분명하고 독특한 성격을 가진 인물로, 대부분의 현대 소설에 등장하는 인물이다. ____________

17 이야기 전개 과정에서 상황과 환경의 변화에 따라 성격이 변화하고 발전하는 인물로, 현대 소설에 많이 등장한다. ____________

맞힌 개수	(　　　) / 17문항
복습할 어휘	

공부한 날짜 월 일

필수 어휘

대거리

상대편에게 맞서서 대듦. 또는 그런 말이나 행동.

예 그가 욕설을 해서 나도 대거리를 할 수밖에 없었다.

물색하다
만물 物 | 빛 色

어떤 기준으로 거기에 알맞은 사람이나 물건, 장소를 고르다.

예 우리는 소풍 갈 장소를 물색하였다.

불모지
아닐 不 | 털 毛 | 땅 地

「1」 식물이 자라지 못하는 거칠고 메마른 땅.

예 그는 불모지로 버려진 땅을 개간하는 데 평생을 바쳤다.

「2」 어떠한 사물이나 현상이 발달되어 있지 않은 곳. 또는 그런 상태를 비유적으로 이르는 말.

예 아직도 지구상에는 현대 문명의 불모지로 남아 있는 곳이 많다.

더 알기 '불모지'의 '-지'는 '장소'의 뜻을 더하는 말이다.
예 간척지 | 거주지 | 목적지

송출
보낼 送 | 날 出

「1」 사람을 해외로 내보냄.

예 당시에는 많은 노동자들의 해외 송출이 있었다.

「2」 물품, 전기, 전파, 정보 따위를 기계적으로 전달함.

예 프로그램 송출의 장애로 방송이 중단되었다.

영문

일이 돌아가는 형편이나 그 까닭.

예 나는 그가 찾아온 영문을 알 수가 없다.

더 알기 '영문'은 의문이나 부정을 나타내는 말과 함께 쓰인다.

차일
막을 遮 | 해 日

햇볕을 가리기 위하여 치는 포장.

예 아침부터 모래사장에 차일을 치고 씨름 대회를 준비했다.

⊕ 차양(遮陽): 햇볕을 가리거나 비가 들이치는 것을 막기 위하여 처마 끝에 덧붙이는 좁은 지붕.

치하
이를 致 | 하례할 賀

남이 한 일에 대하여 고마움이나 칭찬의 뜻을 표시함. 주로 윗사람이 아랫사람에게 한다.

예 교장 선생님께서 치하의 말씀을 하셨다.

파면
파할 罷 | 면할 免

잘못을 저지른 사람에게 직무나 직업을 그만두게 함.

예 시민 단체들은 뇌물을 받은 감독관의 파면을 요구했다.

⊕ 면직(免職): 일정한 직위나 직무에서 물러나게 함.

해빙
풀 解 | 얼음 氷

「1」 얼음이 녹아 풀림.

예 그 강은 봄이 오면 해빙이 될 거야.

「2」 서로 대립 중이던 세력 사이의 긴장이 완화됨을 비유적으로 이르는 말.

예 양국 간에 해빙의 조짐이 보인다.

반 결빙(結氷): 물이 얾.

필수 개념 문학

경수필
가벼울 輕 | 따를 隨 | 붓 筆

생활 주변에서 일어나는 사소한 일을 소재로 가볍게 쓴 수필. 감성적 · 주관적 · 개인적 · 정서적 특성을 지닌다.

예 편지글, 기행문, 일기문 등도 개인적인 체험을 담고 있다는 점에서 경수필에 해당한다.

더 알기 경수필은 글쓴이의 일상적인 체험과 그에 대한 깨달음을 담고 있는 경우가 대부분이다.

중수필
무거울 重 | 따를 隨 | 붓 筆

주로 무거운 내용을 담고 있는 논리적이고 객관적인 수필. 비평적 수필 · 과학적 수필 등이 있다.

예 주로 시사, 사회, 풍속 등에 관하여 자신의 견해를 밝힌 평론이나 칼럼 등이 중수필에 해당한다.

더 알기 중수필은 사회적인 문제나 전문 분야에 대한 글쓴이의 견해를 담고 있는 경우가 많다.

문체
글월 文 | 몸 體

문장의 개성적 특색.

문체의 종류

- **간결체** 짧고 간결한 문장으로 내용을 명쾌하게 표현하는 문체.
- **만연체** 많은 어구를 이용하여 문장을 장황하게 표현하는 문체.
- **강건체** 강직하고 크고 거세며 힘이 있는 문체.
- **우유체** 문장을 부드럽고 우아하고 순하게 표현하는 문체.

더 알기 수필은 글 속의 '나'가 글쓴이 자신이므로, 문장의 특색이나 길이, 속도, 표현 방법, 어휘의 선택 등에서 문체가 잘 드러난다.

한자 성어 | 관용구 | 속담 '동물'과 관련이 있는 관용구

게 눈 감추듯

음식을 허겁지겁 빨리 먹어 치움을 비유적으로 이르는 말.

예 그는 눈 깜짝할 사이에 그 많은 음식을 게 눈 감추듯 다 먹어 버렸다.

돼지 멱따는 소리

아주 듣기 싫도록 꽥꽥 지르는 소리.

예 그렇게 돼지 멱따는 소리를 해 대면서 무슨 합창 대회에 나간다는 거니?

더 알기 '멱'은 목의 앞쪽을 말한다.

밴댕이 소갈머리

아주 좁고 얕은 심지를 비유적으로 이르는 말.

예 그는 밴댕이 소갈머리같이 걸핏하면 토라진다.

더 알기 '심지(心志)'는 마음에 품은 의지를 의미한다.

더 알기 '밴댕이'는 몸의 길이가 15cm 정도의 작은 물고기이고, '소갈머리'는 마음이나 속생각을 낮잡아 이르는 말이다.

소 먹듯 하다

엄청나게 많이 먹다.

예 점심때 소 먹듯 했더니 사람들이 아침 안 먹었느냐고 물었다.

쥐도 새도 모르게

감쪽같이 행동하거나 처리하여 아무도 그 경위나 행방을 모르게.

예 범인은 결정적인 증거를 쥐도 새도 모르게 없앴다.

더 알기 '경위(經緯)'는 일이 진행되어 온 과정이고, '행방(行方)'은 간 곳이나 방향을 의미한다.

10회 확인 문제

01~04 밑줄 친 어휘의 뜻을 〈보기〉에서 찾아 번호를 쓰시오.

보기

① 얼음이 녹아 풀림.
② 사람을 해외로 내보냄.
③ 식물이 자라지 못하는 거칠고 메마른 땅.
④ 상대편에게 맞서서 대듦. 또는 그런 말이나 행동.
⑤ 물품, 전기, 전파, 정보 따위를 기계적으로 전달함.
⑥ 서로 대립 중이던 세력 사이의 긴장이 완화됨을 비유적으로 이르는 말.
⑦ 어떠한 사물이나 현상이 발달되어 있지 않은 곳. 또는 그런 상태를 비유적으로 이르는 말.

01 이 분야에 대한 연구는 불모지나 다름없다.
( )

02 그는 평소답지 않게 적극적으로 대거리를 하였다.
( )

03 해외 공연을 위한 연예인 송출과 관련하여 소속사의 준비가 한창이다.
( )

04 정치적으로 해빙의 분위기가 완연한 가운데 여당과 야당은 공동 성명을 발표했다.
( )

05~09 빈칸에 들어갈 관용구를 〈보기〉에서 찾아 쓰시오.

보기

게 눈 감추듯　돼지 멱따는 소리　밴댕이 소갈머리　소 먹듯 하다　쥐도 새도 모르게

05 변성기가 한창인 남학생들이 ( )로 합창을 했다.

06 사람이 엄청나게 많이 먹을 때, '( )'라는 관용구를 사용한다.

07 홍철이는 작은 일에도 곧잘 토라지곤 해서 ( )라는 소리를 듣는다.

08 얼마나 허기가 졌던지 우리는 한 상 가득 차려진 음식을 ( ) 먹어 치웠다.

09 당시의 포로수용소에서는 ( ) 사라지는 사람들이 셀 수 없을 정도로 많았다.

10~12 **빈칸에 알맞은 말을 넣어 밑줄 친 어휘의 뜻을 완성하시오.**

10 그는 파면의 위험을 무릅쓰고 회사의 비리를 폭로했다.
→ (   ) 을 저지른 사람에게 직무나 직업을 그만두게 함.

11 사장은 사원들에게 치하와 더불어 몇 가지 당부를 하고서 작업장을 나왔다.
→ 남이 한 일에 대하여 고마움이나 (   ) 의 뜻을 표시함.

12 상점에는 얕게 차일이 쳐져 있고 그 밑에 손님을 받기 위해 의자, 탁자 등이 놓여 있었다.
→ (   ) 을 가리기 위하여 치는 포장.

13~14 **제시된 초성을 참고하여 다음 뜻에 해당하는 어휘를 쓰시오.**

13 ㅇ ㅁ : 일이 돌아가는 형편이나 그 까닭. ____________

14 ㅁ ㅅ ㅎ ㄷ : 어떤 기준으로 거기에 알맞은 사람이나 물건, 장소를 고르다. ____________

개념 확인

15~17 **다음 설명이 맞으면 ○에, 그렇지 않으면 ×에 표시하시오.**

15 경수필은 생활 주변에서 일어나는 사소한 일을 소재로 가볍게 쓴 체험 위주의 글이므로, 글쓴이의 깨달음은 나타나지 않는다. (○ , ×)

16 중수필은 주로 사회 문제에 대한 글쓴이의 견해를 담고 있는 수필로, 감성적이고 주관적인 특성을 지닌다. (○ , ×)

17 문체는 문장의 개성적 특색을 말하는 것으로 간결체, 만연체, 강건체, 우유체 등이 있다. (○ , ×)

맞힌 개수	( ) / 17문항
복습할 어휘	

공부한 날짜 월 일

필수 어휘

도화선
이끌 導 | 불 火 | 선 線

「1」 폭약이 터지도록 불을 붙이는 심지.
예 타들어 가던 도화선이 끊어져서 폭약이 터지지 않았다.
「2」 사건이 일어나게 된 직접적인 원인.
예 사소한 오해가 싸움의 도화선이 되었다.

⊕ 빌미: 재앙이나 탈 따위가 생기는 원인.

동선
움직일 動 | 선 線

건축물의 내외부에서, 사람이나 물건이 어떤 목적이나 작업을 위하여 움직이는 자취나 방향을 나타내는 선.
예 우리의 전통 한옥은 동선을 고려하여 지었다.

명소
이름 名 | 바 所

경치나 고적, 산물 따위로 널리 알려진 곳.
예 제주도는 외국인도 많이 찾아오는 관광의 명소가 많다.

⊕ 명승지(名勝地): 경치가 좋기로 이름난 곳.

상설
항상 常 | 베풀 設

언제든지 이용할 수 있도록 설비와 시설을 갖추어 둠.
예 우리 동네에 상설 전시장이 생겼다.

유세
떠돌 遊 | 달랠 說

자기 의견 또는 자기 소속 정당의 주장을 선전하며 돌아다님.
예 운동장에서 국회 의원 후보자의 유세가 열렸다.

더 알기 소리는 같으나 뜻이 다른 단어를 '동음이의어'라 한다.
⊕ 유세(有勢): 자랑삼아 세력을 부림.
⊕ 유세(誘說): 달콤한 말로 꾐.

절호
끊을 絕 | 좋을 好

무엇을 하기에 기회나 시기 따위가 더할 수 없이 좋음.
예 나는 그 순간 나에게 절호의 기회가 찾아온 것이라고 생각했다.

필적하다
짝 匹 | 대적할 敵

능력이나 세력이 엇비슷하여 서로 맞서다.
예 지금까지 그의 작품에 필적할 만한 작품은 나오지 않았다.

⊕ 대적(對敵)하다: 적이나 어떤 세력, 힘 따위와 맞서 겨루다.

함구하다
봉할 緘 | 입 口

말하지 아니하다. 입을 다문다는 뜻에서 나온 말이다.
예 그는 어제 사건에 관하여 일체 함구하고 있다.

⊕ 함구(含垢)하다: 욕된 일을 참고 견디다.

해박하다
갖출 該 | 넓을 博

여러 방면으로 학식이 넓다.
예 그 아이는 어린 나이답지 않게 해박한 지식을 지녔다.

⊕ 박식(博識)하다: 지식이 넓고 아는 것이 많다.

필수 개념 읽기

정의 정할 定 | 옳을 義	대상의 **뜻을 밝혀 설명하는 방법.** 예 세금은 국가나 지방 자치 단체가 국민이나 주민에게 걷는 돈이다. → 세금의 뜻을 쉽게 풀어서 설명함.	더 알기 정의는 독자의 이해를 돕기 위해 흔히 쓰이므로, 논의의 실마리를 풀어 나가기 위해서 글의 처음 부분에 자주 사용된다.
비교 견줄 比 | 견줄 較	둘 이상의 대상을 견주어 **유사점이나 공통점을 중심으로 설명하는 방법.** 예 꿀과 조청은 다양한 영양 성분이 들어 있는 전통 감미료라는 점에서 공통점을 지닌다. → 꿀과 조청의 공통점을 중심으로 설명함.	
대조 대할 對 | 비출 照	둘 이상의 대상을 견주어 **차이점을 중심으로 설명하는 방법.** 예 진달래는 꽃이 피고 난 뒤에 잎이 나는 반면 철쭉은 잎과 꽃이 함께 나온다. → 진달래와 철쭉의 차이점을 중심으로 설명함.	
예시 법식 例 | 보일 示	대상에 대한 **구체적인 예를 들어 설명하는 방법.** 예 우리나라는 예로부터 발효 음식이 발달했는데, 김치와 된장, 간장 등을 예로 들 수 있다. → 발효 음식의 구체적인 예를 들어 설명함.	더 알기 예시는 독자가 쉽게 대상을 이해할 수 있도록 구체적인 예를 들어 설명해야 한다.

한자 성어 | 관용구 | 속담 '나라'와 관련이 있는 한자 성어

맥수지탄 보리 麥 | 빼어날 秀 | 어조사 之 | 탄식할 嘆	**고국의 멸망을 한탄함**을 이르는 말. 예 화려했던 조선 역사가 이렇게 허망하게 무너지다니 맥수지탄이로군.	더 알기 기자(箕子)가 은(殷)나라가 망한 뒤에도 보리만은 잘 자라는 것을 보고 한탄하였다는 데서 유래한다.
연군지정 사모할 戀 | 임금 君 | 어조사 之 | 뜻 情	**임금을 그리워하는 마음.** 예 그 시조는 연군지정을 주제로 한다.	
위국충절 위할 爲 | 나라 國 | 충성 忠 | 마디 節	**나라를 위한 충성스러운 절개.** 예 이순신 장군의 위국충절은 후대가 거울로 삼아 본받을 만하다.	더 알기 '절개'는 신념, 신의 따위를 굽히지 아니하고 굳게 지키는 꿋꿋한 태도를 의미한다.
태평성대 클 太 | 평평할 平 | 성인 聖 | 시대 代	어진 임금이 잘 다스리어 **태평한 세상이나 시대.** 예 백성을 사랑하는 임금의 통치 아래 나라는 태평성대를 누렸다.	더 알기 '태평'은 나라가 안정되어 아무 걱정 없고 평안한 것을 의미한다.

확인 문제

01~10 다음 십자말풀이를 완성하시오.

		01		03				05	
02									
						06			
	04								
07			08		09			10	

가로

02 폭약이 터지도록 불을 붙이는 심지. 사건이 일어나게 된 직접적인 원인.
04 여러 방면으로 학식이 넓다.
06 임금을 그리워하는 마음.
07 나라를 위한 충성스러운 절개.
09 어진 임금이 잘 다스리어 태평한 세상이나 시대.

세로

01 건축물의 내외부에서, 사람이나 물건이 어떤 목적이나 작업을 위하여 움직이는 자취나 방향을 나타내는 선.
03 능력이나 세력이 엇비슷하여 서로 맞서다.
05 은나라가 망한 뒤에도 보리만은 잘 자라는 것을 보고 기자가 한탄하였다는 데서 유래한 말.
08 무엇을 하기에 기회나 시기 따위가 더할 수 없이 좋음.
10 둘 이상의 대상을 견주어 차이점을 중심으로 설명하는 방법.

11~12 다음 문장에 어울리는 어휘를 고르시오.

11 공원이 완성되자 시민들에게 새로운 (명소 | 유적지)로 소개되었다.

12 우리 동네에는 다음 달에 (상설 | 상시) 할인 매장이 문을 열 계획이다.

정답과 해설 56쪽

13~14 밑줄 친 어휘의 뜻을 고르시오.

13

> 그는 방송 차량을 이용하여 선거 유세(遊說) 활동을 했다.

① 달콤한 말로 사람들을 꾀어 냄.
② 자기 의견 또는 자기 소속 정당의 주장을 선전하며 돌아다님.

14

> 그는 그 일에 대해서 함구(緘口)하는 것이 최선이라고 생각했다.

① 말하지 아니하다.
② 욕된 일을 참고 견디다.

개념 확인

15~18 다음 문장에 쓰인 설명 방법을 〈보기〉에서 찾아 쓰시오.

> 보기
> 비교 대조 예시 정의

15 개는 주로 낮에 활동하는 데 반해, 고양이는 주로 밤에 활동한다. ________

16 표준어란 한 나라에서 공용어로 쓰는 규범으로서의 언어를 말한다. ________

17 무용과 뮤지컬은 모두 무대 위에서 공연을 선보이는 공연 예술이다. ________

18 휴대용 시계의 예로는 손목시계, 회중시계, 목걸이 시계 등을 들 수 있다. ________

맞힌 개수	( ) / 18문항
복습할 어휘	

필수 어휘

가독성
옳을 可 | 읽을 讀 | 성질 性

인쇄물이 얼마나 쉽게 읽히는가 하는 능률의 정도.
예 대체로 가로쓰기가 세로쓰기에 비하여 가독성이 높다.

더 알기 가독성은 활자체, 글자 간격, 행간(行間), 띄어쓰기 따위에 따라 달라진다.

결속
맺을 結 | 묶을 束

뜻이 같은 사람끼리 서로 단결함.
예 모둠 구성원의 결속을 강화해야 한다.

★ 2013 수능 내부의 합의를 이루어 낸 조직이 강력한 결속력을 가질 수 있다.

⊕ 분산(分散): 갈라져 흩어짐. 또는 그렇게 되게 함.

분배
나눌 分 | 짝 配

몫몫이 별러 나눔.
예 농민들은 토지의 공평한 분배를 원했다.

⊕ 배분(配分): 몫몫이 별러 나눔.

안위
편안할 安 | 위로할 慰

몸을 편안하게 하고 마음을 위로함.
예 나 하나의 안위를 위해 식구들을 고생하게 할 수는 없다.

⊕ 안위(安危): 편안함과 위태함을 아울러 이르는 말.

안주
편안할 安 | 살 住

「1」 한곳에 자리를 잡고 편안히 삶.
예 할아버지는 농촌에서의 안주를 꿈꾸었다.
「2」 현재의 상황이나 처지에 만족함.
예 현재 상황에 안주를 하면 발전이 없다.

체감
몸 體 | 느낄 感

몸으로 어떤 감각을 느낌.
예 바람 때문에 체감 온도는 더 낮아질 것이라는 일기 예보가 있었다.

촉진
재촉할 促 | 나아갈 進

다그쳐 빨리 나아가게 함.
예 광고는 제품의 판매 촉진을 위한 수단이다.

⊕ 재촉: 어떤 일을 빨리하도록 조름.

추이
옮길 推 | 옮길 移

일이나 형편이 시간의 경과에 따라 변하여 나감. 또는 그런 경향.
예 시민들은 이번 사건의 추이를 지켜보고 있다.

추정
옮길 推 | 정할 定

미루어 생각하여 판정함.
예 그 과학자는 자신의 추정을 뒷받침하는 몇 가지 이론을 제시했다.

⊕ 추산(推算): 짐작으로 미루어 셈함. 또는 그런 셈.

필수 개념 읽기

분류 나눌 分 | 무리 類	**대상을 일정한 기준에 따라 묶어서 설명하는 방법.** 예 야구, 농구, 탁구, 축구는 구기 종목에 속한다. → 운동 경기를 공을 사용하는 기준에 따라 묶어서 설명함.	더 알기 분류는 작은 항목에서 큰 항목으로 묶어 가는 것이고, 구분은 큰 항목에서 작은 항목으로 나누는 것이다. 분류와 구분은 대상들 사이에 일정한 질서를 부여하여 대상을 조직화하는 것으로, 대상을 나누는 기준이 명확해야 한다.
구분 구역 區 | 나눌 分	**전체를 일정한 기준에 따라 몇 개로 나누어 설명하는 방법.** 예 자동차는 크기에 따라 경차, 소형차, 중형차, 대형차로 나눌 수 있고, 용도에 따라 승용차, 승합차, 화물차, 특수차로 나눌 수 있다. → 자동차를 크기와 용도에 따라 나누어 설명함.	
인과 인할 因 | 결과 果	**원인과 결과를 밝혀 설명하는 방법.** 예 일식이 일어나면 하늘이 깜깜해지는 것은, 달이 태양 일부나 전부를 가려 태양 빛이 지구까지 도달하지 못하기 때문이다. → 원인(달이 태양을 가려 태양 빛이 지구까지 도달하지 못함.)과 결과(일식이 일어나면 하늘이 깜깜해짐.)를 밝혀 설명함.	더 알기 인과는 어떤 일이 '왜' 일어났는지에 대한 원인과 결과를 따져 가며 설명하는 방법으로, 시간의 흐름이 나타난다.
분석 나눌 分 | 가를 析	**대상을 구성하는 요소로 나누어 설명하는 방법.** 예 온돌은 우리나라 고유의 난방 장치로, 아궁이, 고래, 구들장, 개자리, 굴뚝 등으로 구성된다. → 온돌의 구성 요소를 설명함.	더 알기 분석의 대상은 두 가지 이상의 요소로 구성된 '구조'이므로, 각 요소들은 독립된 상태로는 존재의 의미가 없다.

한자 성어 | 관용구 | 속담 '신중함'과 관련이 있는 속담

돌다리도 두들겨 보고 건너라	**잘 아는 일이라도 세심하게 주의를 하라는 말.** 예 잘 아는 일이라고 자만하지 말고, '돌다리도 두들겨 보고 건너라'는 속담을 명심해라.	
많이 생각하고 적게 말하고 더 적게 써라	**말과 행동보다 생각이 앞서야 한다는 말.** 예 선불리 행동하지 말고 '많이 생각하고 적게 말하고 더 적게 써라'는 속담을 실천하며 살아야 한다.	
식은 죽도 불어 가며 먹어라	**아무리 쉬운 일이라도 한 번 더 확인한 다음에 하는 것이 안전함을 비유적으로 이르는 말.** 예 식은 죽도 불어 가며 먹으라고 했듯이, 여러 번 확인해서 나쁠 건 없어.	더 알기 비슷한 의미의 속담으로 '무른 감도 쉬어 가며 먹어라'가 있다.
일곱 번 재고 천을 째라	**무슨 일이든 낭패를 보지 아니하기 위해서는 신중하게 생각하여 행동해야 함을 이르는 말.** 예 나는 이번에 계획한 일이 실패로 돌아가지 않도록 하기 위해 '일곱 번 재고 천을 째라'는 속담을 마음에 새겨 두었다.	더 알기 '낭패(狼狽)'는 계획한 일이 실패로 돌아가거나 기대에 어긋나 매우 딱하게 됨을 의미한다.

12회 확인 문제

01~05 예 를 참고하여 다음 뜻에 해당하는 어휘를 찾아 표시하시오. (가로, 세로, 대각선으로 표시할 것)

예 넌지시 알림. 또는 그 내용.

01 미루어 생각하여 판정함.

02 몸을 편안하게 하고 마음을 위로함.

03 인쇄물이 얼마나 쉽게 읽히는가 하는 능률의 정도.

04 일이나 형편이 시간의 경과에 따라 변하여 나감. 또는 그런 경향.

05 한곳에 자리를 잡고 편안히 삶. 현재의 상황이나 처지에 만족함.

계	유	용	소	탐	대	실
승	암	추	이	당	부	안
시	개	념	자	형	상	주
애	가	독	성	초	황	당
독	슬	사	건	박	지	부
창	추	하	안	속	비	종
적	정	감	경	위	지	판

06~09 사다리타기를 하여 빈칸에 들어갈 속담의 뜻을 〈보기〉에서 찾아 번호를 쓰시오.

보기

① 말과 행동보다 생각이 앞서야 한다는 말.
② 잘 아는 일이라도 세심하게 주의를 하라는 말.
③ 아무리 쉬운 일이라도 한 번 더 확인한 다음에 하는 것이 안전함을 비유적으로 이르는 말.
④ 무슨 일이든 낭패를 보지 아니하기 위해서는 신중하게 생각하여 행동해야 함을 이르는 말.

정답과 해설 56쪽

10~13 다음 뜻에 해당하는 어휘를 찾아 바르게 연결하시오.

10	몫몫이 별러 나눔. •	• ㉠ 촉진
11	다그쳐 빨리 나아가게 함. •	• ㉡ 체감
12	몸으로 어떤 감각을 느낌. •	• ㉢ 결속
13	뜻이 같은 사람끼리 서로 단결함. •	• ㉣ 분배

개념 확인

14~17 다음 문장에 쓰인 설명 방법을 〈보기〉에서 찾아 쓰시오.

보기

구분 분류 분석 인과

14 시는 형식에 따라 정형시, 자유시, 산문시로 나뉜다. ________

15 곤충은 머리, 가슴, 배의 세 부분으로 이루어져 있다. ________

16 해의 움직임을 이용하는 해시계, 물의 흐름을 이용하는 물시계는 모두 자연 시계에 속한다. ________

17 세종이 한글을 만든 까닭은 우리말을 표현할 문자가 없어서 생각을 글로 표현할 수 없었던 백성들을 불쌍히 여겼기 때문이다. ________

맞힌 개수	( ) / 17문항
복습할 어휘	

07~12회 종합 문제

공부한 날짜 월 일

01 어휘의 사전적 의미가 바르지 않은 것은?

① 추정: 미루어 생각하여 판정함.
② 풍채: 겉으로 드러나는 차림이나 태도.
③ 발상: 어떤 생각을 해 냄. 또는 그 생각.
④ 역정: 몹시 언짢거나 못마땅하여서 내는 성.
⑤ 절호: 무엇을 하기에 기회나 시기 따위가 더할 수 없이 좋음.

02 어휘의 사전적 의미와 그 용례의 연결이 적절하지 않은 것은?

낙방 .... ㉠
시험, 모집, 선거 따위에 응하였다가 떨어짐.
¶ 그는 최종 면접시험에서 낙방하고 말았다.
모태 .... ㉡
어머니의 태 안.
¶ 민요는 우리나라 민속 음악의 모태가 된다.
물색하다 .... ㉢
어떤 기준으로 거기에 알맞은 사람이나 물건, 장소를 고르다.
¶ 기업에서는 참신한 인재를 물색하려고 노력한다.
필적하다 .... ㉣
능력이나 세력이 엇비슷하여 서로 맞서다.
¶ 로봇 공학 분야에서 그에게 필적할 만한 사람은 없다.
함구하다 .... ㉤
말하지 아니하다.
¶ 친구의 비밀을 알게 된 나는 그 일에 대해 함구하기로 약속했다.

① ㉠ ② ㉡ ③ ㉢ ④ ㉣ ⑤ ㉤

03 밑줄 친 어휘의 반의어로 적절하지 않은 것은?

① 고려 시대에는 문신을 요직에 중용하였다. ↔ 무신(武臣)
② 해빙한 내를 따라 물고기들이 움직이기 시작한다. ↔ 결빙(結氷)
③ 그는 사업을 하는 데 천부적인 재능이 있는 것 같다. ↔ 후천적(後天的)
④ 나는 고개 너머 원경으로 펼쳐진 고향 마을을 내려다보았다. ↔ 근경(近景)
⑤ 회사의 경제적 어려움을 극복하기 위해서 직원 모두의 단합과 결속이 절실히 요구된다. ↔ 분할(分割)

정답과 해설 57쪽

04 다음을 읽고 문맥상 어울리는 어휘를 고르시오.

> ㉠ 나의 좁은 (소견 | 신념 | 의향)으로도 이 작품은 매우 빼어나 보인다.
> ㉡ 나는 늙어서는 도시 생활을 그만두고 농촌에서의 (안위 | 안주 | 위로)를 생각하고 있다.

2015 수능 기출 응용

05 〈보기〉의 밑줄 친 단어와 문맥적 의미가 동일하게 쓰인 것은?

> 보기
> 그는 불모지나 다름없었던 미래학 분야를 개척하느라 많은 세월을 연구하며 보냈다.

① 그들은 모래바람뿐인 불모지에 정착하여 살기 시작했다.
② 그들은 꾸준한 노력으로 산기슭의 불모지를 농토로 개간하였다.
③ 그는 축구 불모지였던 나라에서 태어나 세계적인 축구 선수가 되었다.
④ 최소한 그곳이 불모지인지 비옥지인지는 알아본 다음에 땅을 사도록 하자.
⑤ 아무리 들짐승일지라도 풀 한 포기가 없는 불모지에서 살아가는 것은 어렵다.

06 밑줄 친 표현의 쓰임이 적절하지 않은 것은?

① 나는 내 코가 석 자라 누구를 도울 처지가 못 되는 사람이야.
② 그녀는 걸핏하면 토라져서 밴댕이 소갈머리라는 소리를 자주 듣는다.
③ 나는 형님이 집을 떠난 뒤로 전전반측하며 잠을 못 이루는 날이 많았다.
④ 그는 민중들의 비참한 현실을 보고 나라를 잃은 슬픔으로 천인공노했다.
⑤ 그분도 평화로운 시대에 태어났더라면 장삼이사로 조용하게 살았을 것이다.

07 ⓐ~ⓔ의 문맥적 의미로 적절하지 않은 것은? (정답 2개)

> 나는 그 순간 직원들을 ⓐ괄시하는 사장의 모습에 ⓑ열화가 치밀어 올라 소리를 지르고 말았다. 갑작스러운 내 태도에 놀란 듯 사무실에는 잠시 ⓒ정적이 흘렀다. 모두들 사장에 대한 내 ⓓ대거리가 어떤 일을 초래하게 될지 지켜보고 있었다. 그러나 사장은 무슨 ⓔ심산인지 아무런 말도 없이 조용히 사무실을 빠져나갔다.

① ⓐ: 업신여겨 하찮게 대함.
② ⓑ: 뜨거운 불길이라는 뜻으로, 매우 격렬한 열정을 비유적으로 이르는 말.
③ ⓒ: 고요하여 괴괴함.
④ ⓓ: 상대편에게 맞서서 대듦. 또는 그런 말이나 행동.
⑤ ⓔ: 마음을 쓰는 속 바탕.

쉼터 만화로 보는 고사성어

도원결의

복숭아 桃 | 동산 園 | 맺을 結 | 옳을 義

의형제를 맺음을 이르는 말. 뜻이 맞는 사람끼리 하나의 목적을 이루기 위해 행동을 같이할 것을 약속한다는 의미로도 사용되고 있다. 나관중이 지은 역사 소설 『삼국지연의』에 나오는 말로 유비, 관우, 장비가 도원에서 의형제를 맺은 데서 유래한다.

후한 말, 어지러운 나라의 상황을 걱정하는 사람들이 있었다.

유비와 장비가 주막에 있을 때 마침 군대에 자원하러 가는 관우가 들어온다.

유비, 관우, 장비는 복숭아 동산에서 의형제를 맺어 한마음으로 나라를 위해 협력하기로 하였다.
유비, 관우, 장비가 비록 성은 다르오나 이미 의를 맺어 형제가 되었으니,

마음과 힘을 합해 곤란한 사람들을 도와 위로는 나라에 보답하고 아래로는 백성을 편안케 하려 하고, 같은 날 태어나지 못했어도 죽음은 함께하고자 하니,

천지신명께서는 굽어살피시어 의리를 저버리고 은혜를 잊는 자가 있다면 천벌을 내리소서.

이로써 유비와 관우, 장비는 각각 첫째, 둘째, 셋째가 되었다.
이제 우리는 진정한 형제야.
형님! 아우!
형님들을 잘 보필하겠습니다.

도원결의의 사례로는 무엇이 있을까?
오늘 너희 모둠의 발표, 정말 인상적이었어. 비결이 뭐야?
이번에 우리 모둠 친구들이 정말 잘해 보겠다는 마음으로 도원결의를 했어. 그렇게 마음을 모은 게 좋은 결과로 나타난 것 같아.

월 일

필수 어휘

어휘	뜻과 예문	참고
막간 막 幕 | 사이 間	**어떤 일의 한 단락이 끝나고 다음 단락이 시작될 동안.** 예 막간을 이용해서 안내 말씀을 드립니다.	
만감 일만 萬 | 느낄 感	**솟아오르는 온갖 느낌.** 예 할머니께서 생전에 가꾸신 난을 보니 만감이 교차했다.	⊕ 만념(萬念): 여러 가지 많은 생각.
분포 나눌 分 | 펼 布	**일정한 범위에 흩어져 퍼져 있음.** 예 각종 산업의 지역적 분포를 조사하였다.	★ 2015 수능 전국의 전통 시장 분포
빈도 자주 頻 | 법도 度	**같은 현상이나 일이 반복되는 도수(度數).** 예 이 병은 비만인 사람들에게 발생 빈도가 높다.	⊕ 도수(度數): 거듭하는 횟수.
산출되다 낳을 産 | 날 出	**물건이 생산되거나 인물 · 사상 따위가 나오다.** 예 이 금광에서는 금이 더 이상 산출되지 않는다.	⊕ 산출(算出)되다: 계산되어 나오다.
식별 알 識 | 나눌 別	**분별하여 알아봄.** 예 식별 능력을 지니다.	⊕ 변별(辨別): 사물의 옳고 그름이나 좋고 나쁨을 가림. ⊕ 판별(判別): 옳고 그름이나 좋고 나쁨을 판단하여 구별함. 또는 그런 구별.
유력하다 있을 有 | 힘 力	「1」 **세력이나 재산이 있다.** 예 회의장은 이미 정치적으로 유력한 인사들로 가득했다. 「2」 **가능성이 많다.** 예 그는 이번 사건의 유력한 용의자이다.	더 알기 '유력하다'의 '-하다'는 형용사를 만들어 주는 말이다. 예 건강하다 | 순수하다 | 정직하다
유약하다 부드러울 柔 | 약할 弱	**부드럽고 약하다.** 예 지수는 유약하여 사람들에게 화를 잘 내지 못한다.	유 연약(軟弱)하다: 무르고 약하다.
의기소침 뜻 意 | 기운 氣 | 녹일 銷 | 잠길 沈	**기운이 없어지고 풀이 죽음.** 예 시험에 떨어졌다고 의기소침에 빠지지 말고 기운 내라.	반 의기충천(意氣衝天): 의지와 기개가 하늘을 찌를 듯함.

필수 개념 문법

초성
처음 初 | 소리 聲

음절의 구성에서 **처음 소리인 자음**. 첫소리라고도 한다.
예 '산'에서 'ㅅ', '봄'에서 'ㅂ'

더알기 초성에 오는 'ㅇ'은 소릿값이 없으며, 형태를 갖추기 위해 온 것이다. 예를 들어 '아가'의 '아'는 중성 'ㅏ'로 이루어진 음절이다.

중성
가운데 中 | 소리 聲

음절의 구성에서 **중간 소리인 모음**. 가운뎃소리, 중음이라고도 한다.
예 '땅'에서 'ㅏ', '들'에서 'ㅡ'

종성
마칠 終 | 소리 聲

음절의 구성에서 **마지막 소리인 자음**. 끝소리, 받침소리라고도 한다.
예 '감'에서 'ㅁ', '공'에서 'ㅇ'

한자 성어 | 관용구 | 속담 '배움'과 관련이 있는 한자 성어

격물치지
격식 格 | 만물 物 | 이를 致 | 알 知

실제 사물의 이치를 연구하여 지식을 완전하게 함.
예 그는 성리학자이면서도 격물치지를 존중하는 경험적 학풍을 받아들였다.

교학상장
가르칠 敎 | 배울 學 | 서로 相 | 길 長

가르치고 배우는 과정에서 **스승과 제자가 함께 성장함.**
예 스승과 제자 사이에는 교학상장의 즐거움이 있다.

주경야독
낮 晝 | 밭갈 耕 | 밤 夜 | 읽을 讀

낮에는 농사짓고, 밤에는 글을 읽는다는 뜻으로, **어려운 여건 속에서도 꿋꿋이 공부함**을 이르는 말.
예 그는 낮에는 직장에서, 밤에는 대학원에서 주경야독하는 학구파이다.

온고지신
따뜻할 溫 | 옛 故 | 알 知 | 새로울 新

옛것을 익히고 그것을 미루어서 새것을 앎.
예 고전을 읽고 온고지신하여 그 속에 깃든 선조들의 정신을 이어 나가는 것이 중요하다.

더알기 이 말은 『논어』에 나오는 구절 '온고이지신(溫故而知新) 가이위사의(可以爲師矣)'에서 유래하였다. 이는 옛것을 다시 배워 새로운 것을 깨닫는다면 다른 사람의 스승이 될 수 있다는 뜻이다.

타산지석
다를 他 | 산 山 | 어조사 之 | 돌 石

다른 산의 나쁜 돌이라도 자신의 산의 옥돌을 가는 데에 쓸 수 있다는 뜻으로, **본이 되지 않은 남의 말이나 행동도 자신의 지식과 인격을 수양하는 데에 도움이 될 수 있음**을 비유적으로 이르는 말.
예 나는 친구의 행동을 타산지석으로 삼아 그와 똑같은 실수를 하지 않겠다고 다짐했다.

13회 확인 문제

01~05 빈칸에 들어갈 어휘를 〈보기〉에서 찾아 쓰시오.

보기

만감 분포 빈도 산출 식별

01 학생들의 도서관 사용 [|]를 조사해 보았다.

02 30년 만에 고향에 돌아오니 [|]이 교차했다.

03 우리나라 남부 지방에는 사과가 [|]되는 유명한 지역이 많다.

04 그 후보의 지지율은 지역적인 치우침 없이 고른 [|]를 보였다.

05 우리 농산물과 수입 농산물은 눈으로는 쉽게 [|]되지 않는다.

06~08 다음 문장에 어울리는 어휘를 고르시오.

06 재호는 기질이 (유약해서 | 강인해서) 쉽게 좌절하는 경향이 있다.

07 철수는 축구 경기에서 패배하고 (의기소침 | 의기충천)하여 집으로 돌아왔다.

08 1부 공연이 끝난 후 우리들은 (막간 | 막판)을 이용하여 사진을 찍으며 추억을 남겼다.

09~10 밑줄 친 어휘의 뜻을 고르시오.

09

그는 <u>유력한</u> 우승 후보로 손꼽힌다.

① 가능성이 많다.
② 세력이나 재산이 있다.

10

그는 지방에서 내로라하는 <u>유력한</u> 사업가이다.

① 가능성이 많다.
② 세력이나 재산이 있다.

정답과 해설 58쪽

11~15 **빈칸에 들어갈 한자 성어를 〈보기〉에서 찾아 쓰시오.**

보기

격물치지　　교학상장　　주경야독　　온고지신　　타산지석

11 **준하**: 낮에 아르바이트하며 생활비를 벌고 밤에는 공부를 하는 것이 정말 힘든 것 같아.
수진: (　　　　　　　　)이/가 힘들긴 하지만, 꿋꿋이 공부하다 보면 좋은 날이 올 거야.

12 **지영**: 내 짝꿍은 정말 한심해. 내일이 시험인데 공부하기는커녕 만화책이나 보고 있다니까.
윤하: (　　　　　　　　)(이)라고 타인의 그릇됨을 교훈 삼아 자신을 돌아보렴.

13 **민수**: 여름 방학 숙제가 고전 다섯 권 읽기인데, 고리타분한 옛날이야기를 대체 왜 읽어야 하지?
세찬: (　　　　　　　　)(이)라고 옛것을 익힘으로써 새로운 것을 깨달을 수 있을 거야.

14 **나라**: 이번에 라디오를 직접 조립해 보면서 라디오의 원리를 완전히 이해할 수 있게 되었어.
예린: (　　　　　　　　)(이)라고 사물의 이치를 연구하여 지식을 완전하게 하였구나.

15 **민율**: 이번 모둠 활동은 너무 힘들어. 모둠원들이 서로 모르는 내용을 가르쳐 주고 배우면서 같이 과제를 해결하는 건데, 그냥 선생님께서 설명해 주시면 될 것을 왜 이렇게 해야 하는지 모르겠어.
하늘: (　　　　　　　　)(이)라고 가르치고 배우면서 함께 성장할 수 있을 거야.

개념 확인

16~18 **다음 음절의 구성으로 알맞은 것을 〈보기〉에서 찾아 번호를 쓰시오.**

보기

① 초성 + 중성　　② 중성 + 종성　　③ 초성 + 중성 + 종성

16 곰 (　　　　)　　**17** 소 (　　　　)　　**18** 양 (　　　　)

맞힌 개수	(　　　) / 18문항
복습할 어휘	

필수 어휘

기여
부칠 寄 | 줄 與

도움이 되도록 **이바지함.**
예 그는 팀 승리에 결정적인 기여를 했다.

유 공헌(貢獻): 힘을 써 이바지함.

반출
옮길 搬 | 날 出

운반하여 냄.
예 문화재 반출이 큰 문제가 되었다.

반 반입(搬入): 운반하여 들여옴.

쇄신
없애버릴 刷 | 새로울 新

그릇된 것이나 묵은 것을 **버리고 새롭게 함.**
예 새로운 주장은 팀의 분위기 쇄신을 위해 노력하였다.

유 혁신(革新): 묵은 풍속, 관습, 조직, 방법 따위를 완전히 바꾸어서 새롭게 함.

숙지
익을 熟 | 알 知

익숙하게 또는 **충분히 앎.**
예 체험 전에 안전 규칙에 대한 숙지가 우선되어야 한다.

일탈
잃을 逸 | 벗을 脫

「1」 정하여진 영역 또는 본디의 목적이나 길, 사상, 규범, 조직 따위로부터 **빠져 벗어남.**
예 권위와 통제만으로는 개개인들의 일탈을 막을 수 없다.
「2」 **사회적인 규범으로부터 벗어나는 일.**
예 근래에 청소년들의 일탈이 늘고 있다.

⊕ 탈선(脫線): ① 기차나 전차 따위의 바퀴가 선로를 벗어남. ② 말이나 행동 따위가 나쁜 방향으로 빗나감.

자생
스스로 自 | 날 生

「1」 **자기 자신의 힘으로 살아감.**
예 자생 능력을 기르다.
「2」 **저절로 나서 자람.**
예 이 지역의 자생 식물은 대부분 국화과에 속한다.

⊕ 자력갱생(自力更生): 남에게 의지하지 아니하고 자신의 힘만으로 어려운 처지에서 벗어나 새로운 삶을 살아감.

준거
법도 準 | 의거할 據

사물의 정도나 성격 따위를 알기 위한 **근거나 기준.** = 표준.
예 판단의 준거가 명확하지 않다.

창출
비롯할 創 | 날 出

전에 없던 것을 **처음으로 생각하여 지어내거나 만들어 냄.**
예 이번 정부는 새로운 일자리의 창출을 최우선 정책으로 삼았다.

★ 2019 수능 이익을 창출할 수 있는 기회가 줄어들게 된다.

통용되다
통할 通 | 쓸 用

「1」 **일반적으로 두루 쓰이다.**
예 조선 후기에 화폐가 통용되기 시작하였다.
「2」 **서로 넘나들어 두루 쓰이다.**
예 요즘 백화점에서는 상품권이 화폐와 통용된다.

필수 개념 문법

음절
소리 音 | 마디 節

하나의 종합된 음의 느낌을 주는 말소리의 단위. 발음할 수 있는 최소의 소리 단위로 본다.
예 아침 → '아', '침'의 두 음절로 이루어짐.

더 알기 우리말의 경우 반드시 모음이 있어야 한 음절을 구성할 수 있으며 모음은 단독으로 한 음절이 되기도 한다.

어절
말씀 語 | 마디 節

문장을 구성하고 있는 각각의 마디. 문장을 구성하는 기본적인 문법 단위로, 대체로 띄어쓰기의 단위와 일치한다.
예 영희가 학교에 간다. → '영희가', '학교에', '간다'의 세 어절로 이루어짐.

대표음
대신할 代 | 겉 表 | 소리 音

초성에서는 서로 구별되는 일련의 **자음들이, 받침으로 쓰일 때는 그 가운데 하나의 자음으로 발음될 때, 그 하나의 자음을 이르는 말.**

음절의 끝소리 규칙

우리말에서 음절의 끝소리가 'ㄱ, ㄴ, ㄷ, ㄹ, ㅁ, ㅂ, ㅇ' 중 하나로 변하여 발음되는 현상.

받침 표기	발음	예
ㄱ, ㄲ, ㅋ	ㄱ	묵[묵], 묶다[묵따], 동녘[동녁]
ㄴ	ㄴ	잔[잔]
ㄷ, ㅌ, ㅅ, ㅆ, ㅈ, ㅊ	ㄷ	곧[곧], 솥[솓], 빗[빋], 탔다[탇따], 빚[빋], 꽃[꼳]
ㄹ	ㄹ	물[물]
ㅁ	ㅁ	봄[봄]
ㅂ, ㅍ	ㅂ	밥[밥], 앞[압]
ㅇ	ㅇ	방[방]

더 알기 받침, 'ㄲ, ㅋ', 'ㅅ, ㅆ, ㅈ, ㅊ, ㅌ', 'ㅍ'은 단어 끝 또는 자음 앞에서 각각 대표음 [ㄱ, ㄷ, ㅂ]으로 발음한다.

한자 성어 | 관용구 | 속담 '손'과 관련이 있는 관용구

손에 익다

일이 손에 익숙해지다.
예 일이 손에 익어서 작업 속도가 빨라졌다.

손을 내밀다

「1」 **무엇을 달라고 요구하거나 구걸하다.**
예 어릴 때 우리 집은 매우 가난하여 친척들에게 손을 내밀기 일쑤였다.
「2」 **친하려고 나서다.**
예 세정이와 처음 만났을 때, 그녀가 먼저 나에게 손을 내밀어 왔다.

더 알기 '손을 벌리다'는 무엇을 달라고 요구하거나 구걸한다는 뜻으로 '손을 내밀다'와 같은 의미를 지닌다.

손을 놓다

하던 일을 그만두거나 잠시 멈추다.
예 몸이 좋지 않아서 잠시 생선 장사에서 손을 놓았다.

손이 맞다

함께 일할 때 생각, 방법 따위가 서로 잘 어울리다.
예 은서하고는 손이 맞아 일이 척척 진행된다.

손이 크다

씀씀이가 후하고 크다.
예 손이 큰 어머니는 언제나 음식을 푸짐하게 차리셨다.

14회 확인 문제

01~04 빈칸에 알맞은 말을 넣어 밑줄 친 어휘의 뜻을 완성하시오.

01 놀이 시설을 이용하기 전에 주의 사항을 숙지해야 한다.
→ 익숙하게 또는 충분히 (　　　　　　).

02 민성이는 우리 팀의 승리에 결정적인 기여를 한 선수이다.
→ 도움이 되도록 (　　　　　　).

03 이 섬의 돌들은 무단 반출이 금지되어 있으니 유의해야 한다.
→ (　　　　　　)하여 냄.

04 심사 위원은 뚜렷한 심사의 준거를 제시해야 한다.
→ 사물의 정도나 성격 따위를 알기 위한 근거나 (　　　　　　).

05~09 빈칸에 들어갈 어휘를 〈보기〉의 글자를 조합하여 쓰시오.

보기

신	일	쇄	생	용
탈	자	출	창	통

05 민들레는 전국 각지의 산에서 □□한다.

06 우리는 새로운 질서와 제도의 □□을 목표로 삼았다.

07 김 감독은 경기에서 패배하여 가라앉은 분위기를 □□하려고 노력했다.

08 우리는 전 세계적으로 □□될 수 있는 새로운 컴퓨터 코드를 만들고 있다.

09 포로 몇 명이 대열에서 □□하여 달아나는 사건이 발생하였다.

정답과 해설 58쪽

10~15 빈칸에 알맞은 어휘를 넣어 관용구를 완성하시오.

10 친하려고 나서다. → 손을 □□□

11 씀씀이가 후하고 크다. → 손이 □□

12 일이 손에 익숙해지다. → 손에 □□

13 하던 일을 그만두거나 잠시 멈추다. → 손을 □□

14 무엇을 달라고 요구하거나 구걸하다. → 손을 내밀다, 손을 □□□

15 함께 일할 때 생각, 방법 등이 서로 잘 어울리다. → 손이 □□

개념 확인

16~19 다음 설명이 맞으면 ○에, 그렇지 않으면 ×에 표시하시오.

16 발음할 수 있는 최소의 소리 단위는 '음절'이며, '음절'은 반드시 자음과 모음이 함께 구성되어야 한다. (○ , ×)

17 문장을 구성하고 있는 각각의 마디인 '어절'은 대체로 띄어쓰기의 단위와 일치한다. (○ , ×)

18 초성에서는 서로 구별되는 일련의 자음들이 받침으로 쓰일 때는 대표음으로 발음된다. (○ , ×)

19 우리말에서 음절의 끝에서 발음되는 자음은 'ㄱ, ㄴ, ㄷ, ㄹ, ㅁ, ㅂ, ㅅ, ㅇ'의 8개이다. (○ , ×)

맞힌 개수	( ) / 19문항
복습할 어휘	

월 일

필수 어휘

어휘	뜻	참고
가차 거짓 假 | 빌릴 借	**사정을 보아줌.** 예 그는 학생들의 버릇없는 행동에 대해 가차 없이 비판하였다.	더 알기 '가차'는 주로 '없다'와 함께 쓰인다.
고유 굳을 固 | 있을 有	**본래부터 가지고 있는 특유한 것.** 예 한복은 민족 고유의 의상이다.	
독자적 홀로 獨 | 스스로 自 | 과녁 的	「1」 남에게 기대지 아니하고 **혼자서 하는**. 또는 그런 것. 예 이번 성과는 독자적 노력으로 이루어 낸 것이다. 「2」 다른 것과 구별되는 **혼자만의 특유한**. 또는 그런 것. 예 문화는 지역마다 독자적 성격을 지닌다.	더 알기 '독자적'의 '-적'은 '그 성격을 띠는', '그에 관계된', '그 상태로 된'의 뜻을 더하는 접미사이다. 예 가급적 | 국가적 | 기술적
등재 오를 登 | 실을 載	「1」 **일정한 사항을 장부나 대장에 올림.** 예 성산 일출봉에서 세계 자연 유산 등재 10주년 기념 음악회가 열렸다. 「2」 **서적이나 잡지 따위에 실음.** 예 그의 시 다섯 편이 문학 잡지에 등재, 사람들의 이목을 끌었다.	★ 2016 수능 남한산성의 유네스코 세계 문화유산 등재 ⊕ **게재(揭載)**: 글이나 그림 따위를 신문이나 잡지 따위에 실음.
무상 없을 無 | 갚을 償	어떤 행위에 대하여 아무런 **대가나 보상이 없음.** 예 중학교에서 무상 급식을 실시하고 있다.	반 **유상(有償)**: 어떤 행위에 대하여 보상이 있음.
방류 놓을 放 | 흐를 流	「1」 **모아서 가두어 둔 물을 흘려 보냄.** 예 폐수의 무단 방류로 상수원이 오염되었다. 「2」 물고기를 기르기 위하여, **어린 새끼 고기를 강물에 놓아 보냄.** 예 호수의 생태계를 보존하기 위해서는 치어의 방류와 같은 방안이 필요하다.	⊕ **방사(放飼)**: 가축을 가두거나 매어 두지 않고 놓아서 기름.
속물적 풍속 俗 | 만물 物 | 과녁 的	교양이 없거나 식견이 좁고 **세속적인 일에만 신경을 쓰는**. 또는 그런 것. 예 그는 자신의 이득만 챙기는 속물적 인간의 전형이다.	★ 2015 수능 속물적인 현실과 거리를 두게 하는 대상
이상적 다스릴 理 | 생각 想 | 과녁 的	생각할 수 있는 범위 안에서 **가장 완전하다고 여겨지는**. 또는 그런 것. 예 그것이 우리가 꿈꾸는 이상적 사회이다.	반 **현실적(現實的)**: 현재 실제로 존재하거나 실현될 수 있는. 또는 그런 것.
자조적 스스로 自 | 비웃을 嘲 | 과녁 的	**자기를 비웃는 듯한**. 또는 그런 것. 예 사나이는 자조적인 웃음을 지었다.	

필수 개념 문법

어근
말씀 語 | 뿌리 根

단어를 분석할 때, **실질적 의미를 나타내는 중심이 되는 부분.**
예 '덮개'의 '덮-', '어른스럽다'의 '어른'

접사
접할 接 | 말씀 辭

단독으로 쓰이지 아니하고 **항상 다른 어근이나 단어에 붙어 새로운 단어를 구성하는 부분.**

접사의 종류

- **접두사(接頭辭)** 어근이나 단어의 앞에 붙어 새로운 단어가 되게 하는 말.
  예 '맨손'의 '맨-', '시퍼렇다'의 '시-'
- **접미사(接尾辭)** 어근이나 단어의 뒤에 붙어 새로운 단어가 되게 하는 말.
  예 '선생님'의 '-님', '지우개'의 '-개', '먹히다'의 '-히-'

한자 성어 | 관용구 | 속담 '권세, 횡포'와 관련이 있는 한자 성어

가렴주구
가혹할 苛 | 거둘 斂 | 벨 誅 | 구할 求

세금을 가혹하게 거두어들이고, 무리하게 재물을 빼앗음.
예 탐관오리들의 가렴주구를 견디다 못한 농민들이 봉기를 일으켰다.

가정맹어호
가혹할 苛 | 정사 政 | 사나울 猛 | 어조사 於 | 범 虎

가혹한 정치는 호랑이보다 무섭다는 뜻으로, **혹독한 정치의 폐가 큼**을 이르는 말.
예 가정맹어호라고, 사람들은 가혹한 정치 체제에 반발심을 느끼면서도 권력자의 횡포가 두려워 숨어서 떨기만 했다.

도탄지고
진흙 塗 | 숯 炭 | 어조사 之 | 괴로울 苦

진흙 구렁에 빠지고 숯불에 타는 괴로움을 이르는 말.
예 국가가 황폐하여 백성은 도탄지고에 빠지고 있다.

지록위마
가리킬 指 | 사슴 鹿 | 할 爲 | 말 馬

「1」 **윗사람을 농락하여 권세를 마음대로 함**을 이르는 말.
예 왕권이 약하면 지록위마를 휘두르는 신하가 생겨날 수 있다.
「2」 **모순된 것을 끝까지 우겨서 남을 속이려는 짓**을 비유적으로 이르는 말.
예 지록위마라더니, 더 이상 국민들을 속이려고 하지 마시오.

더 알기 중국 진나라의 조고가 자신의 권세를 시험하여 보고자 황제 호해에게 사슴을 가리키며 말이라고 한 데서 유래한다.

호가호위
여우 狐 | 거짓 假 | 범 虎 | 위엄 威

남의 권세를 빌려 위세를 부림.
예 성품이 올곧은 그는 부모의 권세에 기대어 호가호위할 사람이 아니다.

더 알기 『전국책』의 「초책」에 나오는 말로 여우가 호랑이의 위세를 빌려 호기를 부린다는 데서 유래한다.

혹세무민
미혹할 惑 | 세대 世 | 속일 誣 | 백성 民

세상을 어지럽히고 백성을 미혹하게 하여 속임.
예 경찰은 사이비 종교의 교주를 혹세무민의 죄명으로 잡아들였다.

더 알기 '미혹하다'는 무엇에 홀려 정신을 차리지 못한다는 의미이다.

15회 확인 문제

01~04 빈칸에 공통적으로 들어갈 어휘를 쓰시오.

01 □□적: '자기를 비웃음.'을 뜻하는 어근 '□□'에 접사 '-적'이 붙어서 만들어짐.

02 □□적: '남에게 기대지 아니하는 자기 한 몸. 또는 자기 혼자.'를 뜻하는 어근 '□□'에 접사 '-적'이 붙어서 만들어짐.

03 □□적: '교양이 없거나 식견이 좁고 세속적인 일에만 신경을 쓰는 사람을 속되게 이르는 말.'인 어근 '□□'에 접사 '-적'이 붙어서 만들어짐.

04 □□적: '생각할 수 있는 범위 안에서 가장 완전하다고 여겨지는 상태.'를 뜻하는 어근 '□□'에 접사 '-적'이 붙어서 만들어짐.

05~09 밑줄 친 어휘에 대한 설명이 맞으면 ○에, 그렇지 않으면 ×에 표시하시오.

05 내가 쓴 짧은 수필 한 편이 잡지에 <u>등재</u>되었다.
→ 서적이나 잡지 따위에 실음을 뜻하며, '게재'로 바꿔 쓸 수 있다. (○ , ×)

06 인근 공장에서 무단으로 <u>방류</u>한 폐수가 마을의 물을 오염시켰다.
→ 모아서 가두어 둔 물을 흘려 보냄을 뜻하며, '방사'로 바꿔 쓸 수 있다. (○ , ×)

07 국가에서는 재해 지역 주민들에게 구호품을 <u>무상</u>으로 나누어 주었다.
→ 아무런 생각 없이 어떤 행위를 함을 뜻하며, 반의어는 '유상'이다. (○ , ×)

08 반대 의견을 제시했던 사람들은 <u>가차</u> 없이 응징되었다.
→ 사정을 보아준다는 뜻으로, 주로 '없다'와 함께 쓰인다. (○ , ×)

09 김치는 우리 <u>고유</u>의 음식이다.
→ '의상, 음식' 등의 대상 앞에 쓰여 예로부터 전해지는 오래된 것이라는 의미를 드러낸다.
(○ , ×)

정답과 해설 59쪽

10~15 다음 뜻에 해당하는 한자 성어를 찾아 바르게 연결하시오.

10 남의 권세를 빌려 위세를 부림. • • ㉠ 가렴주구

11 세상을 어지럽히고 백성을 미혹하게 하여 속임. • • ㉡ 도탄지고

12 진흙 구렁에 빠지고 숯불에 타는 괴로움을 이르는 말. • • ㉢ 지록위마

13 세금을 가혹하게 거두어들이고, 무리하게 재물을 빼앗음. • • ㉣ 호가호위

14 가혹한 정치는 호랑이보다 무섭다는 뜻으로, 혹독한 정치의 폐가 큼을 이르는 말. • • ㉤ 혹세무민

15 모순된 것을 끝까지 우겨서 남을 속이려는 짓을 비유적으로 이르는 말. • • ㉥ 가정맹어호

개념 확인

16~17 밑줄 친 단어에서 어근에 해당하는 부분을 찾아 쓰시오.

16 교장 선생님 말씀이 있을 예정이다. ________

17 그는 맨손으로 시작하여 부자가 되었다. ________

개념 확인

18~19 밑줄 친 단어에서 접사에 해당하는 부분을 찾아 쓰시오.

18 놀이에서 술래에게 잡히다. ________

19 모진 말로 그의 자존심을 짓밟다. ________

맞힌 개수	( ) / 19문항
복습할 어휘	

16회

월 일

필수 어휘

견고하다
굳을 堅 | 굳을 固

「1」 굳고 단단하다.
예 견고한 제방을 쌓다.
「2」 사상이나 의지 따위가 동요됨이 없이 확고하다.
예 어떤 유혹에도 굴복하지 않고 견고하게 자신의 신념을 지켰다.

★ 2016 수능 쓸모 있는 견고한 양옥을 짓자는 것이었다.
유 공고(鞏固)하다: 단단하고 튼튼하다.

기원
일어날 起 | 근원 源

사물이 처음으로 생김. 또는 그런 근원.
예 민주 정치의 기원은 고대 그리스에서 출발한다.

⊕ 기원(祈願): 바라는 일이 이루어지기를 빎.
유 연원(淵源): 사물의 근원.

다변화
많을 多 | 가 邊 | 될 化

일의 방법이나 모양이 다양하고 복잡해짐. 또는 그렇게 만듦.
예 수출의 증가를 위해서는 수출 시장의 다변화가 필요하다.

더 알기 '다변화'의 '-화'는 '그렇게 만들거나 됨'의 뜻을 더하는 접미사이다.
예 기계화 | 대중화 | 도시화

범주
본보기 範 | 무리 疇

동일한 성질을 가진 부류나 범위.
예 시와 시조는 운문 문학의 범주에 속한다.

⊕ 부류(部類): 동일한 범주에 속하는 대상들을 일정한 기준에 따라 나누어 놓은 갈래.

상반되다
서로 相 | 돌이킬 反

서로 반대되거나 어긋나게 되다.
예 그의 행동은 자신의 주장에 상반된 것이었다.

⊕ 상충(相衝)되다: 맞지 아니하고 서로 어긋나게 되다.

일가견
하나 一 | 집 家 | 볼 見

어떤 문제에 대하여 독자적인 경지나 체계를 이룬 견해.
예 그는 요리에 대해서 일가견이 있다.

일면식
하나 一 | 낯 面 | 알 識

서로 한 번 만나 인사나 나눈 정도로 조금 앎.
예 그와 나는 오늘 만나기 전까지는 일면식도 없는 사이였다.

증식
더할 增 | 번성할 殖

늘어서 많아짐. 또는 늘려서 많게 함.
예 조선 전기에는 나라에서 씨받이 소를 많이 길러 소의 개량과 증식에 힘썼다.

지향
뜻 志 | 향할 向

어떤 목표로 뜻이 쏠리어 향함. 또는 그 방향이나 그쪽으로 쏠리는 의지.
예 발전적인 인간이 되기 위해 미래 지향의 생활 태도를 지녀야 한다.

⊕ 지양(止揚): 더 높은 단계로 오르기 위하여 어떠한 것을 하지 아니함.

필수 개념 문법

단일어 홑 單 | 하나 一 | 말씀 語	**하나의 어근으로 이루어진 단어.** 예 하늘, 땅, 밥 등
합성어 합할 合 | 이룰 成 | 말씀 語	**두 개 이상의 어근이 결합하여 이루어진 단어.** 예 논밭(논 + 밭), 손발(손 + 발), 집(집 + 안), 뛰놀다(뛰- + 놀-), 오가다(오- + 가-), 돌다리(돌 + 다리), 책가방(책 + 가방) 등
파생어 물갈래 派 | 날 生 | 말씀 語	**어근과 접사가 결합하여 이루어진 단어.** **접사의 종류에 따른 파생어** • 접두사에 의한 파생어 예 맨손(맨- + 손), 치솟다(치- + 솟다) 등 • 접미사에 의한 파생어 예 심술꾸러기(심술 + -꾸러기), 반짝거리다(반짝 + -거리다) 등

더 알기 '논밭'처럼 어근이 대등하게 결합하는 합성어도 있고, '돌다리'처럼 한 어근이 다른 어근을 꾸며 주는 합성어도 있다.

한자 성어 | 관용구 | 속담 '노력, 끈기'와 관련이 있는 속담

공든 탑이 무너지랴	공들여 쌓은 탑은 무너질 리 없다는 뜻으로, **힘을 다하고 정성을 다하여 한 일은 그 결과가 반드시 헛되지 아니함**을 비유적으로 이르는 말. 예 공든 탑이 무너지랴라는 말처럼, 정성을 다해 노력했으니 좋은 결과가 있을 거라고 생각해.
무쇠도 갈면 바늘 된다	**꾸준히 노력하면 어떤 어려운 일이라도 이룰 수 있다는 말.** 예 무쇠도 갈면 바늘 된다고 했으니, 날마다 연습하면 언젠가는 훌륭한 야구 선수가 될 것이다.
열 번 찍어 아니 넘어가는 나무 없다	아무리 뜻이 굳은 사람이라도 **여러 번 권하거나 꾀고 달래면 결국은 마음이 변한다는 말.** 예 열 번 찍어 아니 넘어가는 나무 없다고 지속적으로 주민들을 만나 설득한 결과 주민들의 찬성을 이끌어 낼 수 있었다.
우물을 파도 한 우물을 파라	일을 너무 벌여 놓거나 하던 일을 자주 바꾸어 하면 아무런 성과가 없으니 **어떠한 일이든 한 가지 일을 끝까지 하여야 성공할 수 있다**는 말. 예 오랜 시간 하나의 일에 매진하여 장인이 된 그를 보면 우물을 파도 한 우물을 파라는 말이 생각난다.
흐르는 물은 썩지 않는다	고인 물이 썩지 흐르는 물은 썩지 아니한다는 뜻으로, **사람은 언제나 일하고 공부하며 단련하여야 시대에 뒤떨어지지 아니하고 또 변질되지 아니함**을 비유적으로 이르는 말. 예 흐르는 물은 썩지 않는다고 했으니, 현재에 만족하지 말고 꾸준히 노력하렴.

더 알기 '변질(變質)되다'는 성질이 다른 어떠한 것으로 변하게 된다는 의미이다.

16회 확인 문제

01~03 다음 문장에 어울리는 어휘를 고르시오.

01 올림픽은 인류의 평화와 공존을 (지양 | 지향)하는 지구촌 축제이다.

02 은행에 저금해 두었던 돈이 십 년 만에 두 배로 (감소 | 증식)했다.

03 서로의 견해가 (상반 | 일치)되는 경우에는 대화를 통해 타협점을 찾아야 한다.

04~05 밑줄 친 '이 말'에 해당하는 어휘를 쓰시오.

04 이 말은 어떤 문제나 특정 분야에서 독자적인 경지에 올랐을 때 주로 사용해. 예를 들어 노래 실력도 수준급이고 기타도 능숙하게 다루는 경지에 올랐다면 '음악에 ○○○이 있다.'라고 표현하지.

____

05 이 말은 누구를 조금 안다는 뜻인데, '○○○도 없다.'라는 표현으로 사용할 때가 많아. 예를 들어 어떤 사람에 대해 친구에게 한두 번 이야기를 들었을 뿐 실제로 만나 본 적이 없다면 '그와 나는 ○○○도 없다.'라고 표현하지.

____

06~09 제시된 초성을 참고하여 밑줄 친 말을 대신할 수 있는 어휘를 쓰시오.

06 이 성은 워낙 군고 단단해서 적이 쉽게 침투할 수 없다.

ㄱㄱ해서 → (   )해서

07 이 풍속이 어디에서 처음 생겼는지 알려지지 않았다.

ㄱㅇ했는지 → (   )했는지

08 현대 사회에서 관찰할 수 있는 현상들은 대략 몇 가지 부류나 범위로 묶어 볼 수 있다.

ㅂㅈ → (   )

09 다양하고 복잡하게 변화하는 소비자의 취향에 부응하려면 새로운 제품 개발에 힘을 쏟아야 한다.

ㄷㅂㅎ → (   )

정답과 해설 59쪽

10~14 다음 뜻에 해당하는 속담을 〈보기〉에서 찾아 번호를 쓰시오.

보기

① 공든 탑이 무너지랴
② 무쇠도 갈면 바늘 된다
③ 흐르는 물은 썩지 않는다
④ 우물을 파도 한 우물을 파라
⑤ 열 번 찍어 아니 넘어가는 나무 없다

10 꾸준히 노력하면 어떤 어려운 일이라도 이룰 수 있다는 말. (　　　)

11 아무리 뜻이 굳은 사람이라도 여러 번 권하거나 꾀고 달래면 결국은 마음이 변한다는 말. (　　　)

12 힘을 다하고 정성을 다하여 한 일은 그 결과가 반드시 헛되지 아니함을 비유적으로 이르는 말. (　　　)

13 사람은 언제나 일하고 공부하며 단련하여야 시대에 뒤떨어지지 아니하고 또 변질되지 아니함을 비유적으로 이르는 말. (　　　)

14 일을 너무 벌여 놓거나 하던 일을 자주 바꾸어 하면 아무런 성과가 없으니 어떠한 일이든 한 가지 일을 끝까지 하여야 성공할 수 있다는 말. (　　　)

개념 확인

15~17 다음 단어의 유형을 찾아 바르게 연결하시오.

15 구름, 바람, 아침 • 　　　• ㉠ 단일어

16 새해, 돌다리, 산들바람 • 　　　• ㉡ 파생어

17 바느질, 풋사과, 새파랗다 • 　　　• ㉢ 합성어

맞힌 개수	(　　　) / 17문항
복습할 어휘	

17회

월 일

필수 어휘

구제하다
구원할 救 | 건널 濟

자연적인 재해나 사회적인 피해를 당하여 **어려운 처지에 있는 사람을 도와주다.**

예 많은 사람들을 실직에서 구제하다.

⊕ 구호(救護)하다: 재해나 재난 따위로 어려움에 처한 사람을 도와 보호하다.

반포
나눌 頒 | 펼 布

세상에 **널리 퍼뜨려 모두 알게 함.**

예 훈민정음의 반포 이후 백성들의 삶은 변화하였다.

배포
나눌 配 | 펼 布

신문이나 책자 따위를 널리 나누어 줌.

예 가게를 개장하기 전에 광고 전단 배포를 마쳤다.

유 배부(配付): 출판물이나 서류 따위를 나누어 줌.

애민
사랑 愛 | 백성 民

백성을 사랑함.

예 임금은 애민 정책으로 민심을 수습하였다.

언중
말씀 言 | 무리 衆

같은 언어를 사용하면서 공동생활을 하는 **언어 사회 안의 대중.**

예 언중들이 실생활에 자주 쓰는 신조어가 사전에 등재되었다.

제자
지을 製 | 글자 字

글자를 만드는 것.

예 한글의 제자 원리는 훈민정음 해례본을 통해 알 수 있다.

창제
비롯할 創 | 지을 製

전에 없던 것을 **처음으로 만들거나 제정함.**

예 한글 창제는 세종 대왕의 가장 빛나는 업적이다.

⊕ 제정(制定): 제도나 법률 따위를 만들어서 정함.

편찬
엮을 編 | 모을 纂

여러 가지 자료를 모아 **체계적으로 정리하여 책을 만듦.**

예 출판사는 사전 편찬 부서를 새롭게 만들었다.

유 편수(編修): 책을 편집하고 수정함.

한량없다
한계 限 | 헤아릴 量

끝이나 한이 없다.

예 아들이 대학에 합격하여 부모는 기쁘기가 한량없다.

더 알기 '한량없다'는 한정된 분량을 뜻하는 '한량'과 '없다'가 결합하여 만들어진 합성어이다.

유 그지없다: 끝이나 한량이 없다.

필수 개념 문법

상형
형상 象 | 형상 形

물체의 형상을 본떠서 글자를 만드는 방법.

한글 제자 원리 – 상형의 원리

- 훈민정음의 자음 기본자는 발음 기관의 모양을 본떠 만듦.
  예 'ㄱ, ㄴ'은 글자를 발음할 때의 혀의 모양을, 'ㅁ, ㅅ, ㅇ'은 글자를 발음할 때 관여하는 발음 기관(입, 이, 목구멍)의 모양을 본뜸.
- 훈민정음의 모음 기본자는 천지인삼재(天地人三才)의 모양을 본떠 만듦.
  예 '•'는 하늘의 둥근 모양을, 'ㅡ'는 땅의 평평한 모양을, 'ㅣ'는 사람이 서 있는 모양을 본뜸.

더 알기 '천지인삼재'는 우주의 주장이 되는 하늘과 땅과 사람을 통틀어 이르는 말로 '천지인(天地人)'이라고도 한다.

가획
더할 加 | 새길 劃

원글자에 획을 더하여 글자를 만드는 방법.

한글 제자 원리 – 가획의 원리

기본자 'ㄱ, ㄴ, ㅁ, ㅅ, ㅇ'에 획을 하나씩 더해 가는 방식으로 나머지 자음자를 만듦.
예 ㄴ→ ㄷ→ ㅌ

합성
합할 合 | 이룰 成

둘 이상의 획을 합쳐서 글자를 만드는 방법.

한글 제자 원리 – 합성의 원리

모음 기본자 '•, ㅡ, ㅣ'를 결합하여 초출자와 재출자를 만듦.
예 • + ㅡ → ㅗ(초출자), ㅗ + • → ㅛ(재출자)

한자 성어 | 관용구 | 속담 '가족'과 관련이 있는 한자 성어

가화만사성
집 家 | 화목할 和 | 일만 萬 | 일 事 | 이룰 成

집안이 화목하면 모든 일이 잘 이루어짐.
예 가족과의 유대 없이 성공한 사람을 찾기 힘들다는 점을 보면, 가화만사성이 중요함을 실감한다.

관혼상제
갓 冠 | 혼인할 婚 | 죽을 喪 | 제사 祭

관례, 혼례, 상례, 제례를 아울러 이르는 말.
예 우리 조상들은 관혼상제를 일생의 아주 중요한 일로 여겨 왔다.

망운지정
바랄 望 | 구름 雲 | 어조사 之 | 뜻 情

자식이 객지에서 **고향에 계신 어버이를 생각하는 마음.**
예 망운지정이라더니, 오늘도 북쪽 하늘을 보며 어머니를 그리워한다.

더 알기 당나라 때의 장수 적인걸이 타지에서 근무할 때마다 높은 산에 올라 구름 너머 부모님 계신 곳을 가리키며 부모님을 그리워한 데서 유래한다.

백년가약
일백 百 | 해 年 | 아름다울 佳 | 맺을 約

젊은 남녀가 **부부가 되어 평생을 같이 지낼 것을 굳게 다짐하는 아름다운 언약.**
예 그들은 드디어 백년가약을 맺었다.

부창부수
남편 夫 | 부를 唱 | 아내 婦 | 따를 隨

남편이 주장하고 아내가 이에 잘 따름. 또는 부부 사이의 그런 도리.
예 그 부부는 부창부수여서 서로 사이가 좋다.

17회 확인 문제

01~05 질문과 답의 내용을 고려하여 빈칸에 들어갈 어휘를 쓰시오.

질문: 세종 대왕이 한글을 만든 까닭은 무엇인가요?

답: 문자로 의사 표현을 하지 못하는 백성의 고통을 알고, 백성을 사랑하는 **01** □□ 정신에 따라 한글을 만들었습니다.

질문: 다른 문자와 구별되는 한글의 특징은 무엇인가요?

답: 대부분의 문자들이 그 문자를 만든 시기나 만든 사람을 알 수 없는 것에 비해, 한글은 **02** □□된 시기와 만든 사람이 분명하다는 것입니다.

질문: 한글의 **03** □□ 원리는 무엇인가요?

답: 한글은 상형, 가획, 합성의 원리로 만들어졌습니다.

질문: 한글을 백성들에게 알린 과정은 어떠했나요?

답: 세종 25년인 1443년에 한글을 만들었지만 바로 세상에 내놓은 것은 아닙니다. 세종 대왕은 집현전 학자들에게 문자 체계를 설명할 수 있는 해설서인 『훈민정음』 해례본을 **04** □□하게 한 후, 1446년에야 비로소 **05** □□하였습니다.

06~09 빈칸에 알맞은 말을 넣어 ㉠~㉣의 뜻을 완성하시오.

보기

철수: 강연에서 ㉠배포한 자료 중에 훈민정음 서문의 내용이 마음에 와 닿았어.
영미: 응, 나도 그래. 세종은 말과 글이 달라 불편을 느꼈을 ㉡언중의 심정을 헤아린 거잖아.
철수: 문자를 몰라 뜻을 펼치지 못하는 백성을 ㉢구제하기 위해 한글을 만든 것이 감동적이야.
영미: 맞아. 백성을 사랑하는 세종의 마음이 ㉣한량없음을 느낄 수 있었어.

06 ㉠배포: 신문이나 책자 따위를 널리 (   ).

07 ㉡언중: 같은 (   )를 사용하면서 공동생활을 하는 언어 사회 안의 (   ).

08 ㉢구제하다: 자연적인 재해나 사회적인 피해를 당하여 (   ) 처지에 있는 사람을 도와주다.

09 ㉣한량없다: (   )이나 한이 없다.

정답과 해설 59쪽

10~13 빈칸에 알맞은 말을 넣어 한자 성어를 완성하시오.

10 남편이 어떤 일을 하고 나서면 아내가 그 일을 도와 가며 협동하니 이것이 □□부□이다.

11 고국을 떠나 오랫동안 유학 생활을 하다 보니, 동쪽 하늘만 봐도 부모님이 떠올라 눈물이 흐르는 □□□정의 한이 사무치는구나.

12 □혼상□란 우리 조상들이 예로부터 중요하게 여긴 가정 행사를 이르는 말이며, 이 중 '혼'은 혼례를 의미하는 것으로 백□□□을 맺는다고 표현하기도 한다.

13 가□□□□이란 말에서도 알 수 있듯 모든 일은 가정에서 비롯된다. 공동체의 근간인 가정이 화목하지 않으면 가족 구성원 사이에 갈등이 생기고, 의심하고 미워하는 마음이 일어나 공동체의 일에도 영향을 미치게 되는 것이다.

개념 확인

14~17 다음 설명이 맞으면 ○에, 그렇지 않으면 ×에 표시하시오.

14 한글 자음 중 'ㄱ, ㄴ, ㅁ, ㅅ, ㅇ'은 상형의 원리로 만들었다. (○ , ×)

15 한글 모음 중 '•'는 하늘의 둥근 모양, 'ㅡ'는 바다의 넓은 모양, 'ㅣ'는 사람이 서 있는 모양을 본떠 만들었다. (○ , ×)

16 한글 제자 원리 중 '가획의 원리'는 기본자에 획을 더하여 글자를 만드는 방법이다. (○ , ×)

17 'ㅋ'은 합성의 원리에 따라 만들어진 글자이며, 'ㅛ'는 가획의 원리에 따라 만들어진 글자이다. (○ , ×)

맞힌 개수	( ) / 17문항
복습할 어휘	

18회

월 일

필수 어휘

갈무리

「1」 **물건 따위를 잘 정리하거나 간수함.**
예 어머니는 잘 말려서 갈무리를 해 둔 나물로 음식을 하셨다.
「2」 **일을 처리하여 마무리함.**
예 옆 사람에게 일의 갈무리를 부탁했다.

병행
아우를 竝 | 다닐 行

둘 이상의 일을 한꺼번에 행함.
예 완치를 위해서는 투약과 식이 요법의 병행이 중요하다.

⊕ **병렬(竝列)**: 나란히 늘어섬. 또는 나란히 늘어놓음.

복원
돌아올 復 | 근원 原

원래대로 회복함.
예 훼손된 문화재의 복원이 시급하다.

유 **복구(復舊)**: 손실 이전의 상태로 회복함.
⊕ **복귀(復歸)**: 본디의 자리나 상태로 되돌아감.

본의
근본 本 | 뜻 意

본디부터 변함없이 그대로 가지고 있는 마음.
예 본의 아니게 폐를 끼치고 말았다.

부과
구실 賦 | 매길 課

「1」 **세금이나 부담금 따위를 매기어 부담하게 함.**
예 정부는 일부 생필품에 대한 세금 부과를 없앨 예정이다.
「2」 **일정한 책임이나 일을 부담하여 맡게 함.**
예 과중한 업무 부과로 건강은 점점 나빠졌다.

⊕ **부가(附加)**: 주된 것에 덧붙임.
⊕ **부여(附與)**: 사람에게 권리·명예·임무 따위를 지니도록 해 주거나, 사물이나 일에 가치·의의 따위를 붙여 줌.

전이
구를 轉 | 옮길 移

「1」 **자리나 위치 따위를 다른 곳으로 옮김.**
예 그 병은 다른 신체 기관으로의 전이를 주의해야 한다.
「2」 **사물이 시간이 지남에 따라 변하고 바뀜.**
예 언어는 시간의 흐름에 따라 의미의 전이가 나타나기도 한다.

★ 2019 수능 고향 마을을 떠올리게 하는 이미지로 전이시킨 것이군.
⊕ **전가(轉嫁)**: 잘못이나 책임을 다른 사람에게 넘겨씌움.

진위
참 眞 | 거짓 僞

참과 거짓 또는 진짜와 가짜를 통틀어 이르는 말.
예 증언의 진위 여부를 알아내다.

⊕ **진의(眞意)**: 속에 품고 있는 참뜻. 또는 진짜 의도.

착시
섞일 錯 | 볼 視

시각적인 착각 현상.
예 이 무늬는 착시를 일으킨다.

⊕ **착란(錯亂)**: 어지럽고 어수선함.

표출
겉 表 | 날 出

겉으로 나타냄.
예 그는 감정의 자유로운 표출을 중시한다.

필수 개념 문법

병서
아우를 竝 | 글 書

같거나 다른 자음 두 개를 가로로 나란히 붙여 쓰는 방식.
예 ㄲ, ㄸ, ㅃ, ㅆ, ㅉ, ㄳ, ㄵ, ㄺ, ㄿ, ㅀ, ㅄ 등

더알기 'ㄲ, ㄸ' 등 같은 자음을 나란히 쓰는 것은 각자 병서라고 하며 'ㄳ, ㄵ' 등 다른 자음을 나란히 붙여 쓰는 것은 합용 병서라고 한다.

연서
잇닿을 連 | 글 書

순경음을 표기하기 위하여 자음 두 개를 세로로 이어 쓰는 방식.
예 ㅱ, ㅸ, ㅹ, ㆄ → 훈민정음을 창제할 때 있었던 순경음임.

더알기 순경음(脣輕音)은 입술을 거쳐 나오는 가벼운 소리로 현재는 사용되지 않는 고어(古語)이다.

모아쓰기

한글 자모를 가로세로로 묶어서 쓰는 방식. 한글은 음절 단위로 모아 쓰는 표기법을 기본으로 한다.
예 모아쓰기 표기: '학교'
풀어쓰기 표기: 'ㅎㅏㄱㄱㅛ'

한자 성어 | 관용구 | 속담 '발'과 관련이 있는 관용구

발목을 잡다

「1」 **어떤 일에 꽉 잡혀서 벗어나지 못하게 하다.**
예 다른 일이 내 발목을 잡고 있어서 이번 일은 도저히 할 수가 없다.
「2」 **남의 어떤 약점을 잡다.**
예 미안하다고 사과까지 했는데 그 일 가지고 언제까지 내 발목을 잡을 거니?

발 벗고 나서다

적극적으로 나서다.
예 그는 옳다고 생각하는 일이라면 항상 발 벗고 나서는 사람이다.

발을 구르다

매우 안타까워하거나 다급해하다.
예 그녀는 차 시간을 대지 못해 동동 발을 굴렀다.

발이 넓다

사귀어 아는 사람이 많아 활동하는 범위가 넓다.
예 그 사람은 이쪽 방면으로 무척 발이 넓다.

발이 저리다

지은 죄가 있어 마음이 조마조마하거나 편안치 아니하다.
예 제 발이 저리니까 입만 열면 변명이구나.

더알기 비슷한 의미의 속담으로 '도둑이 제 발 저리다'가 있다. 이는 지은 죄가 있으면 자연히 마음이 조마조마하여짐을 비유적으로 이르는 말이다.

18회 확인 문제

01~02 제시된 초성과 뜻을 참고하여 빈칸에 들어갈 어휘를 쓰시오.

01 ㄱ ㅁ ㄹ : 물건 따위를 잘 정리하거나 간수함.

예 내년에 뿌릴 씨앗들은 따로 잘 (   )해 두어라.

02 ㅍ ㅊ : 겉으로 나타냄.

예 나는 그때의 감정을 (   )하지 않으려고 노력하였다.

03~05 밑줄 친 '이 말'에 해당하는 어휘를 쓰시오.

03 이 말은 '복구'와 비슷한 뜻을 지니고 있어. 외부의 힘이나 상황에 의해 파괴된 대상, 예를 들어 문화재나 건축물 등을 원래대로 회복시킬 때 이 말을 활용하지. ________________

04 이 말은 '아니다'와 같이 쓰여 '본심이나 본마음과는 다르게'라는 뜻을 드러내는 경우가 많아. '○○ 아니게 폐를 끼쳐 죄송하다'라는 표현을 한 번쯤은 들어 봤지? ________________

05 이 말은 둘 이상의 일을 한꺼번에 할 때 많이 쓰여. '체중을 줄이려면 운동과 식사량 조절을 ○○해야 한다.'라고 표현할 때 빈칸에 들어갈 말이 무엇인지 생각해 봐. ________________

06~09 다음 문장에 어울리는 어휘를 고르시오.

06 최근 미술학계에서 고미술 작품의 (진위 | 진의) 논쟁이 있었다.

07 의사는 암세포가 (전가 | 전이)되어 어서 수술을 해야 한다고 말했다.

08 교통 신호를 위반한 운전자에게 범칙금을 (부가 | 부과)하였다.

09 길이가 같은 직선 중 한쪽이 다른 쪽보다 더 길어 보이는 것은 우리 눈이 받아들인 정보를 다 해석하지 못해 발생하는 (착란 | 착시) 현상이다.

개념 확인

10~12 다음 개념에 알맞은 설명과 예를 찾아 바르게 연결하시오.

10	병서 •	• ㉠ 한글 자모를 가로세로로 묶어서 쓰는 방식. •	• ⓐ ㄲ, ㄸ, ㄶ, ㄻ, ㅄ
11	연서 •	• ㉡ 자음 두 개를 세로로 이어 쓰는 방식. •	• ⓑ 강물, 논밭, 학교
12	모아쓰기 •	• ㉢ 같거나 다른 자음 두 개를 가로로 나란히 붙여 쓰는 방식. •	• ⓒ ㅱ, ㅸ, ㅹ, ㆄ

13~15 빈칸에 알맞은 어휘를 넣어 관용구를 완성하시오.

13 경수는 친구를 돕는 일이라면 발 (　　　　　) 나선다.

14 경찰을 보고, 제 발이 (　　　　　) 도망치던 수배범이 결국 붙잡혔다.

15 마치지 못한 과제가 내 발목을 (　　　　　) 주말 내내 쉬지 못했다.

16~17 〈보기〉와 같이 관용구를 활용한 짧은 문장을 만드시오.

보기

사고를 목격한 사람을 발이 닳도록 찾아보았으나 성과는 없었다.

16 발이 넓다

---

17 발을 구르다

맞힌 개수	(　　　　) / 17문항
복습할 어휘	

13~18회 종합 문제

월 일

01 밑줄 친 어휘를 바꾸어 쓴 것으로 적절하지 않은 것은?

① 경기를 시작하기 전에 주의 사항을 숙지해야(→ 충분히 알아야) 한다.
② 오염된 환경을 복원시키는(→ 원래대로 회복하는) 것은 어려운 일이다.
③ 교육은 지식과 기술을 창출하고(→ 새로 만들고) 전달하는 역할을 한다.
④ 일본은 수없이 많은 우리 문화재를 자국으로 반출하였다(→ 팔아넘겼다).
⑤ 철수와 영희는 그들의 결혼 사실을 호적에 등재하였다(→ 기록하여 올렸다).

02 밑줄 친 어휘의 의미가 서로 대립된다고 보기 어려운 것은?

① 이상적 사고방식 – 현실적 사고방식
② 지반이 견고하다. – 지반이 연약하다.
③ 무상 교육을 실시하다. – 유상 교육을 실시하다.
④ 그는 몹시 의기소침했다. – 그는 몹시 의기충천했다.
⑤ 두 사람의 의견이 상반되다. – 두 사람의 의견이 상충되다.

03 밑줄 친 어휘의 쓰임이 적절한 것은?

① 우리는 이번 봉사 활동에 특별한 의미를 부과하였다.
② 2막에서는 무대 공간이 진수의 집에서 어머니의 집으로 전이되고 있다.
③ 친구를 통해 이야기를 전해 들었을 뿐, 사실 철수와는 일가견도 없는 사이이다.
④ 새로 발굴되었다는 유물의 진의 여부에 대하여 학자들 사이에서 논란이 일고 있다.
⑤ 현대 사회에 만연한 개인주의를 극복하고 함께 어울려 사는 사회를 지양해야 한다.

04 ⓐ~ⓔ의 뜻으로 적절하지 않은 것은?

세종은 집현전의 학자들로 하여금 새 문자 체계에 대한 해설서를 ⓐ편찬하도록 했는데, 이것이 세종 28년(1446년)에 간행된 『훈민정음』이라는 이름의 책이다. 따라서 훈민정음은 한편으로는 오늘날 한글로 ⓑ통용되는 글자의 이름이기도 하고, 다른 한편으로는 책의 이름이기도 하다. 이에 책의 이름을 『훈민정음』 해례본이라고 불러 혼동을 피하고 있다. 한글은 『훈민정음』 해례본의 간행과 함께 1446년 백성들에게 ⓒ반포되었는데, 그간 말과 글이 서로 달라 어려움을 겪었던 백성들을 ⓓ구제하는 데 크게 ⓔ기여하였다.

① ⓐ: 여러 가지 자료를 모아 체계적으로 정리하여 책을 만듦.
② ⓑ: 일반적으로 두루 씀.
③ ⓒ: 신문이나 책자 따위를 널리 나누어 줌.
④ ⓓ: 어려운 처지에 있는 사람을 도와줌.
⑤ ⓔ: 도움이 되도록 이바지함.

정답과 해설 60쪽

2018 수능 기출 응용 어법+

05 〈보기〉에서 설명하는 단어의 구성 방식에 대한 예로 적절하지 않은 것은?

보기

단일어: 하나의 어근으로 이루어진 단어. 예 갈무리
합성어: 두 개 이상의 어근이 결합하여 이루어진 단어. 예 다변화, 한량없다
파생어: 어근과 접사가 결합하여 이루어진 단어. 예 독자적, 자조적

① 갈무리 ② 다변화 ③ 한량없다 ④ 독자적 ⑤ 자조적

06 어휘의 사전적 의미와 그 용례의 연결이 적절한 것은?

쇄신: 그릇된 것이나 묵은 것을 버리고 새롭게 함. ············ ①
예 그는 자신의 긍정적인 이미지를 쇄신하려고 계속 노력했다.
본의: 본디부터 변함없이 그대로 가지고 있는 마음. ············ ②
예 본의로 여러분의 회의를 방해하게 되어서 죄송합니다.
증식: 늘려서 많게 함. ············ ③
예 평화주의자인 그는 전쟁을 증식하기 위해 다방면으로 노력했다.
가차: 사정을 보아줌. ············ ④
예 학교 앞에 불법 주차를 하는 차량은 가차 없이 처벌해야 한다.
기원: 사물이 처음으로 생김. 또는 그런 근원. ············ ⑤
예 어머니는 아들이 대학에 합격하기를 간절히 기원했다.

07 빈칸에 넣을 내용으로 적절하지 않은 것은?

그는 아픈 아버지를 돌보면서도 짬짬이 인터넷 강의를 들으며 공부하여 대학에 합격했으니, (   )

① 타산지석 삼아 나도 노력해야겠구나.
② 주경야독하는 학구파라고 할 수 있어.
③ 무쇠도 갈면 바늘 된다는 걸 보여 주는구나.
④ 공든 탑이 무너질 리가 없다는 걸 느끼게 해.
⑤ 흐르는 물은 썩지 않는다는 말을 떠올리게 해.

08 밑줄 친 관용구의 활용이 적절하지 않은 것은?

① 재형이는 환경을 지키는 일이라면 언제나 발 벗고 나선다.
② 친구의 물건을 망가뜨린 소년은 발이 넓어 친구의 시선을 피했다.
③ 차가 밀리는 바람에 발을 굴렀지만 다행히 약속 시간에 맞춰 도착했다.
④ 상수는 내가 전학을 와 어색해하고 있을 때 손을 내밀어 준 유일한 친구이다.
⑤ 상대 팀이 너무 막강하다고 해서 손 놓고 있지 말고 최선을 다해서 경기에 임해라.

쉼터 만화로 보는 고사성어

숙맥불변

콩 菽 | 보리 麥 | 아닐 不 | 분별할 辨

콩인지 보리인지를 구별하지 못한다는 뜻으로, 사리 분별을 못하고 세상 물정을 잘 모름을 이르는 말. 중국 춘추 시대 진나라의 도공에게 형이 있었는데 어수룩하여 콩과 보리도 구별하지 못하였다는 데서 유래한다. 현재 사용하는 '숙맥'이라는 말이 이 '숙맥불변'에서 나왔다.

진나라의 도공에게는 어수룩하여 아무 일도 맡길 수 없는 형이 있었다.

음, 이제 알겠어.
둥글고 큰 것이 콩이고, 작고
납작한 것이 보리로구나.
예, 바로
그겁니다!

다음 날
그래, 아우야.
잠깐만 기다려라.
형님,
곳간에서 콩 좀
가져다주세요.

콩을 찾자.
콩을 찾자. 콩콩콩~

형님, 이건 콩이
아니라 보리잖아요.
콩이랑 보리를 구별
못하다니. 절레절레~

숙맥불변의 사례로는 무엇이 있을까?
정민아,
이거 먹어 봐.
정말 맛있어.
대체 이걸
나한테 왜 주는 거야?
흠흠, 상한 빵인가?
아휴, 정민이
숙맥이네.

19회

공부한 날짜 월 일

필수 어휘

개관
대개 槪 | 볼 觀

전체를 대강 살펴봄. 또는 그런 것.
예 그 논문의 앞부분은 그간의 연구사에 대한 개관이다.

⊕ 개괄(槪括): 중요한 내용이나 줄거리를 대강 추려 냄.

귀화
돌아갈 歸 | 될 化

「1」 다른 나라의 국적을 얻어 **그 나라의 국민이 되는 일.**
예 그는 우리나라로 유학을 왔다가 귀화를 결정하게 되었다.
「2」 **원산지가 아닌 지역으로 옮겨진 동식물이** 그곳의 기후나 땅의 조건에 **적응하여 번식하는 일.**
예 그는 귀화 식물을 연구하는 생물학자이다.

귀환
돌아갈 歸 | 돌아올 還

다른 곳으로 떠나 있던 사람이 **본래 있던 곳으로 돌아오거나 돌아감.**
예 포로들의 귀환이 늦어지고 있었다.

⊕ 회귀(回歸): 한 바퀴 돌아 제자리로 돌아오거나 돌아감.

번영
번성할 繁 | 영화 榮

번성하고 영화롭게 됨.
예 그들은 모든 힘을 조국의 번영을 위해 바쳤다.

⊕ 번성(繁盛): 한창 성하게 일어나 퍼짐.

변모
변할 變 | 모양 貌

모양이나 모습이 달라지거나 바뀜. 또는 그 모양이나 모습.
예 오랜만에 돌아와 보니 서울의 변모가 아주 놀라웠다.

⊕ 변환(變換): 달라져서 바뀜. 또는 다르게 하여 바꿈.

변질
변할 變 | 바탕 質

성질이 달라지거나 물질의 질이 변함. 또는 그런 성질이나 물질.
예 식료품의 변질을 막기 위해서는 냉동 보관이 필요하다.

상용화
항상 常 | 쓸 用 | 될 化

일상적으로 쓰이게 됨. 또는 그렇게 만듦.
예 자율 주행 자동차의 상용화를 기대한다.

표음 문자
겉 表 | 소리 音 | 글월 文 | 글자 字

말소리를 그대로 기호로 나타낸 문자.
예 표음 문자에는 한글, 로마자, 아라비아 문자 등이 있다.

★ 2012 수능 표음 문자는 언어의 음성적 차원이 아닌 음소적 차원에서 말소리를 적는다.

표의 문자
겉 表 | 뜻 意 | 글월 文 | 글자 字

하나하나의 글자가 **언어의 음과 상관없이 일정한 뜻을 나타내는 문자.**
예 한자는 대표적인 표의 문자이다.

필수 개념 문법

한글 맞춤법

우리말을 한글로 적을 때 지켜야 할 원칙과 기준을 정해 놓은 규정.

한글 맞춤법의 조항

- **제1항** 한글 맞춤법은 표준어를 소리대로 적되, 어법에 맞도록 함을 원칙으로 한다.
  예 표준어를 소리대로 적음.: 구름, 달리다, 놀다
  표준어를 어법에 맞도록 적음.: 꽃이[꼬치], 꽃만[꼰만]
- **제2항** 문장의 각 단어는 띄어 씀을 원칙으로 한다.

더 알기 한글 맞춤법은 국어를 사용하는 사람들의 어문 생활에 도움을 주고 의사소통의 혼란을 막고자 정한 것이다.

표준 발음법

우리말의 발음에 관한 규정.

표준 발음법의 조항

- **제1항** 표준 발음법은 표준어의 실제 발음을 따르되, 국어의 전통성과 합리성을 고려하여 정함을 원칙으로 한다.
- **제8항** 받침소리로는 'ㄱ, ㄴ, ㄷ, ㄹ, ㅁ, ㅂ, ㅇ'의 7개 자음만 발음한다.

더 알기 표준 발음법은 표준어 사정 원칙과 함께 '표준어 규정'에 들어 있다.

한자 성어 | 관용구 | 속담 '학문'과 관련이 있는 한자 성어

곡학아세
굽을 曲 | 배울 學 | 언덕 阿 | 세상 世

바른길에서 벗어난 학문으로 세상 사람에게 아첨함.
예 곡학아세하는 무리들이 판을 치는 세상이 되어서는 안 된다.

망양지탄
잃을 亡 | 양 羊 | 어조사 之 | 탄식할 嘆

갈림길이 매우 많아 잃어버린 양을 찾을 길이 없음을 탄식한다는 뜻으로, **학문의 길이 여러 갈래여서 한 갈래의 진리도 얻기 어려움을** 이르는 말.
예 학문의 길은 망양지탄이라지만 그럴수록 마음을 가다듬고 학문에 정진해야 진리를 얻을 수 있다.

박학다식
넓을 博 | 배울 學 | 많을 多 | 알 識

학식이 넓고 아는 것이 많음.
예 그는 책을 많이 읽어서 박학다식하다.

자강불식
스스로 自 | 강할 强 | 아닐 不 | 숨쉴 息

스스로 힘써 몸과 마음을 가다듬어 쉬지 아니함.
예 우리가 무궁화에서 자강불식의 기상을 느끼는 것은 꽃이 져도 또 새로운 꽃을 피우는 무궁화의 특성 때문이다.

절차탁마
끊을 切 | 갈 磋 | 쪼을 琢 | 갈 磨

옥이나 돌 따위를 갈고 닦아서 빛을 낸다는 뜻으로, **부지런히 학문과 덕행을 닦음을** 이르는 말.
예 실력을 기르기 위해서는 절차탁마해야 한다.

형설지공
반딧불이 螢 | 눈 雪 | 어조사 之 | 공 功

반딧불 · 눈과 함께 하는 노력이라는 뜻으로, **고생을 하면서 부지런하고 꾸준하게 공부하는 자세를** 이르는 말.
예 그는 형설지공으로 공부에 온 힘을 기울였다.

더 알기 '반딧불'은 '반딧불이'를 의미하기도 하고, 반딧불이의 꽁무니에서 나오는 빛을 의미하기도 한다.

19회 확인 문제

01~07 다음 십자말풀이를 완성하시오.

		01				02	
				03			
04							
			05				
		06					
						07	

가로

01 다른 곳으로 떠나 있던 사람이 본래 있던 곳으로 돌아오거나 돌아감.

03 갈림길이 매우 많아 잃어버린 양을 찾을 길이 없음을 탄식한다는 뜻으로, 학문의 길이 여러 갈래여서 한 갈래의 진리도 얻기 어려움을 이르는 말.

04 성질이 달라지거나 물질의 질이 변함. 또는 그런 성질이나 물질.

06 바른길에서 벗어난 학문으로 세상 사람에게 아첨함.

07 중요한 내용이나 줄거리를 대강 추려 냄.

세로

01 다른 나라의 국적을 얻어 그 나라의 국민이 되는 일. 원산지가 아닌 지역으로 옮겨진 동식물이 그곳의 기후나 땅의 조건에 적응하여 번식하는 일.

02 반딧불 · 눈과 함께 하는 노력이라는 뜻으로, 고생을 하면서 부지런하고 꾸준하게 공부하는 자세를 이르는 말.

04 모양이나 모습이 달라지거나 바뀜. 또는 그 모양이나 모습.

05 학식이 넓고 아는 것이 많음.

07 전체를 대강 살펴봄. 또는 그런 것.

정답과 해설 62쪽

08~09 제시된 초성과 뜻을 참고하여 빈칸에 들어갈 어휘를 쓰시오.

08 ㅂ ㅇ : 번성하고 영화롭게 됨.

예 이 요리는 신년 명절을 축하하는 뜻과, 자손들의 건강, (　　　　　), 풍요로움 등을 기원하는 의미를 가지고 있다.

09 ㅅ ㅇ ㅎ : 일상적으로 쓰이게 됨. 또는 그렇게 만듦.

예 앞으로 전기 자동차가 (　　　　　)된다고 하여 주차장에 전기 자동차 충전기를 설치하는 아파트가 늘고 있다.

10~13 다음 뜻에 해당하는 어휘를 찾아 바르게 연결하시오.

10 말소리를 그대로 기호로 나타낸 문자. •

11 스스로 힘써 몸과 마음을 가다듬어 쉬지 아니함. •

12 하나하나의 글자가 언어의 음과 상관없이 일정한 뜻을 나타내는 문자. •

13 옥이나 돌 따위를 갈고 닦아서 빛을 낸다는 뜻으로, 부지런히 학문과 덕행을 닦음을 이르는 말. •

• ㉠ 자강불식

• ㉡ 절차탁마

• ㉢ 표의 문자

• ㉣ 표음 문자

개념 확인

14~15 빈칸에 들어갈 어휘를 쓰시오.

14 □□ □□□은 우리말을 한글로 적을 때 지켜야 할 원칙과 기준을 정해 놓은 규정으로, 표준어를 소리대로 적되, □□에 맞도록 함을 원칙으로 한다.

15 □□ □□□은 우리말의 발음에 관한 규정으로, 표준어의 □□ 발음을 따르되, 국어의 전통성과 합리성을 고려하여 정함을 원칙으로 한다.

맞힌 개수	(　　　　) / 15문항
복습할 어휘	

20회

공부한 날짜 월 일

필수 어휘

어휘	뜻과 예문	참고
몰상식 잠길 沒 | 항상 常 | 알 識	사람들이 보통 알고 있거나 **알아야 하는 지식이 전혀 없음.** 예 그는 결점을 늘어놓아 상대편 기분을 해치는 것만큼 몰상식은 없다고 생각했다.	더 알기 '몰상식'의 '몰-'은 '그것이 전혀 없음'의 뜻을 더하는 접두사이다. 예 몰염치 | 몰이해 | 몰인정 ⊕ 몰지각(沒知覺): 사물의 이치나 도리를 분별하는 능력이 전혀 없음.
배양 북돋을 培 | 기를 養	「1」 인격, 역량, 사상 따위가 **발전하도록 가르치고 키움.** 예 농업 기술의 발전을 위한 전문 인력의 배양이 절실하다. 「2」 인공적인 환경을 만들어 **동식물 세포와 조직의 일부나 미생물 따위를 가꾸어 기름.** 예 그들은 드디어 미생물 배양 실험에 성공했다.	
배척 밀칠 排 | 물리칠 斥	따돌리거나 거부하여 **밀어 내침.** 예 대도시를 중심으로 수입 농산물 배척 운동이 일어나고 있다.	⊕ 배제(排除): 받아들이지 아니하고 물리쳐 제외함.
비약적 날 飛 | 뛸 躍 | 과녁 的	「1」 지위나 수준 따위가 **갑자기 빠른 속도로 높아지거나 향상되는.** 또는 그런 것. 예 그 나라는 최근에 비약적인 경제 성장을 이루었다. 「2」 논리나 사고방식 따위가 **그 차례나 단계를 따르지 아니하고 뛰어넘는.** 또는 그런 것. 예 그의 판단은 결코 비약적인 것이 아니었다.	★ 2012 수능 서양 음악에서 기악은 바로크 시대에 비약적인 발전을 이루게 된다. ⊕ 급진적(急進的): 변화나 발전의 속도가 급하게 이루어지는. 또는 그런 것.
선입견 먼저 先 | 들 入 | 볼 見	어떤 대상에 대하여 **이미 마음속에 가지고 있는 고정적인 관념이나 관점.** 예 모든 선입견을 버리고 사물을 대하여라.	★ 2015 수능 학문 탐구에서 선입견의 위험성 ⊕ 편견(偏見): 공정하지 못하고 한쪽으로 치우친 생각.
순기능 순할 順 | 틀 機 | 능할 能	본래 목적한 대로 작용하는 **긍정적인 기능.** 예 사회의 정보화는 순기능뿐 아니라 역기능을 수반한다.	반 역기능(逆機能): 본래 의도한 것과 반대로 작용하는 기능.
잠재적 잠길 潛 | 있을 在 | 과녁 的	겉으로 드러나지 않고 **숨은 상태로 존재하는.** 또는 그런 것. 예 선생님은 그 학생의 잠재적 가능성을 높이 평가했다.	
진취적 나아갈 進 | 취할 取 | 과녁 的	**적극적으로 나아가 일을 이룩하는.** 또는 그런 것. 예 그는 무슨 일이든 진취적으로 해 나갔다.	반 퇴영적(退嬰的): 새로운 일에 좀처럼 손대기를 꺼려 하여 나서지 아니하고 망설이는. 또는 그런 것.
취약 무를 脆 | 약할 弱	**무르고 약함.** 예 이번 방학에는 취약 과목을 공부하는 데 집중할 것이다.	

필수 개념 듣기 · 말하기

발화
필 發 | 말할 話

구체적인 의사소통 상황에서 머릿속에 떠오른 생각이 문장 단위로 실현된 것.

예 '친구와 화해해야겠다.'라고 생각한 것은 발화가 아니고, "친구야, 미안해."라고 말한 것은 발화가 된다.

담화
말씀 談 | 말할 話

발화가 모여 이루어진 통일체.

담화의 구성 요소

하나의 완전한 담화가 이루어지기 위해서는 화자(필자), 청자(독자), 내용, 맥락이 있어야 함.

응집성
엉길 凝 | 모을 集 | 성질 性

담화를 구성하는 발화들이 형식적으로 긴밀하게 연결되는 것.

응집성을 높이는 표현

- **지시 표현** 중복되는 정보를 반복하지 않고 간략하게 표현함.
  예 이, 그, 저, 이러하다, 그러하다, 저러하다 등
- **접속 표현** 담화를 이루는 요소들을 서로 연결하여 표현함.
  예 그리고, 그러나, 하지만, 그래서, 그러므로, 그런데, 한편 등

더 알기 담화에서는 응집성과 함께 통일성도 고려해야 한다. 담화에서의 통일성은 발화들의 내용이 담화의 주제를 향해 밀접하게 연관되는 것을 의미한다.

한자 성어 | 관용구 | 속담 '관계'와 관련이 있는 속담

개밥에 도토리

개는 도토리를 먹지 않기 때문에 밥 속에 있어도 먹지 않고 남긴다는 뜻으로, **따돌림을 받아서 여럿의 축에 끼지 못하는 사람을** 비유적으로 이르는 말.

예 그는 개밥에 도토리처럼 따돌림을 당하는 신세가 되었다.

꾸어다 놓은 보릿자루

여럿이 모여 이야기하는 자리에서 **아무 말도 하지 않고 한옆에 가만히 있는 사람을** 비유적으로 이르는 말.

예 그녀는 꾸어다 놓은 보릿자루처럼 한쪽 구석에 얌전히 있었다.

바늘 가는 데 실 간다

바늘이 가는 데 실이 항상 뒤따른다는 뜻으로, **사람의 긴밀한 관계를** 비유적으로 이르는 말.

예 나와 짝꿍은 바늘 가는 데 실 간다는 말처럼 항상 붙어 다닌다.

찬물에 기름 돌듯

서로 화합하여 어울리지 아니하고 따로 도는 경우를 비유적으로 이르는 말.

예 찬물에 기름 돌듯, 그는 우리 동아리에서 어울리지 못했다.

초록은 동색

풀색과 녹색은 같은 색이라는 뜻으로, **처지가 같은 사람들끼리 한패가 되는 경우를** 비유적으로 이르는 말.

예 초록은 동색이라더니, 사또는 자기가 양반이라고 무조건 양반 편을 들었다.

20회 확인 문제

01~04 **밑줄 친 어휘의 뜻을 〈보기〉에서 찾아 번호를 쓰시오.**

보기

① 따돌리거나 거부하여 밀어 내침.
② 적극적으로 나아가 일을 이룩하는. 또는 그런 것.
③ 겉으로 드러나지 않고 숨은 상태로 존재하는. 또는 그런 것.
④ 인공적인 환경을 만들어 동식물 세포와 조직의 일부나 미생물 따위를 가꾸어 기름.

01 그는 진취적인 자세와 사고방식을 지니고 있다.
( )

02 그는 잠재적인 피해 의식 때문에 사회생활에 어려움을 겪고 있다.
( )

03 현서는 다른 사람의 의견은 무조건 배척하면서 자기주장만 내세운다.
( )

04 진수는 그 박테리아를 실험실에서 배양하려고 하였으나 번번이 실패하였다.
( )

05 **제시된 어휘의 뜻을 화살표를 따라가며 찾고, 맨 마지막에 선택된 어휘의 뜻을 〈보기〉에서 고르시오.**

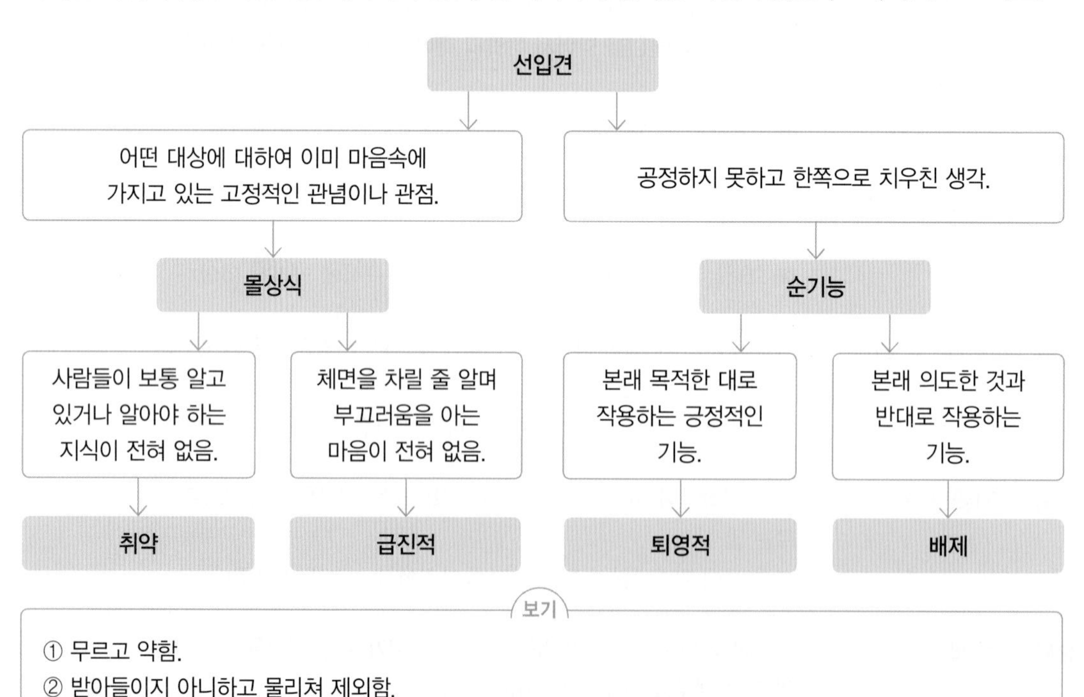

보기

① 무르고 약함.
② 받아들이지 아니하고 물리쳐 제외함.
③ 변화나 발전의 속도가 급하게 이루어지는. 또는 그런 것.
④ 새로운 일에 좀처럼 손대기를 꺼려 하여 나서지 아니하고 망설이는. 또는 그런 것.

정답과 해설 62쪽

06 빈칸에 공통적으로 들어갈 어휘를 쓰시오.

> ① 이 논문의 논리 전개에는 (　　　　　　)인 면이 있었다.
> ② 우리나라는 전쟁의 폐허 위에서 (　　　　　　)인 경제 발전을 이루었다.
> ③ 하드웨어 기능이 (　　　　　　)으로 향상되면서 컴퓨터의 속도가 매우 빨라졌다.

07~11 제시된 초성을 참고하여 다음 뜻에 해당하는 속담을 쓰시오.

07 [ㅂ][ㄴ] 가는 데 [ㅅ] 간다: 사람의 긴밀한 관계를 비유적으로 이르는 말. ______________

08 [ㅊ][ㄹ]은 [ㄷ][ㅅ]: 처지가 같은 사람들끼리 한패가 되는 경우를 비유적으로 이르는 말. ______________

09 [ㄱ][ㅂ]에 [ㄷ][ㅌ][ㄹ]: 따돌림을 받아서 여럿의 축에 끼지 못하는 사람을 비유적으로 이르는 말. ______________

10 [ㅊ][ㅁ]에 [ㄱ][ㄹ] 돌듯: 서로 화합하여 어울리지 아니하고 따로 도는 경우를 비유적으로 이르는 말. ______________

11 [ㄲ][ㅇ][ㄷ] 놓은 [ㅂ][ㄹ][ㅈ][ㄹ]: 여럿이 모여 이야기하는 자리에서 아무 말도 하지 않고 한옆에 가만히 있는 사람을 비유적으로 이르는 말. ______________

개념 확인

12~14 다음 설명이 맞으면 ○에, 그렇지 않으면 ×에 표시하시오.

12 화자(필자), 청자(독자), 내용, 맥락이 모여 하나의 완전한 담화가 이루어진다. (○ , ×)

13 담화를 구성하는 발화들이 형식적으로 긴밀하게 연결되는 것을 통일성이라고 한다. (○ , ×)

14 구체적인 의사소통 상황에서 머릿속에 떠오른 생각이 문장 단위로 실현된 것을 발화라고 한다. (○ , ×)

맞힌 개수	(　　　　) / 14문항
복습할 어휘	

21회

공부한 날짜  월 일

필수 어휘

교섭
사귈 交 | 건널 涉

어떤 일을 이루기 위하여 **서로 의논하고 절충함.**

예 그 문제에 대하여 여러 차례 교섭을 벌였으나 아직 성공하지 못했다.

⊕ 절충(折衷): 서로 다른 사물이나 의견, 관점 따위를 알맞게 조절하여 서로 잘 어울리게 함.

논쟁
논의할 論 | 다툴 爭

서로 다른 의견을 가진 사람들이 각각 **자기의 주장을 말이나 글로 논하여 다툼.**

예 아버지와 형의 논쟁은 그칠 줄을 몰랐다.

★ 2013 수능 논쟁에서 벗어나지 않게 상대방의 주의를 환기하고 있다.

⊕ 논의(論議): 어떤 문제에 대하여 서로 의견을 내어 토의함. 또는 그런 토의.

덕목
덕 德 | 눈 目

충(忠), 효(孝), 인(仁), 의(義) 따위의 **덕을 분류하는 명목.**

예 부모님은 형제간의 우애를 최고의 덕목으로 여기셨다.

독백
홀로 獨 | 흰 白

「1」 **혼자서 중얼거림.**

예 나는 그의 독백을 엿들었다.

「2」 **배우가 상대역 없이 혼자 말하는 행위. 또는 그런 대사.** 관객에게 인물의 심리 상태를 전달하는 데 효과적이다.

예 이 연극에서는 주인공의 독백이 가장 기억에 남는다.

★ 2014 수능 영탄과 독백의 어조를 통해 화자의 심정을 드러내고 있다.

반감
돌이킬 反 | 느낄 感

반대하거나 반항하는 감정.

예 그들이 반감을 품지 않도록 말을 조심해라.

⊕ 호감(好感): 좋게 여기는 감정.

소양
본디 素 | 기를 養

평소 닦아 놓은 학문이나 지식.

예 그는 문학적 소양을 쌓기 위해 항상 독서를 한다.

⊕ 교양(敎養): 학문, 지식, 사회생활을 바탕으로 이루어지는 품위. 또는 문화에 대한 폭넓은 지식.

심화
깊을 深 | 될 化

정도나 경지가 점점 깊어짐. 또는 깊어지게 함.

예 빈부 격차의 심화가 사회적 문제로 부각되었다.

★ 2014 수능 학습 만화는 심화 과목 학습에 기초가 된다.

은연중
숨을 隱 | 그럴 然 | 가운데 中

남이 모르는 가운데.

예 그는 은연중에 자신의 속뜻을 내비치고 있었다.

평판
품평 評 | 판가름할 判

세상 사람들의 비평.

예 그는 효자라는 평판이 자자하다.

⊕ 비평(批評): 사물의 옳고 그름, 아름다움과 추함 따위를 분석하여 가치를 논함.

필수 개념 듣기 · 말하기

맥락
맥 脈 | 이을 絡

사물 따위가 서로 이어져 있는 관계나 연관. 담화에서는 **담화가 이루어지는 시간적 · 공간적 상황**을 의미한다.
예 "오늘은 어떠세요?"라는 질문은 담화가 이루어지는 맥락에 따라 의사가 환자의 상태를 묻는 말일 수도 있고, 식당에서 주인이 손님에게 음식의 맛에 대해 묻는 말일 수도 있다.

더 알기 담화의 의미는 고정되어 있지 않으며 담화가 이루어지는 맥락 속에서 결정된다. 따라서 담화를 해석할 때는 맥락을 고려해야 한다.

상황 맥락
형상 狀 | 하물며 況 | 맥 脈 | 이을 絡

구체적인 상황과 관련된 맥락. 담화에서 상황 맥락은 화자와 청자, 시간과 공간, 의도와 목적 등을 포함한다.
예 "잘했다, 잘했어."라는 말은 상황 맥락에 따라 칭찬의 의도를 지닐 수도 있고, 비난의 의미일 수도 있다.

사회 · 문화적 맥락
모일 社 | 모일 會 | 글월 文 | 될 化 | 과녁 的 | 맥 脈 | 이을 絡

사회 · 문화적 배경과 관련된 맥락. 담화에서 사회 · 문화적 맥락은 담화 참여자가 속한 역사적 · 사회적 상황, 공동체의 가치 · 신념, 사고방식, 언어 습관 등을 포함한다.
예 음식을 푸짐하게 차려 내며 "차린 것은 없지만 많이 드세요."라고 말하는 한국인의 말을 들은 외국인이 의아해하는 것은 한국인의 문화와 언어 습관 등을 이해하지 못했기 때문이다.

한자 성어 | 관용구 | 속담 '관계'와 관련이 있는 한자 성어

동고동락
같을 同 | 괴로울 苦 | 같을 同 | 즐길 樂

괴로움도 즐거움도 함께함.
예 우리는 평생 동안 동고동락하기로 맹세했다.

생면부지
날 生 | 낯 面 | 아닐 不 | 알 知

서로 한 번도 만난 적이 없어서 **전혀 알지 못하는 사람.** 또는 그런 관계.
예 그와 나는 아무 인연이 없는 생면부지의 사람이다.

더 알기 비슷한 뜻의 한자 성어로 만나 본 일이 전혀 없어 알지 못한다는 의미의 '일면부지(一面不知)'가 있다.

순망치한
입술 脣 | 망할 亡 | 이 齒 | 찰 寒

입술이 없으면 이가 시리다는 뜻으로, **서로 이해관계가 밀접한 사이에 어느 한쪽이 망하면 다른 한쪽도 그 영향을 받아 온전하기 어려움**을 이르는 말.
예 이웃 나라가 침범을 당하니 순망치한이 될까 염려스럽다.

더 알기 같은 의미의 속담으로 '입술이 없으면 이가 시리다'가 있다.

유유상종
무리 類 | 무리 類 | 서로 相 | 좇을 從

같은 무리끼리 서로 사귐.
예 유유상종이라고 하더니 고만고만한 녀석들끼리 모였다.

호형호제
부를 呼 | 형 兄 | 부를 呼 | 아우 弟

서로 형이니 아우니 하고 부른다는 뜻으로, **매우 가까운 친구로 지냄**을 이르는 말.
예 나는 그와 호형호제하는 사이이다.

21회 확인 문제

01~05 제시된 초성과 뜻을 참고하여 빈칸에 들어갈 어휘를 쓰시오.

01 ㄷ ㅂ : 혼자서 중얼거림.

예 그 아이는 혼자서만 놀다 보니 (   )하는 버릇이 생겼다.

02 ㅂ ㄱ : 반대하거나 반항하는 감정.

예 상대방을 비방하면 (   )을 살 수 있으니 조심해라.

03 ㅅ ㅇ : 평소 닦아 놓은 학문이나 지식.

예 그는 외국인이지만 우리나라 역사에 대해 폭넓은 (   )을 갖추고 있다.

04 ㄱ ㅅ : 어떤 일을 이루기 위하여 서로 의논하고 절충함.

예 그 회사는 외국 회사와 기술 제휴를 맺기 위해 (   )을 진행하고 있다.

05 ㄴ ㅈ : 서로 다른 의견을 가진 사람들이 각각 자기의 주장을 말이나 글로 논하여 다툼.

예 요즘 사람들은 사소한 문제에도 (   )하기를 좋아한다.

06~10 다음 뜻에 알맞은 한자 성어를 〈보기〉에서 찾아 쓰시오.

보기

동고동락　　생면부지　　순망치한　　유유상종　　호형호제

06 같은 무리끼리 서로 사귐. ____________

07 괴로움도 즐거움도 함께함. ____________

08 매우 가까운 친구로 지냄을 이르는 말. ____________

09 서로 한 번도 만난 적이 없어서 전혀 알지 못하는 사람. 또는 그런 관계. ____________

10 서로 이해관계가 밀접한 사이에 어느 한쪽이 망하면 다른 한쪽도 그 영향을 받아 온전하기 어려움을 이르는 말. ____________

정답과 해설 62쪽

11~14 **빈칸에 들어갈 어휘를 〈보기〉의 글자를 조합하여 쓰시오.**

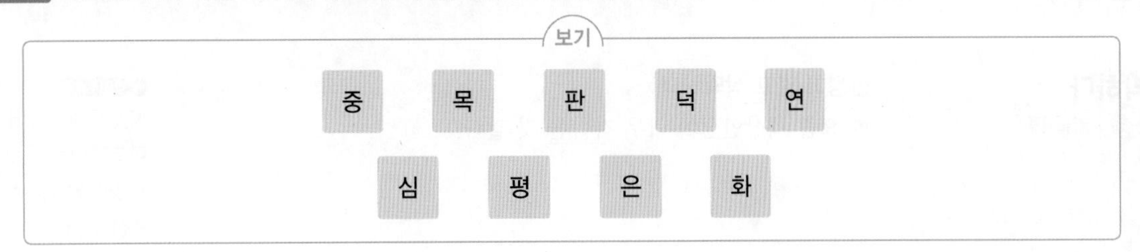

11 대기 오염의 (   )로 인간의 생존이 위협을 받고 있다.

12 그는 이 마을에서 (   )이 좋고 영향력도 있는 인물이다.

13 우리나라는 전통적으로 충과 효를 인간됨의 기본 (   )으로 삼았다.

14 그는 부모님과의 대화에서 (   )에 자기의 생각을 드러내고 말았다.

개념 확인

15~17 **다음 설명이 맞으면 ○에, 그렇지 않으면 ×에 표시하시오.**

15 담화의 의미는 담화가 이루어지는 맥락과 관련 없이 고정되어 있다. (○ , ×)

16 담화의 상황 맥락은 담화가 이루어지는 구체적인 상황과 관련된 맥락으로, 화자와 청자, 시간과 공간, 의도와 목적 등을 포함한다. (○ , ×)

17 담화의 사회 · 문화적 맥락은 담화 참여자가 속한 사회 · 문화적 배경과 관련된 맥락으로, 역사적 · 사회적 상황, 공동체의 가치 · 신념, 사고방식, 언어 습관 등을 포함한다. (○ , ×)

맞힌 개수	( ) / 17문항
복습할 어휘	

공부한 날짜 월 일

필수 어휘

어휘	뜻과 예문	참고
각박하다 새길 刻 | 엷을 薄	**인정이 없고 삭막하다.** 예 요즘 세상인심이 너무 각박한 것 같다.	★2014 수능 각박한 세태의 제시를 통해 속세에서 벗어나고자 하는 염원을 드러내고 있다. ⊕ 야박(野薄)하다: 태도가 차고 인정이 없다.
겸허하다 겸손할 謙 | 빌 虛	**스스로 자신을 낮추고 비우는 태도가 있다.** 예 그 사람의 겸허한 모습이 마음에 들었다.	★2015 수능 자신이 범한 과오를 시인하고 부끄러워하는 모습에서 자신을 비우고 낮추는 겸허함을 볼 수 있군.
경각심 경계할 警 | 깨달을 覺 | 마음 心	**정신을 차리고 주의 깊게 살피어 경계하는 마음.** 예 화재 기사는 불에 대한 경각심을 일깨워 주었다.	더 알기 '경각심'의 '-심'은 '마음'의 뜻을 더하는 접미사이다. 예 경쟁심 | 노파심 | 동정심 유 경계심(警戒心): 경계하여 조심하는 마음.
동조하다 같을 同 | 고를 調	**남의 주장에 자기의 의견을 일치시키거나 보조를 맞추다.** 예 나는 고개를 끄덕여 그에게 동조하는 태도를 보였다.	
맹목적 눈멀 盲 | 눈 目 | 과녁 的	**주관이나 원칙이 없이 덮어놓고 행동하는. 또는 그런 것.** 예 그녀는 부모님께 맹목적으로 순종했다.	⊕ 무조건적(無條件的): 아무 조건도 없는. 또는 그런 것.
무안하다 없을 無 | 얼굴 顔	**수줍거나 창피하여 볼 낯이 없다.** 예 그는 무안할 정도로 나를 빤히 쳐다보았다.	
보편적 널리 普 | 두루 遍 | 과녁 的	「1」 **두루 널리 미치는. 또는 그런 것.** 예 드라마의 주된 주제는 사랑이라는 보편적 감정이다. 「2」 **모든 것에 공통되거나 들어맞는. 또는 그런 것.** 예 보편적이고 예외 없는 규칙을 찾기는 어렵다.	★2015 수능 규정적 판단은 명제의 객관적이고 보편적인 타당성을 지향한다. 유 일반적(一般的): 일부에 한정되지 아니하고 전체에 걸치는. 또는 그런 것.
비판적 비평할 批 | 판가름할 判 | 과녁 的	**현상이나 사물의 옳고 그름을 판단하여 밝히거나 잘못된 점을 지적하는. 또는 그런 것.** 예 그는 매사에 비판적인 태도를 보이는 것이 문제이다.	유 비평적(批評的): 사물의 옳고 그름, 아름다움과 추함 따위를 분석하여 가치를 논하는. 또는 그런 것.
순화 진한 술 醇 | 될 化	「1」 **정성 어린 가르침으로 감화함.** 예 청소년 선도에는 처벌보다는 순화가 중요하다. 「2」 **잡스러운 것을 걸러서 순수하게 함.** 예 청소년의 언어 순화를 위해 방송의 노력이 필요하다.	⊕ 감화(感化): 좋은 영향을 받아 생각이나 감정이 바람직하게 변화함. 또는 그렇게 변하게 함.

필수 개념 듣기 · 말하기

공감적 대화
함께 共 | 느낄 感 | 과녁 的 | 대답할 對 | 말할 話

상대방의 생각을 이해하고 감정을 공유하면서 **상호 작용이 충실하게 이루어지는 대화.**

공감적 대화의 효과
- 서로의 처지를 이해할 수 있음.
- 대화 상대방과 관계가 좋아질 수 있음.
- 협력적으로 소통하여 문제 해결의 실마리를 찾을 수 있음.

더 알기 공감적 대화를 위한 듣기 방법으로 소극적 들어 주기와 적극적 들어 주기가 있다.

소극적 들어 주기

상대방에게 관심을 보이면서 **상대방이 계속 이야기를 이어 갈 수 있도록 하는 듣기.**
예 "아, 그런 일이 있었구나. 그래서 그다음에는 어떻게 됐어?"

더 알기 소극적 들어 주기의 방법으로는 대화할 때 상대방의 눈을 바라보는 것, 고개를 끄덕이는 것, 대화의 맥락에 맞는 표정을 짓는 것 등이 있다.

적극적 들어 주기

상대방의 말을 들으며 상대방의 말을 요약하거나 상대방이 한 말의 의미를 재구성하여 말해 주는 등 **상대방이 스스로 문제를 해결할 수 있도록 도와주는 듣기.**
예 "전학을 오고 나서 예전 학교의 친구들이 보고 싶어서 힘들었구나. 그런 마음을 몰라주는 엄마에게 서운했겠네."

더 알기 적극적 들어 주기는 상대방이 객관적인 관점에서 문제에 접근할 수 있게 한다.

한자 성어 | 관용구 | 속담 '말'과 관련이 있는 관용구

말꼬리를 잡다

남의 말 가운데서 잘못 표현된 부분의 약점을 잡다.
예 그는 말꼬리를 잡아 시비를 걸었다.

말을 맞추다

제삼자에게 같은 말을 하기 위하여 다른 사람과 말의 내용이 다르지 않게 하다.
예 용의자들은 이미 말을 맞추었는지 똑같이 말했다.

말허리를 자르다

상대방이 말하는 도중에 말을 중지시키다.
예 그는 내 말을 몇 마디 듣지도 않고 말허리를 자르고 돌아섰다.

아쉬운 소리

없거나 부족하여 남에게 빌거나 꾸려고 구차하게 사정하는 말.
예 남 줄 것은 없지만 그래도 남한테 아쉬운 소리는 안 하고 살아왔다.

토를 달다

어떤 말 끝에 그 말에 대하여 덧붙여 말하다.
예 그는 어른들 말씀에 토를 달다가 핀잔을 들었다.

22회 확인 문제

01~04 밑줄 친 어휘의 뜻을 〈보기〉에서 찾아 번호를 쓰시오.

보기

① 정성 어린 가르침으로 감화함.
② 잡스러운 것을 걸러서 순수하게 함.
③ 주관이나 원칙이 없이 덮어놓고 행동하는. 또는 그런 것.
④ 현상이나 사물의 옳고 그름을 판단하여 밝히거나 잘못된 점을 지적하는. 또는 그런 것.

01 많은 사람들이 우리말 순화에 힘쓰고 있다.
( )

02 서구 문명의 맹목적 추종은 그릇된 것이다.
( )

03 그의 말이라면 무조건 따를 것이 아니라 때로는 비판적 태도를 보일 필요가 있다.
( )

04 그는 담임 선생님이 깊은 관심과 가르침으로 순화를 한 덕택에 새로운 사람이 되었다.
( )

05~08 빈칸에 들어갈 어휘를 〈보기〉에서 골라 문맥에 맞게 쓰시오.

보기

각박하다 겸허하다 동조하다 무안하다

05 세상인심이 이렇게 ( ) 줄은 미처 몰랐다.

06 그의 논리는 극단적이어서 ( ) 수 없었다.

07 그들은 선거 결과를 ( ) 받아들이겠다고 밝혔다.

08 나는 어제 저지른 실수가 ( ) 사람들 앞에 나설 수가 없었다.

09~10 다음 문장에 어울리는 어휘를 고르시오.

09 그 사건은 시민들에게 안전에 대한 (경각심 | 경외심)을 불러일으켰다.

10 사회 구성원 간의 갈등은 어느 사회에나 존재하는 (한정적 | 보편적)인 현상이다.

11~15 **다음 뜻에 해당하는 관용구를 찾아 바르게 연결하시오.**

11 상대방이 말하는 도중에 말을 중지시키다. •

12 어떤 말 끝에 그 말에 대하여 덧붙여 말하다. •

13 남의 말 가운데서 잘못 표현된 부분의 약점을 잡다. •

14 없거나 부족하여 남에게 빌거나 꾸려고 구차하게 사정하는 말. •

15 제삼자에게 같은 말을 하기 위하여 다른 사람과 말의 내용이 다르지 않게 하다. •

• ㉠ 토를 달다

• ㉡ 말을 맞추다

• ㉢ 아쉬운 소리

• ㉣ 말꼬리를 잡다

• ㉤ 말허리를 자르다

개념 확인

16 **빈칸에 들어갈 개념을 쓰시오.**

상대방의 생각을 이해하고 감정을 공유하면서 상호 작용이 충실하게 이루어지는 대화를 ☐☐☐ ☐☐라고 한다.

개념 확인

17 **〈보기〉의 설명을 소극적 들어 주기와 적극적 들어 주기로 구분하여 번호를 쓰시오.**

보기

① 상대방에게 관심을 보이면서 화자가 계속 이야기를 이어 갈 수 있도록 하는 듣기이다.
② 수동적으로 듣기에만 집중하는 것이 아닌, 적극적으로 말을 구성하여 전달하는 듣기이다.
③ 상대방을 향해 앉고, 상대방과 눈을 맞추고, 부드러운 표정을 지으며 상대방에게 집중하는 듣기이다.
④ 상대방이 객관적인 관점에서 문제에 접근할 수 있게 하고, 스스로 문제를 해결할 수 있게 도와주는 듣기이다.

• 소극적 들어 주기: ______________　　• 적극적 들어 주기: ______________

맞힌 개수	(　　　　) / 17문항
복습할 어휘	

23회

공부한 날짜 월 일

필수 어휘

계책
꾀할 計 | 꾀 策

어떤 일을 이루기 위하여 꾀나 방법을 생각해 냄. 또는 그 꾀나 방법.
예 머리를 짜내 보았으나 별 뾰족한 계책이 떠오르지 않았다.

2017 수능 새로운 계책을 마련한 기쁨을 드러내고 있다.
유 계략(計略): 어떤 일을 이루기 위한 꾀나 수단.

남짓

(수량을 나타내는 말 뒤에 쓰여) 크기, 수효, 부피 따위가 어느 한도에 차고 조금 남는 정도임을 나타내는 말.
예 그는 서른 살 남짓 되어 보이는 남자였다.

딴지

일이 순순히 진행되지 못하도록 훼방을 놓거나 어기대는 것.
예 무슨 일이든 꼭 딴지를 놓는 사람들이 있다.

⊕ 어기대다: 순순히 따르지 아니하고 못마땅한 말이나 행동으로 뻗대다.

만평
질편할 漫 | 품평 評

「1」 일정한 주의나 체계 없이 생각나는 대로 비평함. 또는 그런 비평.
예 그의 만평에는 세상을 보는 날카로운 안목이 나타난다.
「2」 만화를 그려서 인물이나 사회를 풍자적으로 비평함.
예 한 컷짜리 만평이 독자들의 큰 호응을 얻었다.

무단
없을 無 | 끊을 斷

사전에 허락이 없음. 또는 아무 사유가 없음.
예 그들은 건물의 용도를 무단으로 바꾸었다.

문안
글월 文 | 책상 案

문서나 문장의 초안.
예 그는 밤새 광고 문안을 작성하고 있다.

⊕ 문안(問安)하다: 웃어른께 안부를 여쭈다.

실소
잃을 失 | 웃을 笑

어처구니가 없어 저도 모르게 웃음이 툭 터져 나옴. 또는 그 웃음.
예 그의 이야기를 듣다가 나도 모르게 그만 실소를 터뜨렸다.

운치
운 韻 | 이를 致

고상하고 우아한 멋.
예 그 집의 정원은 운치가 있어 보인다.

타박

허물이나 결함을 나무라거나 핀잔함.
예 아버지는 반찬 타박이 심해서 늘 어머니를 힘들게 하신다.

⊕ 면박(面駁): 면전에서 꾸짖거나 나무람.

필수 개념 쓰기

속담 풍속 俗 | 말씀 談	**예로부터 전해지는 조상들의 지혜가 담긴 표현.** 예 벼 이삭은 익을수록 고개를 숙인다, 구슬이 서 말이라도 꿰어야 보배, 백지장도 맞들면 낫다, 꿈보다 해몽이 좋다 등	더 알기 속담은 구체적이고 일상적인 상황에서 삶의 교훈을 전달하는 내용으로 되어 있으며, 풍자적이고 비유적인 표현이 많다.
관용구 버릇 慣 | 쓸 用 | 글귀 句	**둘 이상의 단어가 합쳐져** 원래의 뜻과는 전혀 다른 **새로운 뜻으로 굳어져서 쓰이는 표현.** 예 귀가 뚫리다, 발 벗고 나서다, 비행기 태우다, 말이 무겁다, 숨을 돌리다 등	더 알기 관용구는 그 나라의 언어문화가 반영되어 있으며, 옛날 사람들의 언어가 아니라 현재에도 사용되는 살아 있는 말이다.
명언 이름 名 | 말씀 言	사리에 맞는 **훌륭한 말. 유명한 사람의 입에서 나와 널리 알려진 말.** 예 하루라도 책을 읽지 않으면 입안에 가시가 돋는다(안중근), 차라리 고난 속에 인생의 기쁨이 있다(니체) 등	더 알기 명언은 대부분 간결한 문장이나 문구로 표현되며 그 글귀를 쓴 사람이 밝혀져 있다.

한자 성어 | 관용구 | 속담 '출세, 무지'와 관련이 있는 한자 성어

금의환향 비단 錦 | 옷 衣 | 돌아올 還 | 시골 鄕	비단옷을 입고 고향에 돌아온다는 뜻으로, **출세를 하여 고향에 돌아가거나 돌아옴을** 비유적으로 이르는 말. 예 그는 금의환향을 꿈꾸며 고향을 떠나 도시로 향했다.	
목불식정 눈 目 | 아닐 不 | 알 識 | 고무래 丁	아주 간단한 글자인 '丁' 자를 보고도 그것이 '고무래'인 줄을 알지 못한다는 뜻으로, **아주 까막눈임을** 이르는 말. 예 학교에 다니지 못해 겨우 목불식정만 면하였을 따름이다.	더 알기 '까막눈'은 글을 읽을 줄 모르는 무식한 사람을 의미한다.
우이독경 소 牛 | 귀 耳 | 읽을 讀 | 경서 經	쇠귀에 경 읽기라는 뜻으로, **아무리 가르치고 일러 주어도 알아듣지 못함을** 이르는 말. 예 그 친구 고집이 워낙 세서 자네가 그렇게 말해도 우이독경일 거야.	
유방백세 흐를 流 | 꽃다울 芳 | 일백 百 | 세상 世	**꽃다운 이름이 후세에 길이 전함.** 예 그는 신분이 높지 않았음에도 유방백세한 인물이다.	더 알기 의미가 반대되는 말로 더러운 이름을 후세에 오래도록 남김을 뜻하는 '유취만년(遺臭萬年)'이 있다.
입신양명 설 立 | 몸 身 | 날릴 揚 | 이름 名	**출세하여 이름을 세상에 떨침.** 예 그는 입신양명하기 위해 피나는 노력을 하였다.	

23회 확인 문제

01~05 다음 뜻에 해당하는 어휘를 찾아 표시하시오. (가로, 세로, 대각선으로 표시할 것)

01 문서나 문장의 초안.

02 꽃다운 이름이 후세에 길이 전함.

03 일이 순순히 진행되지 못하도록 훼방을 놓거나 어기대는 것.

04 크기, 수효, 부피 따위가 어느 한도에 차고 조금 남는 정도임을 나타내는 말.

05 일정한 주의나 체계 없이 생각나는 대로 비평함. 또는 그런 비평.

기	이	암	시	문	행	급
묘	유	실	안	장	남	진
하	현	방	판	단	짓	적
다	절	제	백	고	생	만
개	판	방	치	세	별	평
점	딴	지	무	궁	무	진
숙	연	하	다	점	진	적

06~10 다음 뜻에 해당하는 한자 성어를 찾아 바르게 연결하시오.

06 출세하여 이름을 세상에 떨침. •

07 더러운 이름을 후세에 오래도록 남김. •

08 글을 읽을 줄 모르는 무식한 사람을 이르는 말. •

09 아무리 가르치고 일러 주어도 알아듣지 못함을 이르는 말. •

10 출세를 하여 고향에 돌아가거나 돌아옴을 비유적으로 이르는 말. •

• ㉠ 금의환향

• ㉡ 목불식정

• ㉢ 우이독경

• ㉣ 유취만년

• ㉤ 입신양명

개념 확인

11 제시된 어휘의 뜻을 화살표를 따라가며 찾고, 맨 마지막에 선택된 어휘의 뜻을 〈보기〉에서 고르시오.

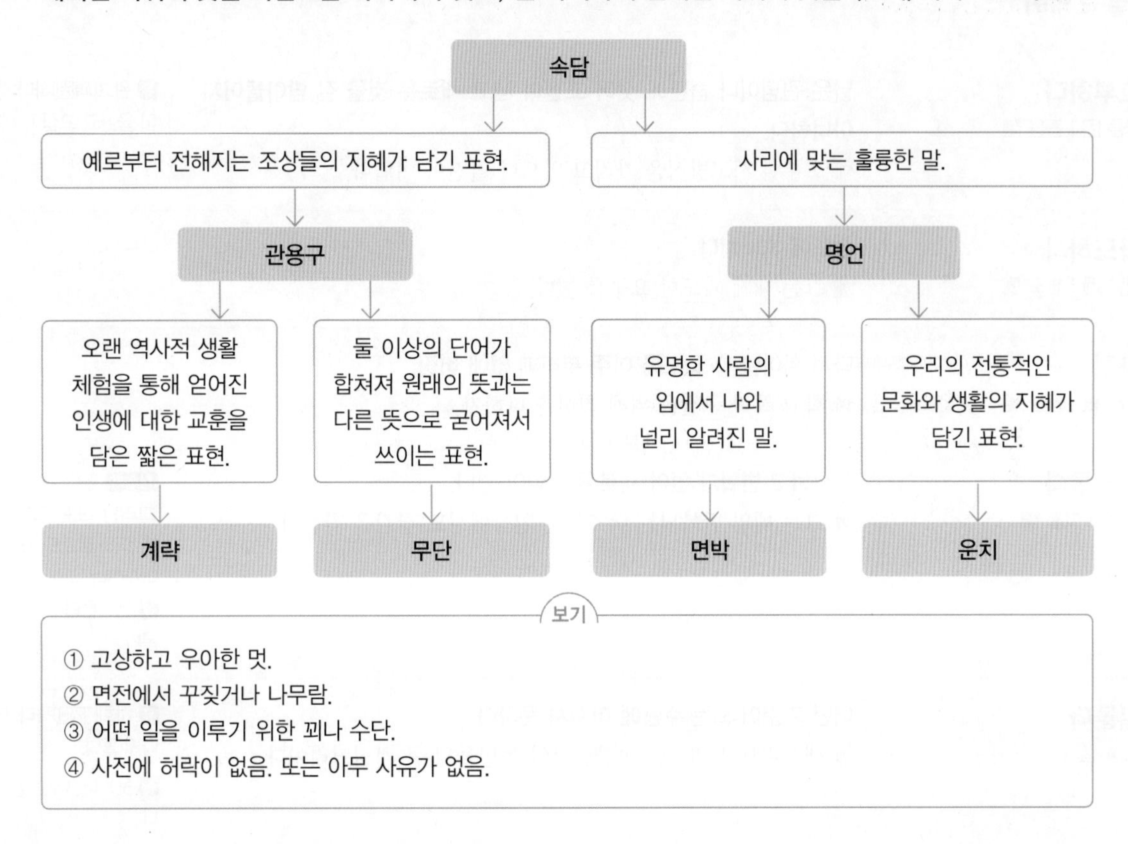

보기

① 고상하고 우아한 멋.
② 면전에서 꾸짖거나 나무람.
③ 어떤 일을 이루기 위한 꾀나 수단.
④ 사전에 허락이 없음. 또는 아무 사유가 없음.

12~14 다음 어휘를 활용하여 문장을 만드시오.

12 계책: 어떤 일을 이루기 위하여 꾀나 방법을 생각해 냄. 또는 그 꾀나 방법.

→

13 실소: 어처구니가 없어 저도 모르게 웃음이 툭 터져 나옴. 또는 그 웃음.

→

14 타박: 허물이나 결함을 나무라거나 핀잔함.

→

맞힌 개수	(　　　) / 14문항
복습할 어휘	

24회

공부한 날짜 월 일

필수 어휘

고루하다
굳을 固 | 좁을 陋

낡은 관념이나 습관에 젖어 고집이 세고 새로운 것을 잘 받아들이지 아니하다.

예 고루한 사고방식을 가지고 있으니 발전이 어렵다.

유 완고(頑固)하다: 융통성이 없이 올곧고 고집이 세다.

과도하다
지날 過 | 법도 度

정도에 지나치다.

예 그는 내게 과도한 요구를 했다.

근절
뿌리 根 | 끊을 絶

다시 살아날 수 없도록 아주 뿌리째 없애 버림.

예 학교 폭력 근절을 위해 최선을 다하자.

단조롭다
홑 單 | 고를 調

단순하고 변화가 없어 새로운 느낌이 없다.

예 그는 매일 반복되는 단조로운 일상에서도 글감을 찾는다.

더 알기 '단조롭다'의 '-롭다'는 '그러함' 또는 '그럴 만함'의 뜻을 더하고 형용사를 만드는 접미사이다.
예 명예롭다 | 신비롭다 | 자유롭다

밑돌다

어떤 기준이 되는 수량에 미치지 못하다.

예 생산비보다 밑도는 농산물값이 농민들의 큰 걱정거리이다.

유 하회(下廻)하다: 어떤 기준보다 밑돌다.

반 웃돌다: 어떤 정도를 넘어서다.

왜곡
비뚤 歪 | 굽을 曲

사실과 다르게 해석하거나 그릇되게 함.

예 역사 왜곡을 바로잡는 것이 무엇보다 중요하다.

★ 2015 수능 '선택 복사 방법'을 쓰면 입력 영상의 화소 중 표시되지 않는 부분이 생기기 때문에 영상이 왜곡되어 보인다.

⊕ 날조(捏造): 사실이 아닌 것을 사실인 것처럼 거짓으로 꾸밈.

저해
막을 沮 | 해칠 害

막아서 못 하도록 해침.

예 지역감정은 국민 단합의 저해 요인이 된다.

★ 2015 수능 집단 이기심은 사회 발전을 저해할 요인으로 작용한다.

초고
주춧돌 礎 | 원고 稿

퇴고를 하는 바탕이 된 원고.

예 그는 오랜 시간에 걸쳐 이 소설의 초고를 완성했다.

⊕ 퇴고(推敲): 글을 지을 때 여러 번 생각하여 고치고 다듬음. 또는 그런 일.

허심탄회하다
빌 虛 | 마음 心 | 평평할 坦 | 품을 懷

품은 생각을 터놓고 말할 만큼 아무 거리낌이 없고 솔직하다.

예 그들은 언제나 허심탄회하게 의견을 교환한다.

필수 개념 쓰기

고쳐쓰기

글을 쓸 때에 글의 잘못된 부분을 바로잡아서 다시 쓰는 일.

글을 고쳐 쓸 때 고려해야 할 점

- 글 수준 글의 주제가 잘 드러나는지, 글의 흐름이 자연스러운지, 보충해야 할 내용이나 삭제해야 할 내용이 있는지 점검함.
- 문단 수준 문단의 중심 생각은 잘 드러나는지, 문단의 중심 내용에서 벗어난 내용은 없는지, 앞뒤 문장이 자연스럽게 이어지는지 점검함.
- 문장 수준 문장의 뜻은 분명히 드러나는지, 문장의 길이는 적절한지, 문장의 호응은 자연스러운지 점검함.
- 단어 수준 문맥에 적절한 낱말을 사용하였는지, 맞춤법에 맞게 표현하였는지 점검함.

더 알기 고쳐쓰기는 글을 다 쓴 후에만 이루어지는 것이 아니라 글을 쓰는 과정 전반에서 이루어진다. 글을 고쳐 쓸 때에는 내용을 추가하거나 삭제하는 것뿐만 아니라 내용을 재배열하거나 간결하게 일반화하는 것 등도 있다.

한자 성어 | 관용구 | 속담 '무지, 어리석음'과 관련이 있는 속담

낫 놓고 기역 자도 모른다

기역 자 모양으로 생긴 낫을 보면서도 기역 자를 모른다는 뜻으로, 사람이 글자를 모르거나 아주 무식함을 비유적으로 이르는 말.

예 그 사람은 학교를 제대로 다니지 않아 낫 놓고 기역 자도 몰라.

빈 수레가 요란하다

실속 없는 사람이 겉으로 더 떠들어 댐을 비유적으로 이르는 말.

예 빈 수레가 요란하다고, 자기 자랑을 끝없이 늘어놓는 사람치고 괜찮은 사람 못 봤다.

빈대 잡으려고 초가삼간 태운다

손해를 크게 볼 것은 생각하지 않고 자기에게 마땅치 아니한 것을 없애려고 그저 덤비기만 하는 경우를 비유적으로 이르는 말.

예 나는 빈대 잡으려고 초가삼간 태우는 잘못을 범했어.

소 잃고 외양간 고친다

소를 도둑맞은 다음에서야 빈 외양간의 허물어진 데를 고치느라 수선을 떤다는 뜻으로, 일이 이미 잘못된 뒤에는 손을 써도 소용이 없음을 비꼬는 말.

예 언론은 이번 정부 정책에 대해 소 잃고 외양간 고치는 격이라고 지적하였다.

속 빈 강정

겉만 그럴듯하고 실속이 없음을 비유적으로 이르는 말.

예 너는 속 빈 강정처럼 허우대만 멀쩡하구나.

우물 안 개구리

넓은 세상의 형편을 알지 못하는 사람을 비유적으로 이르는 말.

예 세계의 주된 변화를 파악하지 못하니 우물 안 개구리처럼 세상 보는 눈이 좁아진다.

더 알기 같은 의미의 한자 성어로 '정저지와(井底之蛙)'가 있다.

우물에 가 숭늉 찾는다

모든 일에는 질서와 차례가 있는 법인데 일의 순서도 모르고 성급하게 덤빔을 비유적으로 이르는 말.

예 며칠 전에 씨앗을 심어 놓고 꽃이 피지 않는다고 성화를 하니 이는 우물에 가 숭늉 찾는 격이라고 할 수 있다.

24회 확인 문제

01~06 다음 십자말풀이를 완성하시오.

01	02							03
				05				
						04		
	06							

가로

01 퇴고를 하는 바탕이 된 원고.
04 어떤 기준이 되는 수량에 미치지 못하다.
06 정도에 지나치다.

세로

02 낡은 관념이나 습관에 젖어 고집이 세고 새로운 것을 잘 받아들이지 아니하다.
03 품은 생각을 터놓고 말할 만큼 아무 거리낌이 없고 솔직하다.
05 단순하고 변화가 없어 새로운 느낌이 없다.

07~08 다음 문장과 의미가 통하는 속담을 고르시오.

07

진수는 세상 돌아가는 일에는 전혀 관심을 두지 않아 식견이 좁다.

① 우물 안 개구리
② 낫 놓고 기역 자도 모른다

08

소방 시설의 점검 미흡으로 큰 화재를 겪은 후 전면적으로 소방 시설을 점검하기로 하였다.

① 소 잃고 외양간 고친다
② 빈대 잡으려고 초가삼간 태운다

정답과 해설 63쪽

09~11 **다음 뜻에 해당하는 속담을 찾아 바르게 연결하시오.**

09 겉만 그럴듯하고 실속이 없음을 비유적으로 이르는 말. • • ㉠ 속 빈 강정

10 일의 순서도 모르고 성급하게 덤빔을 비유적으로 이르는 말. • • ㉡ 빈 수레가 요란하다

11 실속 없는 사람이 겉으로 더 떠들어 댐을 비유적으로 이르는 말. • • ㉢ 우물에 가 숭늉 찾는다

개념 확인

12~13 **다음 설명이 맞으면 ○에, 그렇지 않으면 ×에 표시하시오.**

12 고쳐쓰기는 글을 다 쓴 후에만 하는 것이다. (○ , ×)

13 글 수준, 문단 수준, 문장 수준, 단어 수준에서 모두 고쳐쓰기를 할 수 있다. (○ , ×)

14~16 **〈보기〉의 글자를 조합하여 다음 뜻에 해당하는 어휘를 쓰고, 이를 활용하여 문장을 만드시오.**

보기

해 절 왜 근 저 곡

14 막아서 못 하도록 해침.

→ □□: ____________________

15 사실과 다르게 해석하거나 그릇되게 함.

→ □□: ____________________

16 다시 살아날 수 없도록 아주 뿌리째 없애 버림.

→ □□: ____________________

맞힌 개수	(　　　) / 16문항
복습할 어휘	

19~24회 종합 문제

공부한 날짜 월 일

01 〈보기〉는 '순화'의 두 가지 의미이다. 각 의미에 해당하는 예문으로 적절하지 않은 것은?

보기

㉠ 정성 어린 가르침으로 감화함.
㉡ 잡스러운 것을 걸러서 순수하게 함.

① ㉠: 선도 위원회의 노력으로 불량 청소년들이 순화되었다.
② ㉠: 이 영상물은 감성이 거칠어진 청소년들을 순화시키는 데에 효과가 있다.
③ ㉡: 음악을 들으며 명상을 하니 마음이 조금 순화되었다.
④ ㉡: 내가 과연 그 학생의 순화를 위해 할 수 있는 것이 무엇이 있을지 생각해 보았다.
⑤ ㉡: 여러분은 국어의 순화를 위해 한글을 전용하는 것에 대해 어떤 의견을 가지고 계십니까?

2014 수능 기출 응용

02 밑줄 친 부분과 의미가 통하는 한자 성어는?

길동이 서당에서 글을 읽다가 문득 책상을 밀치고 탄식하며 말했다.
"대장부가 세상에 나서 공맹을 본받지 못하면 차라리 병법을 외워, 대장군의 인장을 허리춤에 비스듬히 차고 동과 서로 정벌하여, 나라에 큰 공을 세우고 이름을 만대에 빛내는 것이 장부로서 흔쾌히 할 일이다. 나는 어찌하여 한 몸이 외롭고, 아버지와 형이 있건만 아버지와 형이라 부르지도 못하니 심장이 터질 것 같구나. 어찌 원통하지 아니하리오!"

– 허균, 「홍길동전」

① 유방백세 ② 박학다식 ③ 절차탁마
④ 금의환향 ⑤ 곡학아세

03 〈보기〉의 ㉠~㉤ 어디에도 들어갈 수 없는 것은?

보기

㉠ 이 책자는 전국의 관광지를 (　　　　)한 여행 안내서이다.
㉡ 독일인인 그는 한국으로의 (　　　　)을/를 고려하고 있다.
㉢ 이 음식은 저온에 보관해야 (　　　　)을/를 막을 수 있다.
㉣ 그 회사는 파업 직전에 노사 (　　　　)이/가 이루어졌다.
㉤ 기업들은 국내 산업 기반의 (　　　　)(으)로 국제 경쟁력을 상실했다.

① 변모 ② 취약 ③ 귀화
④ 교섭 ⑤ 개관

어법+

04 다음 파생어에 대한 설명으로 적절하지 않은 것은?

① '몰상식'의 '몰-': '그것이 전혀 없음'의 뜻을 더함.
② '상용화'의 '-화': '그렇게 만들거나 됨'의 뜻을 더함.
③ '진취적'의 '-적': '그 성격을 띠는', '그에 관계된', '그 상태로 된'의 뜻을 더함.
④ '무안하다'의 '-하다': '피동'의 뜻을 더하고 동사를 만듦.
⑤ '단조롭다'의 '-롭다': '그러함' 또는 '그럴 만함'의 뜻을 더하고 형용사를 만듦.

05 밑줄 친 어휘를 바꾸어 쓴 말로 적절하지 않은 것은?

① 여기로 이사 온 지도 한 달 남짓(→ 조금 부족하게) 되었다.
② 그는 모처럼 허심탄회하게(→ 솔직하게) 사실을 밝혔다.
③ 제게 이 위기를 극복할 좋은 계책(→ 방법)이 있습니다.
④ 그는 남의 의견은 무조건 배척하면서(→ 밀어 내치면서) 자기 주장만 내세운다.
⑤ 응용과학이 발전하면서 인간 생활이 비약적으로(→ 갑자기 빠른 속도로) 향상하였다.

06 한자 성어와 속담의 의미가 유사한 것끼리 연결되지 않은 것은?

① 유유상종 - 초록은 동색
② 정저지와 - 우물 안 개구리
③ 망양지탄 - 빈 수레가 요란하다
④ 순망치한 - 입술이 없으면 이가 시리다
⑤ 목불식정 - 낫 놓고 기역 자도 모른다

07 ⓐ~ⓔ의 문맥적 의미로 적절하지 않은 것은?

요즘 컴퓨터를 활용하여 글을 쓰는 것이 ⓐ보편적인 글쓰기 방법이 되면서 쓰기 윤리가 점차 중시되고 있다. 쓰기 윤리란 글쓴이가 글을 쓰는 과정에서 준수해야 할 윤리적 규범을 말한다. 글을 쓸 때에 글쓴이 자신이 알고 있는 내용을 허위로 쓰거나 과장, 축소, ⓑ왜곡하지 않는 것이나 다른 사람의 글이나 자료 등을 ⓒ무단으로 사용하지 않는 것이 쓰기 윤리에 해당한다. ⓓ은연중에 다른 사람의 주장을 나의 주장인 것처럼 밝힌다면 그것 역시 쓰기 윤리를 어기는 것이다. 쓰기 윤리는 개인만의 문제가 아니라 사회 전체에도 영향을 끼치기 때문에 쓰기 윤리를 지키지 않는 것은 사회 발전을 ⓔ저해할 수 있다.

① ⓐ: 모든 것에 공통되거나 들어맞는. 또는 그런 것.
② ⓑ: 사실과 다르게 해석하거나 그릇되게 함.
③ ⓒ: 사전에 허락이 없음.
④ ⓓ: 남이 모르는 가운데.
⑤ ⓔ: 막아서 못 하도록 해침.

만화로 보는 고사성어

수주대토

지킬 守 | 그루터기 株 | 기다릴 待 | 토끼 兎

한 가지 일에만 얽매여 발전을 모르는 어리석은 사람을 비유적으로 이르는 말로, 낡은 풍습에 젖어 시대의 변천을 모르고 고집을 부리는 행동을 일컫기도 한다. 중국 송나라의 한 농부가 우연히 나무 그루터기에 부딪쳐 죽은 토끼를 잡은 후, 또 그와 같이 토끼를 잡을까 하여 일도 하지 않고 그루터기만 지키고 있었다는 데서 유래한다.

중국 전국 시대 한나라에는 한비자라는 사상가가 있었다.

농부가 다가가 보니 토끼는 죽어 있었다.
이게 웬 횡재야.

그날 이후 농부는 쟁기를 버리고 그루터기를 지켰다.
언제 또 이 그루터기에 토끼가 걸려 넘어질지 몰라.

그러나 토끼는 다시 나타나지 않았고, 그는 사람들의 웃음거리가 되었다.
아직도 저러고 있네!
내일은 토끼가 나타나겠지.
쯧쯧.

여러분, 선왕이 정치하던 방법을 가지고 지금의 백성을 다스리고자 하는 것은 그루터기를 지키는 농부같이 낡은 관습을 고집하는 것입니다.

수주대토의 사례로는 무엇이 있을까?
작년에 썼던 그 전략을 쓰자. 작년에 그 전략으로 우승을 했으니, 이번에도 그 전략을 쓰면 이길 수 있을 거야.
작년과 선수도 다르고, 상대 팀도 다른데 작년의 전략만을 고집하는 건 수주대토가 아닐까?
맞아. 그리고 그 전략에 대해서는 상대편도 미리 준비를 했을 거야.
10
19
24

관용구 더 보기

ㄱ

관용구	뜻
가슴이 뜨겁다	깊고 큰 사랑과 배려를 받아 고마움으로 마음의 감동이 크다.
가슴이 무겁다	슬픔이나 걱정으로 마음이 가라앉다.
간을 졸이다	매우 걱정되고 불안스러워 마음을 놓지 못하다.
간이 철렁하다	몹시 놀라 충격을 받다.
갈지자를 그리다	똑바로 걷지 아니하고 이리 비틀 저리 비틀 하며 걷다.
고삐 풀린 망아지	① 거칠게 행동하는 사람을 이르는 말. ② 구속이나 통제에서 벗어나 몸이 자유로움을 이르는 말.
고사리 같은 손	어린아이의 여리고 포동포동한 손을 비유적으로 이르는 말.
구미가 당기다	욕심이나 관심이 생기다.
귀가 번쩍 뜨이다	들리는 말에 선뜻 마음이 끌리다.
귀를 기울이다	남의 이야기나 의견에 관심을 가지고 주의를 모으다.
귀를 세우다	듣기 위해 신경을 곤두세우다.
귀에 들어가다	누구에게 알려지다.
그늘이 지다	걱정거리가 있어 마음이 편하지 않거나 얼굴이 밝지 못하다.
글이 짧다	글을 모르거나 아는 것이 넉넉하지 못하다.

ㄴ

관용구	뜻
나 몰라라 하다	어떤 일에 무관심한 태도로 상관하지도 아니하고 간섭하지도 아니하다.
눈 깜짝할 사이	매우 짧은 순간.
눈독을 들이다	욕심을 내어 눈여겨보다.
눈에 차다	흡족하게 마음에 들다.
눈이 빠지게 기다리다	몹시 애타게 오랫동안 기다리다.
눈이 시다	하는 짓이 거슬려 보기에 아니꼽다.
눈칫밥 먹다	다른 사람의 눈치를 살피면서 기를 펴지 못하고 불편하게 생활하다.
눈코 뜰 사이 없다	정신 못 차리게 몹시 바쁘다.

ㄷ

관용구	뜻
닭똥 같은 눈물	몹시 방울이 굵은 눈물을 비유적으로 이르는 말.
때 빼고 광내다	몸치장을 하고 멋을 내다.

ㅁ

막차를 타다	끝나 갈 무렵에 뒤늦게 뛰어들다.
맺힌 데가 없다	1 성격이 꽁하지 않다. 2 사람 됨됨이가 꽉 짜인 데가 없다.
머리를 굴리다	머리를 써서 해결 방안을 생각해 내다.
머리를 숙이다	1 굴복하거나 저자세를 보이다. 2 마음속으로 탄복하여 수긍하거나 경의를 표하다.
머리를 식히다	흥분되거나 긴장된 마음을 가라앉히다.
머리를 쓰다	어떤 일에 대하여 이모저모 깊게 생각하거나 아이디어를 찾아내다.
머리에 쥐가 나다	싫고 두려운 상황에서 의욕이나 생각이 없어지다.
목에 힘을 주다	거드름을 피우거나 남을 깔보는 듯한 태도를 취하다.
목을 걸다	1 목숨을 바칠 각오를 하다. 2 직장에서 쫓겨나는 것을 무릅쓰다.
목을 축이다	목 말라 물 따위를 마시다.
무게를 잡다	점잖은 척하며 분위기를 무겁게 만들다.
미역국을 먹다	1 (비유적으로) 직위에서 떨려 나다. 2 (비유적으로) 시험에서 떨어지다. 3 (비유적으로) 퇴짜를 맞다.
밑도 끝도 없다	앞뒤의 연관 관계가 없이 말을 불쑥 꺼내어 갑작스럽거나 갈피를 잡을 수 없다.

ㅂ

발등에 불이 떨어지다	일이 몹시 절박하게 닥치다.
배가 등에 붙다	먹은 것이 없어서 배가 홀쭉하고 몹시 허기지다.
배가 아프다	남이 잘되어 심술이 나다.
배꼽을 쥐다	웃음을 참지 못하여 배를 움켜잡고 크게 웃다.
배꼽이 빠지다	몹시 우습다.
배를 불리다	재물이나 이득을 많이 차지하여 사리사욕을 채우다.
배를 앓다	남 잘되는 것에 심술이 나서 속을 태우다.
배를 채우다	재물이나 이득을 많이 차지하여 사리사욕을 채우다.
번지수를 잘못 찾다	생각을 잘못 짚어 엉뚱한 방향으로 나가다.
분초를 다투다	아주 짧은 시간이라도 아끼어 급하게 서두르다.
비행기를 태우다	남을 지나치게 칭찬하거나 높이 추어올려 주다.

ㅅ

살살 기다	두려워 행동을 자유로이 하지 못하다.
상다리가 부러지다	상에 음식을 매우 많이 차려 놓다.

서슬이 시퍼렇다	권세나 기세 따위가 아주 대단하다.
손가락 하나 까딱 않다	아무 일도 안 하고 뻔뻔하게 놀고만 있음을 비난조로 이르는 말.
손발이 따로 놀다	함께 일을 하는 데에 마음이나 의견, 행동 방식 따위가 서로 맞지 않다.
수건을 던지다	권투에서, 경기를 계속하기 힘든 선수의 매니저가 티케이오(TKO)를 신청하다.
식은 죽 먹듯	거리낌 없이 아주 쉽게 예사로 하는 모양.
심장에 불을 지피다	사람의 마음을 일어나게 하다.
씻은 듯이	아주 깨끗하게.

ㅇ

어깨가 무겁다	무거운 책임을 져서 마음에 부담이 크다.
어려운 걸음을 하다	일이 바쁘거나 너무 멀어서 좀처럼 가기 힘든 곳을 가거나 오다.
엉덩이가 가볍다	어느 한자리에 오래 머물지 못하고 바로 자리를 뜨다.
엉덩이가 근질근질하다	한군데 가만히 앉아 있지 못하고 자꾸 일어나 움직이고 싶어 하다.
온실 속의 화초	어려움이나 고난을 겪지 아니하고 그저 곱게만 자란 사람을 비유적으로 이르는 말.
울타리를 벗어나다	비교적 좁고 제한된 생활 범위에서 나오다.
이를 갈다	몹시 화가 나거나 분을 참지 못하여 독한 마음을 먹고 벼르다.
이를 악물다	1 힘에 겨운 곤란이나 난관을 헤쳐 나가려고 비상한 결심을 하다. 2 매우 어렵거나 힘든 상황을 애써 견디거나 꾹 참다.
인심을 사다	남에게 좋은 평을 얻다.
임자 만나다	어떤 사물이나 사람이 적임자와 연결되어 능력이나 기능을 제대로 발휘할 수 있게 되다.
입에 침 바른 소리	겉만 번지르르하게 꾸미어 듣기 좋게 하는 말.
입을 모으다	여러 사람이 같은 의견을 말하다.

ㅈ

자리를 보다	잠을 자려고 이부자리에 드러눕다.
잔뼈가 굵다	오랜 기간 일정한 곳이나 직장에서 일을 하여 그 일에 익숙하다.
장단을 맞추다	남의 기분이나 비위를 맞추기 위하여 말이나 행동을 하다.
재를 뿌리다	일, 분위기 따위를 망치거나 훼방을 놓다.
제자리에 머물다	발전이 없다.
쥐구멍을 찾다	부끄럽거나 난처하여 어디에라도 숨고 싶어 하다.
쪽박 차다	거지가 되다.

ㅊ

책상머리나 지키다	현실과 부딪치며 책임감을 가지고 일하지 아니하고 사무실에서만 맴돌거나 문서만 보고 세월을 보내다.
천에 하나	매우 드묾을 이르는 말.
첫 단추를 끼우다	새로운 과정을 출발하거나 일을 시작하다.
첫발을 떼다	어떤 일이나 사업의 시작에 들어서다.
촉각을 곤두세우다	정신을 집중하고 신경을 곤두세워 즉각 대응할 태세를 취하다.
침 발라 놓다	자기 소유임을 표시하다.
침을 삼키다	1 음식 따위를 몹시 먹고 싶어 하다. 2 자기 소유로 하고자 몹시 탐내다.
침이 마르다	다른 사람이나 물건에 대하여 거듭해서 말하다.

ㅋ

코가 높다	잘난 체하고 뽐내는 기세가 있다.
코끼리 비스킷	먹으나 마나 한 매우 적은 것을 비유적으로 이르는 말.
코를 납작하게 만들다	기를 죽이다.
키를 잡다	일이나 가야 할 곳의 방향을 잡다.

ㅍ

파김치가 되다	몹시 지쳐서 기운이 아주 느른하게 되다.
판에 박은 듯하다	사물의 모양이 같거나 똑같은 일이 되풀이되다.

ㅎ

하늘에 맡기다	운명에 따르다.
한 귀로 흘리다	듣고도 마음에 두지 아니하고 무시하다.
한 우물을 파다	한 가지 일에 몰두하여 끝까지 하다.
한 줌밖에 안 되다	양이 조금이다.
한 치 앞을 못 보다	1 시력이 좋지 못하여 가까이 있는 것도 보지 못하다. 2 식견이 얕다.
한술 더 뜨다	1 이미 어느 정도 잘못되어 있는 일에 대하여 한 단계 더 나아가 엉뚱한 짓을 하다. 2 남이 생각하고 있는 것을 미리 헤아려 거기에 대처할 계획을 세우다.
허파에 바람 들다	실없이 행동하거나 지나치게 웃어 대다.
호흡이 맞다	일을 할 때 서로의 생각과 의향이 맞다.

부록 혼동하기 쉬운 어휘

가르치다 | 가리키다

친구에게 유행하는 춤을 (**가르치니** | 가리키니) 시곗바늘이 벌써 열두 시 정각을 (가르쳤다 | **가리켰다**).

- 가르치다: 지식이나 기능, 이치 따위를 깨닫게 하거나 익히게 하다.
- 가리키다: 손가락 따위로 어떤 방향이나 대상을 집어서 보이거나 말하거나 알리다.

늘리다 | 늘이다

운동장의 규모를 (**늘리니** | 늘이니) 고무줄을 예전보다 길게 (늘리어 | **늘이어**) 양쪽에서 잡을 수 있다.

- 늘리다: 물체의 넓이, 부피 따위를 본디보다 커지게 하다.
- 늘이다: 본디보다 더 길어지게 하다.

띄다 | 띠다

얼굴에 미소를 (띄고 | **띠고**) 음악을 듣는 형이 요즘 들어 눈에 (**띄게** | 띠게) 기분이 좋아 보인다.

- 띄다: '뜨이다'의 준말. 눈에 보이다.
- 띠다: 감정이나 기운 따위를 나타내다.

맞추다 | 맞히다

떨어져 나간 조각들을 제자리에 잘 (**맞춘** | 맞힌) 다음에 수수께끼의 답을 정확하게 (맞추다 | **맞히다**).

- 맞추다: 서로 떨어져 있는 부분을 제자리에 맞게 대어 붙이다.
- 맞히다: 문제에 대한 답을 틀리지 않게 하다.

바라다 | 바래다

빛 (바란 | **바랜**) 옷은 이제 그만 입기 (**바라요** | 바래요).

- 바라다: 생각이나 바람대로 어떤 일이나 상태가 이루어지거나 그렇게 되었으면 하고 생각하다.
- 바래다: 볕이나 습기를 받아 색이 변하다.

반드시 | 반듯이

허리를 (반드시 | **반듯이**) 펴고 강단에 선 노인은 참되고 어진 사람이 되려면 언행이 (**반드시** | 반듯이) 일치해야 한다고 주장했다.

- 반드시: 틀림없이 꼭.
- 반듯이: 작은 물체, 또는 생각이나 행동 따위가 비뚤어지거나 기울거나 굽지 아니하고 바르게.

부치다 ∣ 붙이다	우표를 (부쳐 ∣ **붙여**) 편지를 (**부쳤다** ∣ 붙였다).

• 부치다: 편지나 물건 따위를 일정한 수단이나 방법을 써서 상대에게로 보내다.
• 붙이다: 맞닿아 떨어지지 않게 하다.

작다 ∣ 적다	몸집이 (**작다고** ∣ 적다고) 해서 음식을 (작게 ∣ **적게**) 먹는 것은 아니다.

• 작다: 길이, 넓이, 부피 따위가 비교 대상이나 보통보다 덜하다.
• 적다: 수효나 분량, 정도가 일정한 기준에 미치지 못하다.

조리다 ∣ 졸이다	합격 발표의 소식을 기다리는 동안 마음을 (조리며 ∣ **졸이며**) 멸치와 고추를 간장에 (**조렸다** ∣ 졸였다).

• 조리다: 양념을 한 고기나 생선, 채소 따위를 국물에 넣고 바짝 끓여서 양념이 배어들게 하다.
• 졸이다: 속을 태우다시피 초조해하다.

좇다 ∣ 쫓다	경찰이 되려는 꿈을 (**좇아** ∣ 쫓아) 열심히 노력하던 젊은이는 우연히 범죄 현장을 목격하고 범인을 (좇았다 ∣ **쫓았다**).

• 좇다: 목표, 이상, 행복 따위를 추구하다.
• 쫓다: 어떤 대상을 잡거나 만나기 위하여 뒤를 급히 따르다.

지그시 ∣ 지긋이	나이가 (지그시 ∣ **지긋이**) 든 노인이 눈을 (**지그시** ∣ 지긋이) 감고 있다.

• 지그시: 슬며시 힘을 주는 모양.
• 지긋이: 나이가 비교적 많아 듬직하게.

(으)로서 ∣ (으)로써	대화(로서 ∣ **로써**) 문제를 해결하려는 것은 현명한 사람(**으로서** ∣ 으로써) 당연한 일이다.

• (으)로서: 지위나 신분 또는 자격을 나타냄.
• (으)로써: 어떤 일의 수단이나 도구를 나타냄.

-든지 ∣ -던지	얼마나 늦잠을 (자든지 ∣ **자던지**) 학교에 늦을까 걱정이 되어 한 소리였는데, 그 말을 듣고 화를 내다니 다음부터는 (**가든지 말든지** ∣ 가던지 말던지) 상관하지 않겠다.

• -든지: 나열된 동작이나 상태, 대상들 중에서 어느 것이든 선택될 수 있음을 나타냄.
• -던지: 막연한 의문이 있는 채로 그것을 뒤 절의 사실과 관련시키는 데 씀.

빠른시작
빠작
중학 국어 어휘

빠작으로 내신과 수능을 한발 앞서 준비하세요.

빠른시작

어휘력 다지기
+ 정답과 해설

중학 국어
어휘 2

동아출판

어휘력 다지기

01회 어휘력 다지기

공부한 날짜 월 일

01~05 빈칸에 들어갈 어휘를 <보기>에서 찾아 쓰시오.

보기

권세 동태 미간 오한 화자

01 나는 □□이 나서 잠에서 깼다.

02 나에게 상대편의 □□를 살피라는 지시가 떨어졌다.

03 친구는 지저분한 내 방에 들어오면서 □□을 찌푸렸다.

04 그는 □□가 등등한 세도가에 걸맞게 궁궐 같은 저택에서 살고 있다.

05 시에서 □□는 겉으로 드러나기도 하고, 드러나지 않기도 한다.

06~10 다음 뜻에 해당하는 어휘를 찾아 바르게 연결하시오.

06	혼자서 지내는 것.	• ㉠ 무남독녀
07	아들이 없는 집안의 외동딸.	• ㉡ 독수공방
08	시의 화자가 바라보는 대상.	• ㉢ 위세
09	사람을 두렵게 하여 복종하게 하는 힘.	• ㉣ 부지기수
10	헤아릴 수가 없을 만큼 많음. 또는 그렇게 많은 수효.	• ㉤ 시적 대상

11~14 다음 뜻에 해당하는 어휘를 고르시오.

11 몸을 움직임. 또는 그런 짓이나 태도. (거동 | 거주)

12 정치상의 권세. 또는 그 권세를 마구 휘두르는 일. (세도 | 세력)

13 정서를 듬뿍 담고 있는. 또는 그런 것. (감정적 | 서정적)

14 떨쳐 일어서는 기운이 세차고 꿋꿋한 모양. (분연히 | 분명히)

15~20 제시된 초성을 참고하여 다음 뜻에 해당하는 한자 성어를 쓰시오.

15 ㅎ ㅁ ㅅ ㅅ : 흥하고 망함과 성하고 쇠함. ________

16 ㅅ ㅍ ㄱ ㅈ : 모든 일은 반드시 바른길로 돌아감. ________

17 ㄱ ㅈ ㄱ ㄹ : 쓴 것이 다하면 단 것이 온다는 뜻으로, 고생 끝에 즐거움이 옴을 이르는 말. ________

18 ㅎ ㅈ ㅂ ㄹ : 즐거운 일이 다하면 슬픈 일이 닥쳐온다는 뜻으로, 세상일은 순환되는 것임을 이르는 말. ________

19 ㅎ ㅁ ㅅ ㅇ ㅎ : 열흘 동안 붉은 꽃은 없다는 뜻으로, 한 번 성한 것이 얼마 못 가서 반드시 쇠하여짐을 비유적으로 이르는 말. ________

20 ㄱ ㅁ ㅈ ㅎ : 먹을 가까이하는 사람은 검어진다는 뜻으로, 나쁜 사람과 가까이 지내면 나쁜 버릇에 물들기 쉬움을 비유적으로 이르는 말. ________

맞힌 개수	(　　　) / 20문항
복습할 어휘	

▸▸ 본책 10쪽으로 돌아가서 복습할 수 있습니다.

02회 어휘력 다지기

공부한 날짜 월 일

01~06 **제시된 초성과 뜻을 참고하여 빈칸에 들어갈 어휘를 쓰시오.**

01 ㅁㅇㅈㅅ: 멍하니 정신을 잃음.
예 연이은 폭우에 농민들은 (　　　　　)한 표정이었다.

02 ㅇㄷㅁㅊ: 정신이 얼떨떨하여 어찌할 바를 모르는 모양.
예 사람들은 기괴한 광경을 보고 (　　　　　) 서 있었다.

03 ㄱㄱㅅ: 표정이나 성격에 서려 있는 그늘지고 뒤틀린 모습.
예 마음에 어둠과 (　　　　　)이 없는 사람은 남에게 희망을 준다.

04 ㅇㅈ: 시적 대상이나 상황에 대한 화자의 말하는 방식이나 말투.
예 이 시에는 몰인정한 현대 사회에 대한 비판적 (　　　　　)가 드러난다.

05 ㅈㅅ: 화자가 시적 대상이나 상황에 대해 느끼는 여러 가지 감정.
예 이 시에는 화자가 유년 시절에 느낀 외로움의 (　　　　　)가 드러난다.

06 ㄱㅈ ㅇㅇ: 화자의 감정을 다른 대상에 옮겨 넣어 마치 대상이 화자의 정서를 함께 느끼는 것처럼 표현하는 기법.
예 이 시에는 화자가 자신의 슬픈 감정을 '산꿩'에 이입하는 (　　　　　)의 표현 기법이 쓰였다.

07~10 **다음 뜻에 해당하는 어휘를 찾아 바르게 연결하시오.**

07 말없이 잠잠하다. •　　• ㉠ 분개하다

08 몹시 분하게 여기다. •　　• ㉡ 묵묵하다

09 거리낌이나 불만이 없어 마음이 흡족하다. •　　• ㉢ 고즈넉하다

10 고요하고 아늑하다. 말없이 다소곳하거나 잠잠하다. •　　• ㉣ 달갑다

11~15 빈칸에 들어갈 어휘를 〈보기〉에서 찾아 문맥에 맞게 쓰시오.

보기

낭창하다　　달갑잖다　　묵직하다　　잠잠하다　　치빼다

11 시험 기간이 되면 (　　　　　) 교실 분위기에 적응이 안 된다.

12 그는 늦은 시간에 방문한 친구를 (　　　　　) 눈길로 맞이했다.

13 그는 소녀가 전해 준 (　　　　　) 호두 자루를 양손으로 받았다.

14 나는 쫓아오는 무리들을 피해 산 위로 (　　　　　) 않을 수 없었다.

15 동아리 신입 부원인 정하는 상냥해서 (　　　　　) 얘기를 자주 듣는다.

16~20 빈칸에 알맞은 어휘를 넣어 관용구를 완성하시오.

16 천벌을 받아 마땅할 만큼 당찮은 말. → □□ 맞을 소리

17 어떤 것이 생겨나고 자랄 수 있는 근원이 없어지다. → □□ 뽑히다

18 아주 못된 짓을 하여 큰 벌을 받다. 심하게 꾸중을 듣다. → □□을 맞다

19 자기에게 관계없는 일이라고 하여 무관심하게 방관하는 모양. → □ 건너 □구경

20 대부분이 숨겨져 있고 외부로 나타나 있는 것은 극히 일부분에 지나지 아니함을 비유적으로 이르는 말. → □□의 일각

맞힌 개수	(　　　　　) / 20문항
복습할 어휘	

▸▸ 본책 14쪽으로 돌아가서 복습할 수 있습니다.

03회 어휘력 다지기

공부한 날짜 월 일

01~05 빈칸에 들어갈 어휘를 〈보기〉에서 찾아 쓰시오.

보기

극한 반색 생색 시효 포획

01 공소 ☐☐ 만료 전에 범인을 반드시 잡아야 한다.

02 친구는 컵라면 하나 사 주고 ☐☐은 요란하게 냈다.

03 그는 ☐☐의 상황에서도 굴하지 않는 의지를 지녔다.

04 선생님은 옛 제자가 학교를 방문하자 ☐☐하며 맞았다.

05 무분별한 ☐☐으로 멸종 위기에 놓여 있는 동물이 많다.

06~10 다음 뜻에 해당하는 어휘를 찾아 바르게 연결하시오.

06 마음이 너그럽고 크다. • • ㉠ 체면

07 남을 대하기에 떳떳한 도리나 얼굴. • • ㉡ 관대하다

08 성품이 너그럽지 못하고 생각이 좁다. • • ㉢ 옹졸하다

09 시의 운율이 겉으로 드러나 있는 운율. • • ㉣ 내재율

10 시의 운율이 문장에 잠재적으로 깃들어 있는 운율. • • ㉤ 외형률

11~15 다음 뜻에 해당하는 어휘를 고르시오.

11 거짓 없이 사실대로 다 말함. (실언 | 실토)

12 시를 읽을 때 느껴지는 말의 가락. (비유 | 운율)

13 도달할 수 있는 최고의 정취나 경지. (극단 | 극치)

14 있는 듯 없는 듯 흐지부지함. (유야무야 | 유유상종)

15 남의 것을 강제로 빼앗다. (갈구하다 | 갈취하다)

16~20 제시된 초성을 참고하여 다음 뜻에 해당하는 한자 성어를 쓰시오.

16 ㅇ ㅅ ㅇ ㅅ : 산수(山水)의 자연을 즐기고 좋아함. ________

17 ㅇ ㅎ ㄱ ㅈ : 자연의 아름다운 경치를 몹시 사랑하고 즐기는 성질이나 버릇. ________

18 ㅊ ㅅ ㄱ ㅎ : 자연의 아름다운 경치를 몹시 사랑하고 즐기는 성질이나 버릇. ________

19 ㅁ ㅇ ㅈ ㅇ : 사람의 힘을 더하지 않은 그대로의 자연. 또는 그런 이상적인 경지. ________

20 ㅇ ㅍ ㄴ ㅇ : 맑은 바람과 밝은 달을 대상으로 시를 짓고 흥취를 자아내어 즐겁게 놂. ________

맞힌 개수	( ) / 20문항
복습할 어휘	

▸▸ 본책 18쪽으로 돌아가서 복습할 수 있습니다.

04회 어휘력 다지기

공부한 날짜 월 일

01~05 빈칸에 들어갈 어휘를 〈보기〉에서 찾아 쓰시오.

보기

기별 배치 심상 예찬 흠모

01 가구의 ☐☐를 바꾸니 기분이 새롭다.

02 외국인은 한복을 아름다운 옷이라고 ☐☐했다.

03 배낭여행을 간 형에게서 ☐☐이 오기를 기다렸다.

04 윤동주 시인은 우리에게 존경과 ☐☐의 대상이었다.

05 시에서 시어를 통해 마음속에 떠오르는 구체적이거나 감각적인 인상을 ☐☐이라고 한다.

06~10 다음 뜻에 해당하는 어휘를 찾아 바르게 연결하시오.

06 혹독하게 일을 시킴. • • ㉠ 혹사

07 애틋하게 생각하고 그리워함. • • ㉡ 경이

08 알맞게 잘 배치하거나 처리함. • • ㉢ 사모

09 놀랍고 신기하게 여김. 또는 그럴 만한 일. • • ㉣ 안배

10 아름답고 훌륭한 것이나 위대한 것 따위를 기리어 칭송함. • • ㉤ 찬미

정답과 해설 66쪽

11~14 다음 뜻에 해당하는 어휘를 고르시오.

11 존경하는 뜻. (경의 | 선의)

12 몸소 체험하여 알게 됨. (습득 | 체득)

13 하지 아니할 수 없어. 또는 마음이 내키지 아니하나 마지못하여. (부득불 | 불가분)

14 어떤 하나의 감각을 다른 영역의 감각으로 옮겨 표현한 심상. (공감각적 심상 | 복합적 심상)

15~20 빈칸에 알맞은 어휘를 넣어 속담을 완성하시오.

15 시시한 일로 소란을 피움을 비유적으로 이르는 말. → ☐☐ 보고 ☐ 빼기

16 평소에 흔하던 것도 막상 긴하게 쓰려고 구하면 없다는 말. → ☐☐도 ☐에 쓰려면 없다

17 작은 힘이라도 꾸준히 계속하면 큰일을 이룰 수 있음을 비유적으로 이르는 말.
→ 낙숫물이 ☐☐을 뚫는다

18 아무리 작은 것이라도 모이고 모이면 나중에 큰 덩어리가 됨을 비유적으로 이르는 말.
→ ☐☐ 모아 ☐☐

19 새의 가느다란 발에서 나오는 피라는 뜻으로, 아주 하찮은 일이나 극히 적은 분량임을 비유적으로 이르는 말. → ☐ 발의 ☐

20 아무리 사소한 것이라도 그것이 거듭되면 무시하지 못할 정도로 크게 됨을 비유적으로 이르는 말.
→ ☐☐☐에 ☐ 젖는 줄 모른다

맞힌 개수	(　　　　) / 20문항
복습할 어휘	

▸▸ 본책 22쪽으로 돌아가서 복습할 수 있습니다.

05회 어휘력 다지기

공부한 날짜 월 일

01~06 빈칸에 들어갈 어휘를 〈보기〉에서 찾아 쓰시오.

보기

급증 모종 반어 복원 상당 역설

01 훼손된 문화재의 ☐☐이 시급하다.

02 계속되는 무더위로 전력 수요가 ☐☐하고 있다.

03 나는 일 년 전부터 수입의 ☐☐ 금액을 저축하고 있다.

04 우리 모둠은 ☐☐의 중대한 실험을 하기 위해 준비 중이다.

05 ☐☐는 표현의 효과를 높이기 위해 실제와 반대되는 뜻의 말을 하는 것이다.

06 '소리 없는 아우성'과 같이 겉으로 보기에는 모순되는 진술이지만 그 속에 중요한 진리를 담고 있는 것을 ☐☐이라 한다.

07~11 다음 뜻에 해당하는 어휘를 찾아 바르게 연결하시오.

07 아첨하는 말과 알랑거리는 태도. •

08 겉으로 드러나는 언행과 속으로 가지는 생각이 다름. •

09 어떤 사실의 앞뒤, 또는 두 사실이 이치상 어긋나서 서로 맞지 않음을 이르는 말. •

10 입에는 꿀이 있고 배 속에는 칼이 있다는 뜻으로, 말로는 친한 듯하나 속으로는 해칠 생각이 있음을 이르는 말. •

11 양의 머리를 걸어 놓고 개고기를 판다는 뜻으로, 겉보기만 그럴듯하게 보이고 속은 변변하지 아니함을 이르는 말. •

• ㉠ 모순

• ㉡ 교언영색

• ㉢ 표리부동

• ㉣ 양두구육

• ㉤ 구밀복검

12~15 빈칸에 들어갈 어휘를 〈보기〉에서 찾아 문맥에 맞게 쓰시오.

보기			
거나하다	관망하다	실팍하다	희번덕거리다

12 그가 (   ) 취한 얼굴로 방실방실 웃기 시작했다.

13 동아는 우리가 못마땅한 듯이 두 눈을 (   ) 노려보았다.

14 새로 엮은 시골집의 울타리는 꽤 (   ) 바람이 불어도 끄떡없었다.

15 소극적으로 (   ) 말고 자신의 일이라 생각하며 적극적으로 나서야 한다.

16~20 제시된 초성을 참고하여 다음 뜻에 해당하는 어휘를 쓰시오.

16 ㄱ ㄱ: 급작스럽게 줄어듦. ________

17 ㅂ ㄱ: 손실 이전의 상태로 회복함. ________

18 ㅅ ㅊ: 맞지 아니하고 서로 어긋남. ________

19 ㅍ ㅈ: 사회나 인물의 부정적인 면을 폭로하여 웃음을 유발하며 비판하는 것. ________

20 ㅎ ㅎ: 대상이 가지고 있는 불완전한 측면을 악의 없이 드러내어 웃음을 유발하는 것. ________

맞힌 개수	( ) / 20문항
복습할 어휘	

▸▸ 본책 26쪽으로 돌아가서 복습할 수 있습니다.

06회 어휘력 다지기

공부한 날짜 월 일

01~05 빈칸에 들어갈 어휘를 〈보기〉에서 찾아 쓰시오.

보기

거지반 대유법 멀거니 풍유법 활유법

01 간식을 사 먹다 보니 용돈이 □□□ 없어졌다.

02 그녀는 누군가를 기다리는지 창밖을 □□□ 쳐다보고 있다.

03 무생물을 생물인 것처럼, 감정이 없는 것을 감정이 있는 것처럼 나타내는 표현 방법은 □□□이다.

04 □□□은 대상의 일부분이나 속성으로 그 대상 전체를 나타내는 표현 방법으로, 환유법과 제유법으로 나눌 수 있다.

05 □□□은 본뜻은 숨기고 비유하는 말만으로 숨겨진 뜻을 암시하는 표현 방법으로, 속담이나 격언 등이 여기에 속한다.

06~10 다음 뜻에 해당하는 어휘를 고르시오.

06 우두커니 한곳만 바라보는 모양. (물끄러미 | 빼꼼히)

07 성품이 너그럽지 못하고 생각이 좁다. (옹졸하다 | 치졸하다)

08 한 가지 일에 온 정신을 쏟아 딴생각이 없다. (골똘하다 | 똘똘하다)

09 산과 내와 풀과 나무라는 뜻으로, '자연'을 이르는 말. (산천초목 | 첩첩산중)

10 성질이 너그러워 말과 행동을 시원스럽게 하다. (걱실걱실하다 | 굽실굽실하다)

정답과 해설 66쪽

11~15 빈칸에 들어갈 어휘를 〈보기〉에서 찾아 문맥에 맞게 쓰시오.

보기

골몰하다 내외하다 사사롭다 성마르다 질펀하다

11 친구는 요즘 새로운 게임에 ( ) 있다.

12 우리는 소꿉친구로 ( ) 사이가 아니다.

13 성격이 ( ) 사람은 마음의 여유를 갖는 것이 좋다.

14 멀리 보이는 바닷가에는 ( ) 개펄이 넓게 펼쳐져 있었다.

15 큰일을 하는 사람은 ( ) 부탁에 마음이 약해져서는 안 된다.

16~20 빈칸에 알맞은 어휘를 넣어 관용구의 의미를 완성하시오.

16 가슴을 펴다: 굽힐 것 없이 □□하다.

17 가슴을 열다: □□□을 털어놓거나 받아들이다.

18 가슴에 새기다: 잊지 않게 단단히 마음에 □□하다.

19 가슴에 손을 얹다: □□에 근거를 두다.

20 가슴이 서늘하다: □□□으로 마음속에 찬 바람이 이는 것같이 선득하다.

맞힌 개수	( ) / 20문항
복습할 어휘	

▸▸ 본책 30쪽으로 돌아가서 복습할 수 있습니다.

07회 어휘력 다지기

공부한 날짜 월 일

01~05 빈칸에 들어갈 어휘를 〈보기〉에서 찾아 쓰시오.

보기

낙제 모태 원경 원형 전례

01 동해 바다의 □□이 노을 속으로 그림처럼 펼쳐 있다.

02 필기시험에는 합격했지만 실기 시험에는 □□를 하고 말았다.

03 할머니가 시작하신 작은 식당이 오늘날 식품 회사의 □□가 되었다.

04 손상된 문화재가 전문가들의 손끝을 거치자 거의 □□에 가깝게 복원되었다.

05 스마트 기기의 시장 규모는 □□를 찾아볼 수 없을 정도로 크게 확대되었다.

06~10 다음 뜻에 해당하는 어휘를 찾아 바르게 연결하시오.

06 한 번 구성하였던 것을 다시 새롭게 구성함. •

07 어떤 이야기를 구성하는 최소의 단위. 문학 작품에서 자주 반복되어 나타나는 제재나 내용 등을 이르는 말. •

08 어떤 일이나 창작의 실마리가 되는 생각이나 구상 따위를 잡음. 또는 그 생각이나 구상. •

09 특정 작품의 소재나 작가의 문체를 흉내 내어 익살스럽게 표현하는 수법. 또는 그런 작품. •

10 인격화한 동식물이나 기타 사물을 주인공으로 하여 그들의 행동 속에 풍자와 교훈의 뜻을 나타내는 이야기. •

• ㉠ 착상

• ㉡ 우화

• ㉢ 재구성

• ㉣ 모티프

• ㉤ 패러디

11~15 다음 뜻에 해당하는 어휘를 고르시오.

11 마음속으로 하는 궁리나 계획. (계산 | 심산)

12 어떤 생각을 해 냄. 또는 그 생각. (발굴 | 발상)

13 시험, 모집, 선거 따위에 응하였다가 떨어짐. (낙방 | 낙심)

14 가까이 보이는 경치. 또는 가까운 데서 보는 경치. (근경 | 근방)

15 어떤 일이나 사물을 살펴보고 가지게 되는 생각이나 의견. (소견 | 소원)

16~20 제시된 초성을 참고하여 다음 뜻에 해당하는 한자 성어를 쓰시오.

16 ㅂㅂㄱㄱ: 슬프고 분하여 마음이 북받침. ________

17 ㅈㅈㄱㄱ: 몹시 두려워서 벌벌 떨며 조심함. ________

18 ㅈㅈㅂㅊ: 누워서 몸을 이리저리 뒤척이며 잠을 이루지 못함. ________

19 ㅊㅇㄱㄴ: 하늘과 사람이 함께 노한다는 뜻으로, 누구나 분노할 만큼 증오스럽거나 도저히 용납할 수 없음을 이르는 말. ________

20 ㅈㅂㅇㅅ: 앉아도 자리가 편안하지 않다는 뜻으로, 마음이 불안하거나 걱정스러워서 한군데에 가만히 앉아 있지 못하고 안절부절못하는 모양을 이르는 말. ________

맞힌 개수	(　　　　) / 20문항
복습할 어휘	

▶▶ 본책 38쪽으로 돌아가서 복습할 수 있습니다.

08회 어휘력 다지기

공부한 날짜 월 일

01~05 빈칸에 들어갈 어휘를 〈보기〉에서 찾아 쓰시오.

보기

곤욕 심보 역정 정적 칭호

01 그 배우는 구설수에 올라 □□을 치렀다.

02 인적이 드문 산속에는 □□만이 감돌고 있었다.

03 그녀는 국민 가수라는 명예로운 □□를 얻었다.

04 자신의 이익만 생각하는 고약한 □□가 괘씸하다.

05 할머니는 쓰레기를 함부로 버리는 사람들을 보면 □□을 내신다.

06~10 다음 뜻에 해당하는 어휘를 찾아 바르게 연결하시오.

06 어떤 사물을 사랑하고 좋아하는 사람. •

07 작품 속 등장인물인 '나'가 서술자가 되어 이야기를 서술하는 시점. •

08 작품 밖의 서술자가 작품 속의 인물, 사건 등에 대해서 서술하는 시점. •

09 어떤 단체나 물건의 주가 되는 부분. 사물의 작용이나 어떤 행동의 주가 되는 것. •

10 소설에서 말하는 이로, 소설의 분위기와 주제 등을 독자에게 효과적으로 전달하기 위해 작가가 내세운 존재. •

• ㉠ 주체

• ㉡ 애호가

• ㉢ 서술자

• ㉣ 일인칭 시점

• ㉤ 삼인칭 시점

정답과 해설 67쪽

11~15 다음 뜻에 해당하는 어휘를 고르시오.

11 깔보고 욕되게 함. (모욕 | 식욕)

12 어떤 결과를 가져오게 하다. (유래하다 | 초래하다)

13 마땅치 않게 여기는 나쁜 마음. (심리 | 심통)

14 어지럽게 함부로 들어오거나 들어감. (난리 | 난입)

15 쓸쓸한 느낌이 들 정도로 아주 고요하다. (괴괴하다 | 쾌쾌하다)

16~20 빈칸에 알맞은 어휘를 넣어 속담을 완성하시오.

16 사람의 속마음을 알기란 매우 힘듦을 비유적으로 이르는 말.
→ 열 길 □□은 알아도 한 길 □□의 속은 모른다

17 말만 잘하면 어려운 일이나 불가능해 보이는 일도 해결할 수 있다는 말.
→ □ 한마디에 □□□도 갚는다

18 조금 주고 그 대가로 몇 곱절이나 많이 받는 경우를 비유적으로 이르는 말.
→ □로 주고 □로 받는다

19 내 사정이 급하고 어려워서 남을 돌볼 여유가 없음을 비유적으로 이르는 말.
→ 내 □가 □□

20 아직 나이가 젊어서 앞으로 어떤 큰일이라도 해낼 수 있는 세월이 충분히 있다는 말.
→ □□이 □□ □ 같다

맞힌 개수	( ) / 20문항
복습할 어휘	

▸▸ 본책 42쪽으로 돌아가서 복습할 수 있습니다.

09회 어휘력 다지기

공부한 날짜 월 일

01~06 제시된 초성과 뜻을 참고하여 빈칸에 들어갈 어휘를 쓰시오.

01 ㅁ ㅅ : 문관인 신하.
예 정약용은 조선 후기의 학자이자 ( )이다.

02 ㄱ ㅅ : 업신여겨 하찮게 대함.
예 행색이 초라하다고 사람을 ( )하면 안 된다.

03 ㄷ ㅇ ㅈ : 급히 뛰어 달려감.
예 그는 약속에 늦어 횡단보도를 ( )하여 건넜다.

04 ㅍ ㅊ : 드러나 보이는 사람의 겉모양.
예 노인의 당당한 ( )와 자신감 넘치는 말투가 인상적이다.

05 ㅊ ㅂ ㅈ : 태어날 때부터 지닌. 또는 그런 것.
예 그녀는 ( )인 재능과 끝없는 노력으로 당대 최고의 성악가가 되었다.

06 ㅎ ㄹ ㅇ ㅇ : 달리 어떻게 할 도리가 없이.
예 그는 가만히 앉아 있기가 어색해서 ( ) 애꿎은 잡지만 뒤적였다.

07~11 다음 뜻에 해당하는 어휘를 고르시오.

07 사회 전체의 이익. (공익 | 사익)

08 겉으로 드러나는 차림이나 태도. (행동 | 행색)

09 반갑게 맞아 정성껏 후하게 대접함. (홀대 | 환대)

10 성질, 체질, 질환 따위가 태어난 후에 얻어진. 또는 그런 것. (선천적 | 후천적)

11 뜨거운 불길이라는 뜻으로, 매우 격렬한 열정을 비유적으로 이르는 말. (열기 | 열화)

12~15 다음 설명에 해당하는 인물의 유형을 찾아 바르게 연결하시오.

12 어떤 계층이나 집단, 세대의 특징을 잘 나타내는 인물. •

13 어떤 무리의 대표적 성격이 아니라 개인만의 분명하고 독특한 성격을 가진 인물. •

14 이야기 전개 과정에서 단일하고 일관된 성격을 보여 주는 인물. •

15 이야기 전개 과정에서 변화하고 발전하는 성격을 보여 주는 인물. •

• ㉠ 개성적 인물

• ㉡ 전형적 인물

• ㉢ 입체적 인물

• ㉣ 평면적 인물

16~20 다음 뜻에 해당하는 어휘를 〈보기〉에서 찾아 쓰시오.

보기

갑남을녀　　사리사욕　　장삼이사　　초동급부　　필부필부

16 평범한 남녀. ____________

17 사사로운 이익과 욕심. ____________

18 갑이란 남자와 을이란 여자라는 뜻으로, 평범한 사람들을 이르는 말. ____________

19 땔나무를 하는 아이와 물을 긷는 아낙네라는 뜻으로, 평범한 사람을 이르는 말. ____________

20 장씨(張氏)의 셋째 아들과 이씨(李氏)의 넷째 아들이라는 뜻으로, 이름이나 신분이 특별하지 아니한 평범한 사람들을 이르는 말. ____________

맞힌 개수	(　　　　) / 20문항
복습할 어휘	

▸▸ 본책 46쪽으로 돌아가서 복습할 수 있습니다.

10회 어휘력 다지기

공부한 날짜 월 일

01~05 빈칸에 들어갈 어휘를 〈보기〉에서 찾아 쓰시오.

보기

경위 문체 송출 심지 해빙

01 그가 이 사건에 개입하게 된 □□를 설명했다.

02 그녀는 □□가 곧아 불의를 보면 참지 못한다.

03 우리나라에서 □□된 기술자들은 일솜씨가 좋았다.

04 거대 얼음층이 □□된다면 해수면이 올라갈 것이다.

05 이 글은 간결한 □□로 사건을 속도감 있게 전개하고 있다.

06~10 다음 뜻에 해당하는 어휘를 찾아 바르게 연결하시오.

06 일이 돌아가는 형편이나 그 까닭. •

07 일정한 직위나 직무에서 물러나게 함. •

08 상대편에게 맞서서 대듦. 또는 그런 말이나 행동. •

09 주로 무거운 내용을 담고 있는 논리적이고 객관적인 수필. 비평적 수필 · 과학적 수필 등이 있다. •

10 생활 주변에서 일어나는 사소한 일을 소재로 가볍게 쓴 수필. 감성적 · 주관적 · 개인적 · 정서적 특성을 지닌다. •

• ㉠ 면직

• ㉡ 영문

• ㉢ 대거리

• ㉣ 경수필

• ㉤ 중수필

정답과 해설 68쪽

11~15 다음 뜻에 해당하는 어휘를 고르시오.

11 햇볕을 가리기 위하여 치는 포장. (차일 | 해일)

12 잘못을 저지른 사람에게 직무나 직업을 그만두게 함. (파면 | 파양)

13 남이 한 일에 대하여 고마움이나 칭찬의 뜻을 표시함. 주로 윗사람이 아랫사람에게 한다. (축하 | 치하)

14 어떠한 사물이나 현상이 발달되어 있지 않은 곳. 또는 그런 상태를 비유적으로 이르는 말. (발상지 | 불모지)

15 어떤 기준으로 거기에 알맞은 사람이나 물건, 장소를 고르다. (물색하다 | 정색하다)

16~20 제시된 초성을 참고하여 다음 뜻에 해당하는 관용구를 쓰시오.

16 ㅅ 먹듯 하다: 엄청나게 많이 먹다. ____________

17 ㄷ ㅈ ㅁ 따는 소리: 아주 듣기 싫도록 꽥꽥 지르는 소리. ____________

18 ㅂ ㄷ ㅇ 소갈머리: 아주 좁고 얕은 심지를 비유적으로 이르는 말. ____________

19 ㄱ ㄴ 감추듯: 음식을 허겁지겁 빨리 먹어 치움을 비유적으로 이르는 말. ____________

20 ㅈ 도 ㅅ 도 모르게: 감쪽같이 행동하거나 처리하여 아무도 그 경위나 행방을 모르게. ____________

맞힌 개수	( ) / 20문항
복습할 어휘	

▸▸ 본책 50쪽으로 돌아가서 복습할 수 있습니다.

11회 어휘력 다지기

공부한 날짜 월 일

01~06 빈칸에 들어갈 어휘를 〈보기〉에서 찾아 쓰시오.

보기

동선 상설 유세 절개 절호 태평

01 그는 소나무처럼 한결같이 굳은 [ ][ ]를 지녔다.

02 힘들게 산 그에게 인생을 바꿀 [ ][ ]의 기회가 찾아왔다.

03 도서관 옆에 [ ][ ] 공연장이 생겨서 문화 활동하기에 좋다.

04 임금과 신하들은 나라의 [ ][ ]을 기원하기 위해 제를 지냈다.

05 도로에서는 방송 차량을 이용한 [ ][ ] 활동이 벌어지고 있다.

06 이 작업실은 일하기 편하도록 [ ][ ]을 잘 살려서 시설물을 배치했다.

07~10 다음 뜻에 해당하는 설명 방법을 찾아 바르게 연결하시오.

07 대상의 뜻을 밝혀 설명하는 방법. •

08 대상에 대한 구체적인 예를 들어 설명하는 방법. •

09 둘 이상의 대상을 견주어 차이점을 중심으로 설명하는 방법. •

10 둘 이상의 대상을 견주어 유사점이나 공통점을 중심으로 설명하는 방법. •

• ㉠ 예시

• ㉡ 정의

• ㉢ 비교

• ㉣ 대조

정답과 해설 68쪽

11~14 빈칸에 들어갈 어휘를 〈보기〉에서 찾아 문맥에 맞게 쓰시오.

보기
대적하다 필적하다 함구하다 해박하다

11 그들은 사소한 문제를 두고 너무 심하게 (   ) 있다.

12 동생과 나는 도자기를 깬 사건에 관하여 일체 (   ) 있다.

13 친구가 (   ) 지식으로 퀴즈를 연달아 맞히자 사람들이 매우 놀랐다.

14 한 세기가 지났지만 아직까지 그의 이론에 (   ) 만한 이론은 나오지 않았다.

15~20 제시된 초성을 참고하여 다음 뜻에 해당하는 어휘를 쓰시오.

15 ㅁ ㅅ : 경치나 고적, 산물 따위로 널리 알려진 곳. ________

16 ㅇ ㄱ ㅈ ㅈ : 임금을 그리워하는 마음. ________

17 ㅇ ㄱ ㅊ ㅈ : 나라를 위한 충성스러운 절개. ________

18 ㅁ ㅅ ㅈ ㅌ : 고국의 멸망을 한탄함을 이르는 말. ________

19 ㅌ ㅍ ㅅ ㄷ : 어진 임금이 잘 다스리어 태평한 세상이나 시대. ________

20 ㄷ ㅎ ㅅ : 폭약이 터지도록 불을 붙이는 심지. 사건이 일어나게 된 직접적인 원인. ________

맞힌 개수	( ) / 20문항
복습할 어휘	

▸▸ 본책 54쪽으로 돌아가서 복습할 수 있습니다.

12회 어휘력 다지기

공부한 날짜 월 일

01~06 제시된 초성과 뜻을 참고하여 빈칸에 들어갈 어휘를 쓰시오.

01 ㅂㅂ: 몫몫이 별러 나눔.
예 간식을 각 개인별로 고르게 (   )했다.

02 ㅊㄱ: 몸으로 어떤 감각을 느낌.
예 강풍이 불어서 (   ) 기온이 훨씬 낮다.

03 ㅊㅈ: 미루어 생각하여 판정함.
예 이 작품은 조선 후기의 것으로 (   )되고 있다.

04 ㅊㅈ: 다그쳐 빨리 나아가게 함.
예 정부는 수출을 (   )하기 위해 다양한 정책을 내놓았다.

05 ㄱㅅ: 뜻이 같은 사람끼리 서로 단결함.
예 모둠별로 (   )을 다지기 위해 단합 대회를 하기로 했다.

06 ㄱㄷㅅ: 인쇄물이 얼마나 쉽게 읽히는가 하는 능률의 정도.
예 그 시는 띄어쓰기가 안 되어 있어서 (   )이 떨어진다.

07~10 다음 뜻에 해당하는 설명 방법을 찾아 바르게 연결하시오.

07	원인과 결과를 밝혀 설명하는 방법. •	• ㉠ 분석
08	대상을 구성하는 요소로 나누어 설명하는 방법. •	• ㉡ 인과
09	대상을 일정한 기준에 따라 묶어서 설명하는 방법. •	• ㉢ 구분
10	전체를 일정한 기준에 따라 몇 개로 나누어 설명하는 방법. •	• ㉣ 분류

● 정답과 해설 69쪽

11~16 빈칸에 들어갈 어휘를 〈보기〉에서 찾아 쓰시오.

보기

배분 분산 안위 안주 추산 추이

11 야망가인 그는 지금의 지위에 ☐☐할 수 없었다.

12 교통량을 ☐☐하려고 새로운 순환 도로를 건설했다.

13 이순신 장군은 자신보다 국가의 ☐☐를 먼저 생각했다.

14 시험을 볼 때에는 시간 ☐☐에 유의하여 문제를 풀어야 한다.

15 이번 행사의 경제적 이익이 백억이 넘을 것이라는 ☐☐이 나왔다.

16 그들은 곧바로 결정하지 않고 사태의 ☐☐를 좀 더 지켜보기로 했다.

17~20 빈칸에 알맞은 어휘를 넣어 속담을 완성하시오.

17 말과 행동보다 생각이 앞서야 한다는 말. → 많이 ☐☐하고 적게 ☐하고 더 적게 써라

18 잘 아는 일이라도 세심하게 주의를 하라는 말. → ☐☐☐도 두들겨 보고 건너라

19 무슨 일이든 낭패를 보지 아니하기 위해서는 신중하게 생각하여 행동해야 함을 이르는 말.
→ 일곱 번 재고 ☐을 째라

20 아무리 쉬운 일이라도 한 번 더 확인한 다음에 하는 것이 안전함을 비유적으로 이르는 말.
→ ☐☐ ☐도 불어 가며 먹어라

맞힌 개수	( ) / 20문항
복습할 어휘	

▸▸ 본책 58쪽으로 돌아가서 복습할 수 있습니다.

13회 어휘력 다지기

공부한 날짜 월 일

01~06 제시된 초성과 뜻을 참고하여 빈칸에 들어갈 어휘를 쓰시오.

01 ㅅ ㅂ: 분별하여 알아봄.
예 두 식물의 생김새는 매우 비슷하여 전문가가 아니고서는 (   )하기가 매우 어렵다.

02 ㅂ ㅍ: 일정한 범위에 흩어져 퍼져 있음.
예 달맞이꽃은 전국적으로 (   )하며 들에서 자란다.

03 ㅁ ㄱ: 어떤 일의 한 단락이 끝나고 다음 단락이 시작될 동안.
예 사람들은 (   )을 이용해서 휴식을 취하거나 간식을 먹었다.

04 ㅅ ㅊ되다: 계산되어 나오다.
예 시청자 투표 결과가 (   )되고 1등이 발표되었다.

05 ㅇ ㄱ ㅅ ㅊ: 기운이 없어지고 풀이 죽음.
예 시험 결과가 좋지 않다고 (   )하는 건 너답지 않아.

06 ㅇ ㄱ ㅊ ㅊ: 의지와 기개가 하늘을 찌를 듯함.
예 학급별 축구 시합에서 승리한 우리 반 대표들은 (   )한 모습이었다.

07~09 밑줄 친 어휘의 뜻을 〈보기〉에서 찾아 번호를 쓰시오.

보기

① 솟아오르는 온갖 느낌.
② 같은 현상이나 일이 반복되는 도수.
③ 사물의 옳고 그름이나 좋고 나쁨을 가림.

07 어릴 적에 부모님께 썼던 편지를 보니 만감이 교차하였다.
(   )

08 최근 분실물 신고 빈도가 증가하고 있으니 각자 소지품을 잘 간수하자.
(   )

09 시험 문제가 너무 어려우면 학생들의 실력을 변별하기 어렵다고 한다.
(   )

정답과 해설 69쪽

10~12 빈칸에 들어갈 어휘를 〈보기〉에서 찾아 문맥에 맞게 쓰시오.

보기
산출되다 유력하다 유약하다

10 이 금광에서는 금이 더 이상 (   ) 않는다.

11 과거 성품이 (   ) 그가 언제부터 그렇게 강인해졌는지 모르겠다.

12 이번 대회의 (   ) 우승 후보인 그가 대회에 나가지 않겠다고 하자 사람들이 의아해했다.

13~17 다음 뜻에 해당하는 어휘를 찾아 바르게 연결하시오.

13 옛것을 익히고 그것을 미루어서 새것을 앎. • • ㉠ 교학상장

14 어려운 여건 속에서도 꿋꿋이 공부함을 이르는 말. • • ㉡ 격물치지

15 실제 사물의 이치를 연구하여 지식을 완전하게 함. • • ㉢ 주경야독

16 가르치고 배우는 과정에서 스승과 제자가 함께 성장함. • • ㉣ 온고지신

17 본이 되지 않은 남의 말이나 행동도 자신의 지식과 인격을 수양하는 데에 도움이 될 수 있음을 비유적으로 이르는 말. • • ㉤ 타산지석

18~20 빈칸에 들어갈 어휘를 〈보기〉에서 찾아 쓰시오.

보기
초성 중성 종성

18 '산'에서 'ㅅ'은 (   )이다.

19 '아'는 (   )만으로 이루어진 음절이다.

20 (   )은 '끝소리', '받침소리'라고도 한다.

맞힌 개수	( ) / 20문항
복습할 어휘	

▸▸ 본책 66쪽으로 돌아가서 복습할 수 있습니다.

14회 어휘력 다지기

공부한 날짜 월 일

01~07 빈칸에 들어갈 어휘를 〈보기〉에서 찾아 쓰시오.

보기

기여 반출 일탈 자생 창출 통용 혁신

01 새로운 품종을 개발하여 가치를 □□하였다.

02 과일과 같은 식물은 함부로 해외로 □□하면 안 된다.

03 작년에 쏘아 올린 인공위성이 정상 궤도를 □□하였다.

04 □□적인 사고를 바탕으로 새로운 기획을 하고자 하였다.

05 공로상은 해당 분야에 □□한 바가 많은 사람에게 주는 상이다.

06 새로운 화폐를 만들었으나 □□되지 못하고 역사 속으로 사라졌다.

07 그 꽃은 우리나라에서 □□하던 꽃이었는데 이제는 그 모습을 찾아보기 어렵다.

08~10 다음 뜻에 해당하는 어휘를 찾아 바르게 연결하시오.

08 하나의 종합된 음의 느낌을 주는 말소리의 단위. •

09 문장을 구성하고 있는 각각의 마디. 문장을 구성하는 기본적인 문법 단위로, 대체로 띄어쓰기의 단위와 일치한다. •

10 초성에서는 서로 구별되는 일련의 자음들이, 받침으로 쓰일 때는 그 가운데 하나의 자음으로 발음될 때, 그 하나의 자음을 이르는 말. •

• ㉠ 어절

• ㉡ 음절

• ㉢ 대표음

정답과 해설 69쪽

11~15 다음 뜻에 해당하는 관용구를 〈보기〉에서 찾아 쓰시오.

보기

손에 익다　　손을 놓다　　손이 맞다　　손이 크다　　손을 내밀다

11 친하려고 나서다. ____________

12 일이 손에 익숙해지다. ____________

13 씀씀이가 후하고 크다. ____________

14 하던 일을 그만두거나 잠시 멈추다. ____________

15 함께 일할 때 생각, 방법 따위가 서로 잘 어울리다. ____________

16~20 제시된 초성을 참고하여 다음 뜻에 해당하는 어휘를 쓰시오.

16 ㄱ ㅎ: 힘을 써 이바지함. ____________

17 ㅅ ㅈ: 익숙하게 또는 충분히 앎. ____________

18 ㅅ ㅅ: 그릇된 것이나 묵은 것을 버리고 새롭게 함. ____________

19 ㅈ ㄱ: 사물의 정도나 성격 따위를 알기 위한 근거나 기준. ____________

20 ㅈ ㄹ ㄱ ㅅ: 남에게 의지하지 아니하고 자신의 힘만으로 어려운 처지에서 벗어나 새로운 삶을 살아감. ____________

맞힌 개수	(　　　　) / 20문항
복습할 어휘	

▸▸ 본책 70쪽으로 돌아가서 복습할 수 있습니다.

15회 어휘력 다지기

공부한 날짜 월 일

01~05 빈칸에 들어갈 어휘를 〈보기〉에서 찾아 쓰시오.

보기

가차 고유 등재 무상 방류

01 장마철을 앞두고 댐의 물을 □□하였다.

02 창덕궁은 유네스코 세계 문화 유산에 □□되었다.

03 엄마는 우리가 거짓말을 하면 □□ 없이 혼을 내신다.

04 이 제품은 고장이 생기면 2년간 □□으로 수리를 받을 수 있다.

05 이 옷은 한복 □□의 선을 살리면서도 입기 편하게 만들어졌다.

06~10 다음 뜻에 해당하는 어휘를 〈보기〉에서 찾아 쓰시오.

보기

독자적 속물적 이상적 자조적 현실적

06 자기를 비웃는 듯한. 또는 그런 것. ________

07 남에게 기대지 아니하고 혼자서 하는. 또는 그런 것. ________

08 현재 실제로 존재하거나 실현될 수 있는. 또는 그런 것. ________

09 생각할 수 있는 범위 안에서 가장 완전하다고 여겨지는. 또는 그런 것. ________

10 교양이 없거나 식견이 좁고 세속적인 일에만 신경을 쓰는. 또는 그런 것. ________

정답과 해설 69쪽

11~16 다음 뜻에 해당하는 한자 성어를 쓰시오.

11 □□□□: 남의 권세를 빌려 위세를 부림.

12 □□□□: 세상을 어지럽히고 백성을 미혹하게 하여 속임.

13 □□□□: 세금을 가혹하게 거두어들이고, 무리하게 재물을 빼앗음.

14 □□□□: 진흙 구렁에 빠지고 숯불에 타는 괴로움을 이르는 말.

15 □□□□: 윗사람을 농락하여 권세를 마음대로 함을 이르는 말. 모순된 것을 끝까지 우겨서 남을 속이려는 짓을 비유적으로 이르는 말.

16 □□□□□: 가혹한 정치는 호랑이보다 무섭다는 뜻으로, 혹독한 정치의 폐가 큼을 이르는 말.

17~20 빈칸에 알맞은 말을 넣어 어휘의 뜻을 완성하시오.

17 게재: (   )이나 그림 따위를 신문이나 잡지 따위에 실음.

18 방사: (   )을 가두거나 매어 두지 않고 놓아서 기름.

19 어근: 단어를 분석할 때, (   )를 나타내는 중심이 되는 부분.

20 접사: 단독으로 쓰이지 아니하고 항상 다른 (   )이나 단어에 붙어 새로운 단어를 구성하는 부분.

맞힌 개수	( ) / 20문항
복습할 어휘	

▸▸ 본책 74쪽으로 돌아가서 복습할 수 있습니다.

16회 어휘력 다지기

공부한 날짜 월 일

01~06 빈칸에 들어갈 어휘를 〈보기〉에서 찾아 쓰시오.

보기

기원 범주 상반 증식 지양 지향

01 바이올린은 현악기의 [ ][ ]에 속한다.

02 수건을 젖은 채로 두면 세균이 [ ][ ]한다.

03 나는 인류의 [ ][ ]을 연구하는 직업을 갖고 싶다.

04 성격이 [ ][ ]되더라도 가치관은 비슷해야 친구가 될 수 있다고 생각한다.

05 그 기업에서는 직원들의 과로를 막기 위해 밤늦게까지 일하는 것을 [ ][ ]한다.

06 우리가 [ ][ ]하는 것은 인간과 자연이 조화를 이루며 살아가는 것이므로 환경을 파괴하는 개발은 반대한다.

07~11 다음 뜻에 해당하는 어휘를 찾아 바르게 연결하시오.

07	사물의 근원. •	• ㉠ 상충
08	맞지 아니하고 서로 어긋남. •	• ㉡ 연원
09	서로 한 번 만나 인사나 나눈 정도로 조금 앎. •	• ㉢ 다변화
10	어떤 문제에 대하여 독자적인 경지나 체계를 이룬 견해. •	• ㉣ 일가견
11	일의 방법이나 모양이 다양하고 복잡해짐. 또는 그렇게 만듦. •	• ㉤ 일면식

12~15 **다음 뜻에 해당하는 어휘를 〈보기〉의 글자를 조합하여 쓰시오.**

보기

고 합 파 단 생 일

어 견 하 성 다

12 하나의 어근으로 이루어진 단어. ____________

13 어근에 접사가 결합하여 이루어진 단어. ____________

14 두 개 이상의 어근이 결합하여 이루어진 단어. ____________

15 사상이나 의지 따위가 동요됨이 없이 확고하다. ____________

16~20 **빈칸에 알맞은 어휘를 넣어 속담을 완성하시오.**

16 꾸준히 노력하면 어떤 어려운 일이라도 이룰 수 있다는 말. → □□도 갈면 □□ 된다

17 아무리 뜻이 굳은 사람이라도 여러 번 권하거나 꾀고 달래면 결국은 마음이 변한다는 말.
→ 열 번 찍어 아니 넘어가는 □□ 없다

18 힘을 다하고 정성을 다하여 한 일은 그 결과가 반드시 헛되지 아니함을 비유적으로 이르는 말.
→ 공든 □이 무너지랴

19 사람은 언제나 일하고 공부하며 단련하여야 시대에 뒤떨어지지 아니하고 또 변질되지 아니함을 비유적으로 이르는 말. → 흐르는 □은 썩지 않는다

20 일을 너무 벌여 놓거나 하던 일을 자주 바꾸어 하면 아무런 성과가 없으니 어떠한 일이든 한 가지 일을 끝까지 하여야 성공할 수 있다는 말. → □□을 파도 □ □□을 파라

맞힌 개수	(　　　　) / 20문항
복습할 어휘	

▸▸ 본책 78쪽으로 돌아가서 복습할 수 있습니다.

17회 어휘력 다지기

공부한 날짜 월 일

01~05 빈칸에 들어갈 어휘를 〈보기〉에서 찾아 쓰시오.

보기

구호 배포 언중 제자 편수

01 그는 소식지를 만들어 길에서 ☐☐하였다.

02 한글은 ☐☐ 원리가 명확하게 밝혀진 문자이다.

03 이 책의 ☐☐를 담당한 편집장님께도 감사를 전한다.

04 ☐☐의 언어생활을 반영하여 '짜장면'을 표준어로 인정하기로 했다.

05 우리 정부는 해일로 많은 피해를 입은 나라에 ☐☐ 물자를 보냈다.

06~11 다음 뜻에 해당하는 어휘를 〈보기〉에서 찾아 쓰시오.

보기

가획 배부 상형 창제 편찬 합성

06 출판물이나 서류 따위를 나누어 줌. ____________

07 전에 없던 것을 처음으로 만들거나 제정함. ____________

08 물체의 형상을 본떠서 글자를 만드는 방법. ____________

09 원글자에 획을 더하여 글자를 만드는 방법. ____________

10 둘 이상의 획을 합쳐서 글자를 만드는 방법. ____________

11 여러 가지 자료를 모아 체계적으로 정리하여 책을 만듦. ____________

정답과 해설 70쪽

12~16 제시된 초성을 참고하여 다음 뜻에 해당하는 한자 성어를 쓰시오.

12 ㄱ ㅎ ㅅ ㅈ: 관례, 혼례, 상례, 제례를 아울러 이르는 말. ______

13 ㅁ ㅇ ㅈ ㅈ: 자식이 객지에서 고향에 계신 어버이를 생각하는 마음. ______

14 ㅂ ㅊ ㅂ ㅅ: 남편이 주장하고 아내가 이에 잘 따름. 또는 부부 사이의 그런 도리. ______

15 ㅂ ㄴ ㄱ ㅇ: 젊은 남녀가 부부가 되어 평생을 같이 지낼 것을 굳게 다짐하는 아름다운 언약. ______

16 ㄱ ㅎ ㅁ ㅅ ㅅ: 집안이 화목하면 모든 일이 잘 이루어짐. ______

17~20 다음 어휘의 뜻을 간략하게 쓰시오.

17 애민: ______

18 반포: ______

19 구제하다: ______

20 한량없다: ______

맞힌 개수	(　　　　) / 20문항
복습할 어휘	

▸▸ 본책 82쪽으로 돌아가서 복습할 수 있습니다.

18회 어휘력 다지기

공부한 날짜 월 일

01~06 빈칸에 들어갈 어휘를 〈보기〉에서 찾아 쓰시오.

보기
복원 본의 부과 전이 진위 착시

01 그에게 새로운 임무가 □□되었다.

02 암세포가 □□된 것을 확인하고 치료를 시작했다.

03 이 기사문의 내용은 □□가 확인되지 않았다.

04 이 절은 전쟁 때 불타 없어졌다가 최근에 □□되었다.

05 다른 뜻은 결코 없으니 내 □□를 이해해 주기 바란다.

06 오른쪽 그림과 왼쪽 그림의 선분 길이는 같으나 □□ 현상 때문에 길이가 서로 달라 보인다.

07~09 제시된 초성을 참고하여 다음 뜻에 해당하는 어휘를 쓰시오.

07 ㅇ ㅅ: 순경음을 표기하기 위하여 자음 두 개를 세로로 이어 쓰는 방식. ____________

08 ㅂ ㅅ: 같거나 다른 자음 두 개를 가로로 나란히 붙여 쓰는 방식. ____________

09 ㅁ ㅇ ㅆ ㄱ: 한글 자모를 가로세로로 묶어서 쓰는 방식. ____________

10~15 다음 뜻에 해당하는 어휘를 고르시오.

10 겉으로 나타냄. (방출 | 표출)

11 주된 것에 덧붙임. (부가 | 부과)

12 어지럽고 어수선함. (착란 | 착시)

13 둘 이상의 일을 한꺼번에 행함. (병렬 | 병행)

14 속에 품고 있는 참뜻. 또는 진짜 의도. (진의 | 진위)

15 물건 따위를 잘 정리하거나 간수함. (갈무리 | 마무리)

16~20 다음 뜻에 해당하는 관용구를 찾아 바르게 연결하시오.

16	적극적으로 나서다. •	• ㉠ 발이 넓다
17	남의 어떤 약점을 잡다. •	• ㉡ 발목을 잡다
18	매우 안타까워하거나 다급해하다. •	• ㉢ 발을 구르다
19	사귀어 아는 사람이 많아 활동하는 범위가 넓다. •	• ㉣ 발이 저리다
20	지은 죄가 있어 마음이 조마조마하거나 편안치 아니하다. •	• ㉤ 발 벗고 나서다

맞힌 개수	(　　　　) / 20문항
복습할 어휘	

▶▶ 본책 86쪽으로 돌아가서 복습할 수 있습니다.

19회 어휘력 다지기

공부한 날짜 월 일

01~06 빈칸에 들어갈 어휘를 〈보기〉에서 찾아 쓰시오.

보기

개관 귀화 번영 변모 변질 회귀

01 그는 한국인과 결혼하여 우리나라에 ☐☐하게 되었다.

02 여름철에는 식재료가 ☐☐되기 쉬우므로 주의해야 한다.

03 조용했던 시골 마을이 활기가 넘치는 관광 도시로 ☐☐하였다.

04 우리나라 사람들은 보릿고개를 겪으며 조국의 ☐☐을 꿈꾸었다.

05 그의 음악은 순수했던 과거로의 ☐☐를 꿈꾸는 듯한 느낌을 준다.

06 대학에서 국문학을 배울 때는 대개 한국 문학사를 ☐☐하는 수업부터 듣는다.

07~10 다음 설명에 해당하는 어휘를 찾아 바르게 연결하시오.

07 우리말의 발음에 관한 규정. • • ㉠ 표음 문자

08 말소리를 그대로 기호로 나타낸 문자. • • ㉡ 표의 문자

09 하나하나의 글자가 언어의 음과 상관없이 일정한 뜻을 나타내는 문자. • • ㉢ 한글 맞춤법

10 우리말을 한글로 적을 때 지켜야 할 원칙과 기준을 정해 놓은 규정. • • ㉣ 표준 발음법

정답과 해설 70쪽

11~14 다음 뜻에 알맞은 어휘를 〈보기〉의 글자를 조합하여 쓰시오.

보기

상 귀 번 변 용 성 환 화

11 한창 성하게 일어나 퍼짐. ____________

12 달라져서 바뀜. 또는 다르게 하여 바꿈. ____________

13 일상적으로 쓰이게 됨. 또는 그렇게 만듦. ____________

14 다른 곳으로 떠나 있던 사람이 본래 있던 곳으로 돌아오거나 돌아감. ____________

15~20 제시된 초성을 참고하여 다음 뜻에 해당하는 한자 성어를 쓰시오.

15 ㅂㅎㄷㅅ: 학식이 넓고 아는 것이 많음. ____________

16 ㅈㄱㅂㅅ: 스스로 힘써 몸과 마음을 가다듬어 쉬지 아니함. ____________

17 ㄱㅎㅇㅅ: 바른길에서 벗어난 학문으로 세상 사람에게 아첨함. ____________

18 ㅁㅇㅈㅌ: 학문의 길이 여러 갈래여서 한 갈래의 진리도 얻기 어려움을 이르는 말. ____________

19 ㅈㅊㅌㅁ: 옥이나 돌 따위를 갈고 닦아서 빛을 낸다는 뜻으로, 부지런히 학문과 덕행을 닦음을 이르는 말. ____________

20 ㅎㅅㅈㄱ: 반딧불 · 눈과 함께 하는 노력이라는 뜻으로, 고생을 하면서 부지런하고 꾸준하게 공부하는 자세를 이르는 말. ____________

맞힌 개수	(　　　　) / 20문항
복습할 어휘	

▸▸ 본책 94쪽으로 돌아가서 복습할 수 있습니다.

20회 어휘력 다지기

공부한 날짜 월 일

01~06 제시된 초성과 뜻을 참고하여 빈칸에 들어갈 어휘를 쓰시오.

01 ㄷ ㅎ : 발화가 모여 이루어진 통일체.
예 내가 친구와 나눈 대화는 ( )라고 할 수 있다.

02 ㅅ ㄱ ㄴ : 본래 목적한 대로 작용하는 긍정적인 기능.
예 텔레비전의 ( )을 이용하도록 유익한 프로그램을 선별하였다.

03 ㅂ ㅇ : 인격, 역량, 사상 따위가 발전하도록 가르치고 키움.
예 우리 학교는 인성 ( )을 가장 중요시한다.

04 ㅇ ㅈ ㅅ : 담화를 구성하는 발화들이 형식적으로 긴밀하게 연결되는 것.
예 지시 표현이나 접속 표현을 적절하게 사용하면 ( )을 높일 수 있다.

05 ㅂ ㅎ : 구체적인 의사소통 상황에서 머릿속에 떠오른 생각이 문장 단위로 실현된 것.
예 말을 할 때는 단순히 어떤 내용을 ( )하는 데서 그쳐서는 그 효과를 거두기 어렵다.

06 ㅅ ㅇ ㄱ : 어떤 대상에 대하여 이미 마음속에 가지고 있는 고정적인 관념이나 관점.
예 그와 대화를 나누면서 그에 대한 ( )이 깨졌다.

07~09 다음 뜻에 해당하는 어휘를 〈보기〉에서 찾아 쓰시오.

보기
급진적 잠재적 진취적

07 적극적으로 나아가 일을 이룩하는. 또는 그런 것. ______

08 변화나 발전의 속도가 급하게 이루어지는. 또는 그런 것. ______

09 겉으로 드러나지 않고 숨은 상태로 존재하는. 또는 그런 것. ______

정답과 해설 71쪽

10~12 다음 뜻에 해당하는 어휘를 고르시오.

10 무르고 약함. (빈약 | 취약)

11 따돌리거나 거부하여 밀어 내침. (배제 | 배척)

12 지위나 수준 따위가 갑자기 빠른 속도로 높아지거나 향상되는. 또는 그런 것. (비약적 | 집약적)

13~17 빈칸에 알맞은 어휘를 넣어 속담을 완성하시오.

13 사람의 긴밀한 관계를 비유적으로 이르는 말. → □□ 가는 데 □ 간다

14 처지가 같은 사람들끼리 한패가 되는 경우를 비유적으로 이르는 말. → □□은 □□

15 따돌림을 받아서 여럿의 축에 끼지 못하는 사람을 비유적으로 이르는 말. → □□에 □□□

16 서로 화합하여 어울리지 아니하고 따로 도는 경우를 비유적으로 이르는 말.
→ □□에 □□ 돌듯

17 여럿이 모여 이야기하는 자리에서 아무 말도 하지 않고 한옆에 가만히 있는 사람을 비유적으로 이르는 말. → 꾸어다 놓은 □□□□

18~20 다음 어휘의 뜻을 간략하게 쓰시오.

18 편견: ______________________

19 역기능: ______________________

20 몰상식: ______________________

맞힌 개수	( ) / 20문항
복습할 어휘	

▸▸ 본책 98쪽으로 돌아가서 복습할 수 있습니다.

21회 어휘력 다지기

공부한 날짜 월 일

01~06 빈칸에 들어갈 어휘를 〈보기〉에서 찾아 쓰시오.

보기

논쟁 덕목 독백 반감 평판 은연중

01 그 연극은 주인공의 ( )으로 끝을 맺었다.

02 그와 ( )하기 시작하면 쉽게 결론이 나지 않는다.

03 설명이 지루해서 그 작품에 대한 관심이 ( )되었다.

04 그 작가는 자신에 대한 사람들의 ( )에 무척 신경을 쓴다.

05 그녀는 소박한 차림새를 하고 있었으나 말투에서는 ( ) 위엄이 배어 나왔다.

06 '효도'는 예로부터 모든 행동의 근본이라 하여 가장 중요한 ( )으로 여겨졌다.

07~11 다음 뜻에 해당하는 어휘를 찾아 바르게 연결하시오.

07	같은 무리끼리 서로 사귐.	• ㉠ 동고동락
08	괴로움도 즐거움도 함께함.	• ㉡ 유유상종
09	서로 한 번도 만난 적이 없어서 전혀 알지 못하는 사람. 또는 그런 관계.	• ㉢ 생면부지
10	서로 형이니 아우니 하고 부른다는 뜻으로, 매우 가까운 친구로 지냄을 이르는 말.	• ㉣ 순망치한
11	서로 이해관계가 밀접한 사이에 어느 한쪽이 망하면 다른 한쪽도 그 영향을 받아 온전하기 어려움을 이르는 말.	• ㉤ 호형호제

정답과 해설 71쪽

12~17 다음 뜻에 해당하는 어휘를 〈보기〉에서 찾아 쓰시오.

보기

교섭 논의 비평 소양 심화 호감

12 좋게 여기는 감정. ________

13 평소 닦아 놓은 학문이나 지식. ________

14 정도나 경지가 점점 깊어짐. 또는 깊어지게 함. ________

15 어떤 일을 이루기 위하여 서로 의논하고 절충함. ________

16 어떤 문제에 대하여 서로 의견을 내어 토의함. 또는 그런 토의. ________

17 사물의 옳고 그름, 아름다움과 추함 따위를 분석하여 가치를 논함. ________

18~20 빈칸에 알맞은 말을 넣어 어휘의 뜻을 완성하시오.

18 맥락: 사물 따위가 서로 이어져 있는 관계나 (　　　　).

19 상황 맥락: (　　　　　　)과 관련된 맥락으로, 담화에서 상황 맥락은 화자와 청자, 시간과 공간, 의도와 목적 등을 포함한다.

20 사회 · 문화적 맥락: (　　　　　　　)과 관련된 맥락으로, 담화에서 사회 · 문화적 맥락은 담화 참여자가 속한 역사적 · 사회적 상황, 공동체의 가치 · 신념, 사고방식, 언어 습관 등을 포함한다.

맞힌 개수	(　　　) / 20문항
복습할 어휘	

▸▸ 본책 102쪽으로 돌아가서 복습할 수 있습니다.

22회 어휘력 다지기

공부한 날짜 월 일

01~06 제시된 초성과 뜻을 참고하여 빈칸에 들어갈 어휘를 쓰시오.

01 ㅂㅍㅈ: 두루 널리 미치는. 또는 그런 것.
예 자녀에 대한 부모님의 사랑은 (　　　　　)인 감정이다.

02 ㅁㅈㄱㅈ: 아무 조건도 없는. 또는 그런 것.
예 (　　　　　)으로 나를 지지해 주고 이해해 주시는 부모님을 실망시키고 싶지 않다.

03 ㅅㅎ: 정성 어린 가르침으로 감화함.
예 선생님께서는 잘못을 저지른 아이들을 사랑으로 가르치시며 (　　　　　)시키셨다.

04 ㄱㄱㅅ: 정신을 차리고 주의 깊게 살피어 경계하는 마음.
예 미세 플라스틱에 대한 (　　　　　)을 일깨우고자 이번 전시회를 열게 되었다.

05 ㄱㅎ: 좋은 영향을 받아 생각이나 감정이 바람직하게 변화함. 또는 그렇게 변하게 함.
예 한 연예인이 꾸준히 기부 활동을 하는 것에 (　　　　　)되어 기부를 하게 되었다.

06 ㅂㅍㅈ: 현상이나 사물의 옳고 그름을 판단하여 밝히거나 잘못된 점을 지적하는. 또는 그런 것.
예 논설문을 읽을 때는 글에 담긴 주장에 대해 (　　　　　)으로 판단하며 읽어야 한다.

07~10 빈칸에 들어갈 어휘를 〈보기〉에서 찾아 문맥에 맞게 쓰시오.

보기
겸허하다　　동조하다　　무안하다　　야박하다

07 나는 그의 의견에 (　　　　　) 듯한 태도를 취했으나 속마음은 달랐다.

08 그는 오랜만에 찾아온 동생을 (　　　　　) 대한 것이 내내 마음에 걸렸다.

09 엄마가 친구분들께 내 자랑을 하고 계셔서 (　　　　　) 마음에 자리를 피했다.

10 이번 선거에서 유권자의 선택을 받지 못한 만큼 더욱 (　　　　　) 태도로 스스로를 돌아보겠다.

정답과 해설 71쪽

11~14 다음 뜻에 해당하는 관용구를 〈보기〉에서 찾아 쓰시오.

보기

말꼬리를 잡다　　말을 맞추다　　아쉬운 소리　　토를 달다

11 어떤 말 끝에 그 말에 대하여 덧붙여 말하다. ______

12 남의 말 가운데서 잘못 표현된 부분의 약점을 잡다. ______

13 없거나 부족하여 남에게 빌거나 꾸려고 구차하게 사정하는 말. ______

14 제삼자에게 같은 말을 하기 위하여 다른 사람과 말의 내용이 다르지 않게 하다. ______

15~17 빈칸에 들어갈 말을 쓰시오.

15 □□□ 대화: 상대방의 생각을 이해하고 감정을 공유하면서 상호 작용이 충실하게 이루어지는 대화.

16 □□□ 들어 주기: 상대방에게 관심을 보이면서 상대방이 계속 이야기를 이어 갈 수 있도록 하는 듣기.

17 □□□ 들어 주기: 상대방의 말을 들으며 상대방의 말을 요약하거나 상대방이 한 말의 의미를 재구성하여 말해 주는 등 상대방이 스스로 문제를 해결할 수 있도록 도와주는 듣기.

18~20 다음 어휘의 뜻을 간략하게 쓰시오.

18 맹목적: ______

19 각박하다: ______

20 말허리를 자르다: ______

맞힌 개수	(　　　　) / 20문항
복습할 어휘	

▶▶ 본책 106쪽으로 돌아가서 복습할 수 있습니다.

23회 어휘력 다지기

공부한 날짜 월 일

01~05 빈칸에 들어갈 어휘를 〈보기〉에서 찾아 쓰시오.

보기

남짓 만평 면박 문안 운치

01 열 평 (   )한 이 공간에서 수많은 명작이 탄생하였다.

02 그는 (   )을 작성한 후에 계속해서 수정 작업을 하였다.

03 여름 아침 배롱나무에 핀 꽃을 보고 있자니 (   )가 느껴졌다.

04 신문에 실린 한 컷짜리 (   )이 길게 쓴 칼럼보다 인상적일 때가 있다.

05 김 대리는 사람들에게 (   )을 당하는 것에도 굴하지 않더니 결국 최고의 영업 실적을 거두었다.

06~10 제시된 초성을 참고하여 다음 뜻에 해당하는 한자 성어를 쓰시오.

06 ㅁ ㅂ ㅅ ㅈ : 아주 까막눈임을 이르는 말. ______________

07 ㅇ ㅅ ㅇ ㅁ : 출세하여 이름을 세상에 떨침. ______________

08 ㅇ ㅂ ㅂ ㅅ : 꽃다운 이름이 후세에 길이 전함. ______________

09 ㅇ ㅇ ㄷ ㄱ : 아무리 가르치고 일러 주어도 알아듣지 못함을 이르는 말. ______________

10 ㄱ ㅇ ㅎ ㅎ : 출세를 하여 고향에 돌아가거나 돌아옴을 비유적으로 이르는 말. ______________

11~13 **다음 뜻에 해당하는 어휘를 고르시오.**

11 웃어른께 안부를 여쭈다. (무난하다 | 문안하다)

12 순순히 따르지 아니하고 못마땅한 말이나 행동으로 뻗대다. (어기대다 | 어정대다)

13 어처구니가 없어 저도 모르게 웃음이 툭 터져 나옴. 또는 그 웃음. (실소 | 박장대소)

14~17 **다음 뜻에 알맞은 어휘를 〈보기〉의 글자를 조합하여 쓰시오.**

보기

타 무 박 계 단 책 딴 지

14 허물이나 결함을 나무라거나 핀잔함. ____________

15 사전에 허락이 없음. 또는 아무 사유가 없음. ____________

16 일이 순순히 진행되지 못하도록 훼방을 놓거나 어기대는 것. ____________

17 어떤 일을 이루기 위하여 꾀나 방법을 생각해 냄. 또는 그 꾀나 방법. ____________

18~20 **다음 뜻에 해당하는 어휘를 찾아 바르게 연결하시오.**

18 예로부터 전해지는 조상들의 지혜가 담긴 표현. • • ㉠ 명언

19 사리에 맞는 훌륭한 말. 유명한 사람의 입에서 나와 널리 알려진 말. • • ㉡ 속담

20 둘 이상의 단어가 합쳐져 원래의 뜻과는 전혀 다른 새로운 뜻으로 굳어져서 쓰이는 표현. • • ㉢ 관용구

맞힌 개수	(　　　　) / 20문항
복습할 어휘	

▸▸ 본책 110쪽으로 돌아가서 복습할 수 있습니다.

24회 어휘력 다지기

공부한 날짜 월 일

01~05 제시된 초성과 뜻을 참고하여 빈칸에 들어갈 어휘를 쓰시오.

01 ㅈㅎ: 막아서 못 하도록 해침.
예 지나친 자기만족은 발전을 (   )하는 요인이 된다.

02 ㄱㅈ: 다시 살아날 수 없도록 아주 뿌리째 없애 버림.
예 관광지의 바가지 요금을 (   )해야 한다.

03 ㄴㅈ: 사실이 아닌 것을 사실인 것처럼 거짓으로 꾸밈.
예 역사를 (   )하는 것에 대해서는 그냥 두고 볼 수 없다.

04 ㅊㄱ: 퇴고를 하는 바탕이 된 원고.
예 (   )를 쓴 후에도 여러 번 글을 다듬어 지금에 이르렀다.

05 ㄱㅊㅆㄱ: 글을 쓸 때에 글의 잘못된 부분을 바로잡아서 다시 쓰는 일.
예 (   )는 글을 쓰는 과정에서도 할 수 있고 글을 다 쓴 후에도 할 수 있다.

06~10 빈칸에 들어갈 어휘를 〈보기〉에서 찾아 문맥에 맞게 쓰시오.

보기

고루하다 과도하다 단조롭다 밑돌다 허심탄회하다

06 조합원들이 (   ) 요구를 해서 협상이 결렬되었다.

07 우리나라의 출산율은 전세계 평균을 (   ) 수준이다.

08 선생님께 하고 싶은 말이 있으면 (   ) 말하기를 바란다.

09 언뜻 보면 (   ) 풍경이지만 찬찬히 살펴보면 새로움을 발견할 수 있다.

10 아버지는 내게 나이가 어린데도 (   ) 사고방식을 가지고 있다고 말씀하셨다.

11~16 빈칸에 알맞은 어휘를 넣어 속담을 완성하시오.

11 겉만 그럴듯하고 실속이 없음을 비유적으로 이르는 말. → □ 빈 □□

12 일이 이미 잘못된 뒤에는 손을 써도 소용이 없음을 비꼬는 말. → □ 잃고 □□□ 고친다

13 실속 없는 사람이 겉으로 더 떠들어 댐을 비유적으로 이르는 말. → □□□가 요란하다

14 사람이 글자를 모르거나 아주 무식함을 비유적으로 이르는 말. → □ 놓고 □□ □도 모른다

15 모든 일에는 질서와 차례가 있는 법인데 일의 순서도 모르고 성급하게 덤빔을 비유적으로 이르는 말. → □□에 가 □□ 찾는다

16 손해를 크게 볼 것은 생각하지 않고 자기에게 마땅치 아니한 것을 없애려고 그저 덤비기만 하는 경우를 비유적으로 이르는 말. → □□ 잡으려고 □□□□ 태운다

17~20 다음 어휘의 뜻을 간략하게 쓰시오.

17 왜곡: ____________________

18 하회하다: ____________________

19 완고하다: ____________________

20 우물 안 개구리: ____________________

맞힌 개수	(　　　　) / 20문항
복습할 어휘	

▸▸ 본책 114쪽으로 돌아가서 복습할 수 있습니다.

정답과 해설

01회 확인 문제 12~13쪽

01 미간　02 부지기수　03 독수공방　04 떨리는
05 정서　06 세차고 꿋꿋한　07 세력
08 ×　09 ○　10 화무십일홍　11 근묵자흑
12 고진감래　13 흥망성쇠　14 흥진비래　15 사필귀정
16 예시 답안 니는 거동이 수상쩍은 사람을 경찰에 신고하였다.
17 예시 답안 그녀는 무남독녀라 부모의 사랑을 독차지하며 곱게 자랐다.

08 시에서 화자는 겉으로 드러나기도 하고 숨어 있기도 하다.

10 한 번 성한 것이 얼마 못 가서 반드시 쇠하여짐을 비유적으로 이르는 말인 '화무십일홍'과 의미가 통한다.

11 나쁜 사람과 가까이 지내면 나쁜 버릇에 물들기 쉬움을 비유적으로 이르는 말인 '근묵자흑'과 의미가 통한다.

12 고생 끝에 즐거움이 옴을 이르는 말인 '고진감래'와 의미가 통한다.

13 흥하고 망함과 성하고 쇠함을 뜻하는 '흥망성쇠'와 의미가 통한다.

14 세상일은 순환되는 것임을 이르는 말인 '흥진비래'와 의미가 통한다.

15 모든 일은 반드시 바른길로 돌아감을 뜻하는 '사필귀정'과 의미가 통한다.

02회 확인 문제 16~17쪽

01 고즈넉한　02 달갑잖은　03 묵묵히　04 묵직한
05 달아나다　06 얼떨떨하여, 모르는　07 분하게
08 정신　09 명랑, 구김살　10 벼락
11 뿌리　12 일각　13 벼락 맞을　14 불구경
15 ○　16 ×　17 ○

01 풍경 소리만이 이따금씩 울려 퍼지는 곳이라고 하였으므로 고요하고 아늑하다는 의미의 '고즈넉하다'를 활용한 '고즈넉한'이 적절하다.

02 노스님이 어떠한 기색 하나 없이 방을 내어 주셨다고 하였으므로 거리낌이나 불만이 있어 마음이 흡족하지 아니하다는 의미의 '달갑잖다'를 활용한 '달갑잖은'이 적절하다.

03 노스님의 행동을 나타내므로 말없이 잠잠하다는 의미의 '묵묵하다'를 활용한 '묵묵히'가 적절하다.

04 바구니에는 갓 삶은 고구마가 가득 담겨 있다고 하였으므로 다소 큰 물건이 보기보다 제법 무겁다는 의미의 '묵직하다'를 활용한 '묵직한'이 적절하다.

10 다른 친구 시험지를 훔쳐보는 것은 잘못된 행동이므로 심하게 꾸중을 듣는다는 의미의 '벼락을 맞다'를 활용할 수 있다.

11 지역 주민들이 노력하여 학교 앞에 불법으로 주차하지 못하도록 한 것이므로 어떤 것이 생겨나고 자랄 수 있는 근원이 없어진다는 의미의 '뿌리 뽑히다'를 활용할 수 있다.

12 학생들이 입은 피해가 커서 이번에 드러난 문제는 극히 일부분에 지나지 않는 것이므로 외부로 나타나 있는 것은 극히 일부분에 지나지 아니함을 비유적으로 이르는 말인 '빙산의 일각'을 활용할 수 있다.

13 남을 모함해서라도 성공을 하겠다는 말은 비윤리적인 말이므로 천벌을 받아 마땅할 만큼 당찮은 말인 '벼락 맞을 소리'를 활용할 수 있다.

14 지나가던 아저씨가 소매치기를 당했지만 아무도 도와주지 않는 상황이므로 자기에게 관계없는 일이라고 하여 무관심하게 방관하는 모양을 이르는 말인 '강 건너 불구경'을 활용할 수 있다.

16 시의 어조는 듣는 대상의 유무에 따라 회화적 어조, 독백적 어조로 나뉘며, 대상에 대한 화자의 태도에 따라 냉소적 어조, 비판적 어조, 풍자적 어조, 해학적 어조 등으로 나뉜다.

03회 확인 문제 20~21쪽

01 거짓, 말함　02 빼앗다　03 너그럽지, 좁다
04 한계, 최후　05 ⓜ　06 ㉣　07 ㉠
08 ㉡　09 ㉢　10 음풍농월　11 요산요수
12 천석고황　13 연하고질　14 무위자연　15 ○
16 ×　17 ×

10 맑은 바람과 밝은 달을 대상으로 시를 짓고 흥취를 자아내어 즐겁게 논다는 의미의 '음풍농월'이 어울린다.

11 산수의 자연을 즐기고 좋아한다는 의미를 지닌 '요산요수'가 어울린다.

12, 13 자연의 아름다운 경치를 몹시 사랑하고 즐기는 성질이나 버릇을 의미하는 '천석고황'과 '연하고질'이 어울린다.

14 사람의 힘을 더하지 않은 그대로의 자연, 또는 그런 이상적인 경지를 의미하는 '무위자연'이 어울린다.

16 시의 운율은 겉으로 드러나는 경우(외형률)도 있지만, 겉으로 드러나지 않고 시 안에 들어 있는 경우(내재율)도 있다.

17 내재율은 문장에 잠재적으로 깃들어 있는 운율이다. 일정한 글자의 수가 규칙적으로 반복되며 생기는 운율은 외형률 중 음수율에 해당한다.

04회 확인 문제 24~25쪽

01 기별	02 경이	03 경의	04 체득
05 ㉠	06 ㉢	07 ㉡	08 안배
09 혹사	10 ①	11 ②	12 ⑤
13 ⑥	14 ④	15 ③	16 ○
17 ×			

01 고향으로 급히 오라는 연락을 받은 것이므로 다른 곳에 있는 사람에게 소식을 전한다는 의미의 '기별'이 적절하다.

02 봄에 생명이 소생하는 것이 신비롭고 놀라운 일이므로 '놀랍고 신기하게 여김. 또는 그럴 만한 일'의 의미인 '경이'가 적절하다.

03 학생들이 김 선생님의 가르침에 예의범절을 갖추는 태도를 나타낸 것이므로 존경하는 뜻의 의미인 '경의'가 적절하다.

04 오랜 가난을 통해 절약하는 습관이 몸에 익혀진 것이므로 몸소 체험하여 알게 된다는 의미인 '체득'이 적절하다.

10 내가 공부한 양에 비해 네가 공부한 양이 극히 적다고 말하는 상황이므로 아주 하찮은 일이나 극히 적은 분량임을 비유적으로 이르는 말인 '새 발의 피'와 의미가 통한다.

11 백 원씩 모은 돈이 삼 년 후에 십만 원이 된 상황이므로 아무리 작은 것이라도 모이고 모이면 나중에 큰 덩어리가 됨을 비유적으로 이르는 말인 '티끌 모아 태산'과 의미가 통한다.

12 평소에 흔하게 널려 있던 볼펜이 필요할 때는 곁에 없는 상황이므로 평소에 흔하던 것도 막상 긴하게 쓰려고 구하면 없다는 뜻의 '개똥도 약에 쓰려면 없다'와 의미가 통한다.

13 5분이라는 시간을 대수롭지 않게 보고 게임 시간을 늘리다가 결국 게임 중독이 된 상황이므로 아무리 사소한 것이라도 그것이 거듭되면 무시하지 못할 정도로 크게 됨을 비유적으로 이르는 말인 '가랑비에 옷 젖는 줄 모른다'와 의미가 통한다.

14 줄넘기를 잘 못했지만 매일 꾸준히 노력하여 결국 줄넘기의 달인이 된 상황이므로 작은 힘이라도 꾸준히 계속하면 큰일을 이룰 수 있음을 비유적으로 이르는 말인 '낙숫물이 댓돌을 뚫는다'와 의미가 통한다.

15 철수가 고작 작은 개미 한 마리를 잡으려고 온 집 안에 살충제를 뿌리며 소란을 피웠으므로 시시한 일로 소란을 피움을 비유적으로 이르는 말인 '모기 보고 칼 빼기'와 의미가 통한다.

17 공감각적 심상은 어떤 하나의 감각을 다른 영역의 감각으로 옮겨 표현한 심상이다.

05회 확인 문제 28~29쪽

01 급감	02 복구	03 모순	04 희번덕
05 거나하게	06 실팍한	07 모종	08 상당
09 관망하고	10 교언영색	11 표리부동	12 양두구육
13 구밀복검	14 ㉠	15 ㉢	16 ㉡
17 ㉣			

05 술을 많이 먹어 졸기까지 하는 것으로 보아 술 따위에 취한 정도가 어지간하다는 의미의 '거나하다'를 활용한 '거나하게'가 적절하다.

06 몸집에 비해 힘이 약해 쌀 한 가마를 제대로 못 옮긴다는 것으로 보아 사람이나 물건 따위가 보기에 매우 실하다는 의미의 '실팍하다'를 활용한 '실팍한'이 적절하다.

07 어떠한 종류를 뜻하는 '모종'이 적절하다.

08 용돈의 일부를 기부한다고 하였으므로 일정한 액수나 수치 따위에 해당하는 '상당'이 적절하다.

09 해결책을 찾지 않고 있는 상황이므로 한발 물러나서 어떤 일이 되어 가는 형편을 바라본다는 의미의 '관망하다'를 활용한 '관망하고'가 적절하다.

06회 확인 문제 32~33쪽

01 거지반	02 사사로운	03 걱실걱실	04 골몰하다
05 내외하다	06 산천초목	07 ①	08 ③
09 ②	10 가슴을 열고	11 가슴이 서늘해	
12 가슴에 새기고		13 가슴에 손을 얹고	
14 가슴을 펴고	15 ⓒ, ⓑ	16 ⓛ, ⓒ	17 ㉠, ⓐ

10 친구에게 고민을 말하며 속마음을 털어놓은 것이므로 속마음을 털어놓거나 받아들인다는 의미를 지닌 '가슴을 열다'를 활용할 수 있다.

11 그의 눈길이 차갑게 식은 것 때문에 견디기 힘든 것이므로 두려움으로 마음속에 찬 바람이 이는 것같이 선득하다는 의미를 지닌 '가슴이 서늘하다'를 활용할 수 있다.

12 선생님 말씀을 기억하며 앞으로 생활하겠다는 것이므로 잊지 않게 단단히 마음에 기억한다는 의미를 지닌 '가슴에 새기다'를 활용할 수 있다.

13 네가 하는 말이 양심에 어긋나지 않는 말인지 생각해 보라는 것이므로 양심에 근거를 둔다는 의미를 지닌 '가슴에 손을 얹다'를 활용할 수 있다.

14 학급 회장에 당선되기 위해서 당당하고 또렷한 목소리로 소견 발표를 하라는 것이므로 굽힐 것 없이 당당하다는 의미를 지닌 '가슴을 펴다'를 활용할 수 있다.

15 사람이 태어나는 일을 '요람', 죽는 일을 '무덤'으로 대신하여 표현하였으므로 대상의 일부분이나 속성으로 그 대상 전체를 나타내는 표현 방법인 대유법이 활용되었다.

16 '까마귀 날자 배 떨어진다'라는 속담을 활용하여 숨겨진 뜻을 암시하고 있으므로 본뜻은 숨기고 비유하는 말만으로 숨겨진 뜻을 암시하는 표현 방법인 풍유법이 활용되었다.

17 무생물인 '어둠'이 생물처럼 새를 낳고 돌을 낳는다고 표현하였으므로 무생물을 생물인 것처럼, 감정이 없는 것을 감정이 있는 것처럼 나타내는 표현 방법인 활유법이 활용되었다.

01~06회 종합 문제 34~35쪽

01 ⑤	02 ③	03 ①	04 ④
05 ⑤	06 ⑤	07 ①	08 ②

01 '체득'은 몸소 체험하여 알게 된다는 뜻이다. '자기 것으로 만들어 가짐.'은 '취득(取得)'의 뜻이다.

02 폭설에도 불구하고 학생들이 많이 도착한 것이므로 '거지반'을 쓰는 것이 적절하다.

[오답 확인]
① 문맥상 놀랍고 신기한 데가 있다는 의미의 '경이롭다'가 적절하다.
② '기별'은 다른 곳에 있는 사람에게 소식을 전하는 것이다. 문맥상 '이별'이 적절하다.
④ '유야무야'는 있는 듯 없는 듯 흐지부지하다는 의미이므로 문맥상 적절하지 않다. '유야무야하게 처리되도록'을 '유야무야되지 않도록'과 같이 바꿔야 적절하다.
⑤ '반색'은 '매우 반가워함. 또는 그런 기색'을 의미한다. 문맥상 꺼리거나 어려워하는 기색을 의미하는 '난색'이 적절하다.

03 도현의 말에서 화자가 가혹한 현실을 견디지 못하고 어쩔 도리가 없어 유랑의 길을 떠난 것이므로 '하지 아니할 수 없어. 또는 마음이 내키지 아니하나 마지못하여'의 의미인 '부득불'이 적절하다. 세아의 말에서 '강철로 된 무지개'는 '강철'과 '무지개'가 이치상 어긋나서 서로 맞지 않는 표현이므로 '모순' 표현에 해당한다.

[오답 확인]
② 묵묵히: 말없이 잠잠하게
해학: 대상이 가지고 있는 불완전한 측면을 악의 없이 드러내어 웃음을 유발하는 것
③ 사사로이: 공적이 아닌 개인적인 범위나 관계의 성질이 있게
정서: 화자가 시적 대상이나 상황에 대해 느끼는 여러 가지 감정
④ 달갑잖은: 거리낌이나 불만이 있어 마음이 흡족하지 아니한
반어: 실제와 반대되는 뜻의 말을 하는 것
⑤ 망연자실: 멍하니 정신을 잃음.
풍자: 사회나 인물의 부정적인 면을 폭로하여 웃음을 유발하며 비판하는 것

04 '옹졸하다'는 '막을 壅', '졸할 拙'을 사용하여 성품이 너그럽지 못하고 생각이 좁다는 뜻을 나타내는 한자어이다.

05 '치사하다'는 행동이나 말 따위가 쩨쩨하고 남부끄럽다는 뜻으로, '치-'가 결합하지 않고 이루어진 단어이다.

[오답 확인]
① '치-'와 '뜨다'가 결합하여 눈을 위쪽으로 뜬다는 의미를 나타낸다.
② '치-'와 '닫다'가 결합하여 위쪽으로 달린다, 위쪽으로 달려 올라간다는 의미를 나타낸다.
③ '치-'와 '솟다'가 결합하여 위쪽으로 힘차게 솟는다는 의미를 나타낸다.
④ '치-'와 '오르다'가 결합하여 아래에서 위로 향하여 오른다의 의미를 나타낸다.

06 십 년 동안 짚이나 갈대 따위로 지붕을 인, 방 세 칸짜리 집을 짓고, 달과 바람을 각 방에 두고, 강과 산은 둘러 두고 보겠다는 시조의 내용을 통해 자연 속에 파묻혀 소박하게

사는 즐거움을 느낄 수 있다. '사필귀정'은 모든 일은 반드시 바른길로 돌아간다는 의미이므로 이 시조의 정서와 관련이 없다.

[오답 확인]
① 요산요수: 산수의 자연을 즐기고 좋아함.
② 무위자연: 사람의 힘을 더하지 않은 그대로의 자연. 또는 그런 이상적인 경지
③, ④ 천석고황, 연하고질: 자연의 아름다운 경치를 몹시 사랑하고 즐기는 성벽

07 '새 발의 피'는 새의 가느다란 발에서 나오는 피라는 뜻으로, 아주 하찮은 일이나 극히 적은 분량이라는 뜻을 비유적으로 드러낸 표현이다.

08 ②는 자연 현상인 벼락이 떨어져 해를 입은 것이므로 관용구가 아니라 어휘 그대로의 의미로 쓰였다.

[오답 확인]
① '가슴을 열고'는 속마음을 털어놓는다는 의미로 쓰였으므로 관용구이다.
③ '빙산의 일각'은 외부로 나타난 것은 극히 일부분에 지나지 않음을 비유적으로 드러내는 표현이므로 관용구이다.
④ '가슴에 손을 얹고'는 양심에 근거를 둔다는 의미로 쓰였으므로 관용구이다.
⑤ '뿌리 뽑기'는 근원을 없앤다는 의미로 쓰였으므로 관용구이다.

07회 확인 문제 40~41쪽

01 심산	02 낙방	03 원경	04 소견
05 모태	06 비분강개	07 전전긍긍	08 전전반측
09 천인공노	10 발상	11 좌불안석	12 전례
13 원형	14 우화	15 모티프	16 패러디
17 재구성			

10 '발상'은 '어떤 생각을 해 냄. 또는 그 생각'을 의미한다.

11 '좌불안석'은 앉아도 자리가 편안하지 않다는 뜻으로, 마음이 불안하거나 걱정스러워서 한군데에 가만히 앉아 있지 못하고 안절부절못하는 모양을 이르는 말이다.

12 '전례'는 이전부터 있었던 사례를 의미한다.

13 '원형'은 본디의 모습을 의미한다.

14 '우화'는 인격화한 동식물이나 기타 사물을 주인공으로 하여 그들의 행동 속에 풍자와 교훈의 뜻을 나타내는 이야기이다.

08회 확인 문제 44~45쪽

01 ④	02 ②	03 ③	04 ①
05 ①	06 ①	07 ②	08 ㉤
09 ㉢	10 ㉠	11 ㉣	12 ㉡
13 난입	14 심보	15 ○	16 ×
17 ○			

05 어떠한 뜻을 나타내기 위하여 쓰이는 부호, 문자, 표지 따위를 통틀어 이르는 말은 '기호(記號)'이다.

06 어떤 일에 전문적인 지식이 없는 사람은 '문외한(門外漢)'이다.

07 대상이나 물건 따위를 소유한 사람은 '주인'이다.

13 '난입'은 어지럽게 함부로 들어오거나 들어감을 의미하고, '입장'은 장내(場內)로 들어가는 것을 의미한다. 경찰이 사건을 조사하는 것으로 보아, '난입'이 적절하다.

14 '심보'는 마음을 쓰는 속 바탕을 의미하고, '심산'은 마음속으로 하는 궁리나 계획을 의미한다. '남이 잘되면 배 아프고 남이 못되면 신이 나는'이라는 내용으로 보아, '심보'가 적절하다.

16 일인칭 시점은 작품 속 등장인물인 '나'가 주인공이 되거나 관찰자가 되어 이야기를 서술하는 시점이다.

09회 확인 문제 48~49쪽

01 열화 02 괄시 03 행색 04 풍채
05 문신 06 달음질, 예시 답안 그는 자신만 떼어 놓고 갈까 봐 부지런히 달음질을 하여 우리를 쫓아왔다.
07 천부적, 예시 답안 그는 남을 웃기는 데 천부적인 재능이 있다.
08 사리사욕, 예시 답안 그는 사리사욕에 눈이 먼 사람이다.
09 하릴없이, 예시 답안 추운 날씨 때문에 하릴없이 집에 있어야 하는 아이는 괜히 짜증을 부렸다. 10 ③
11 ② 12 ① 13 ④ 14 평면적 인물
15 전형적 인물 16 개성적 인물 17 입체적 인물

01 '성원'이라는 표현으로 보아, 매우 격렬한 열정이라는 의미의 '열화'가 적절하다.

02 '겉모습만 보고 ~ 해서는 안 된다.'라는 표현으로 보아, 업신여겨 하찮게 대함을 의미하는 '괄시'가 적절하다.

03 '갓을 쓰고 도포 차림을 한'이라는 표현으로 보아, 겉으로 드러나는 차림이나 태도를 의미하는 '행색'이 적절하다.

04 '그의 훤칠한 키와 잘생긴'이라는 표현으로 보아, 드러나 보이는 사람의 겉모양을 의미하는 '풍채'가 적절하다.

05 '책상 앞에 앉아서'라는 표현으로 보아, 문관인 신하를 의미하는 '문신'이 적절하다.

10회 확인 문제 52~53쪽

01 ⑦　02 ④　03 ②　04 ⑥
05 돼지 멱따는 소리　06 소 먹듯 하다
07 밴댕이 소갈머리　08 게 눈 감추듯
09 쥐도 새도 모르게　10 잘못　11 칭찬
12 햇볕　13 영문　14 물색하다　15 ×
16 ×　17 ○

05 '변성기가 한창인 남학생들이 ~ 합창을 했다.'라는 표현으로 보아, 아주 듣기 싫도록 꽥꽥 지르는 소리라는 의미의 '돼지 멱따는 소리'가 적절하다.

07 '곧잘 토라지곤 해서'라는 표현으로 보아, 아주 좁고 얕은 심지를 비유적으로 이르는 말인 '밴댕이 소갈머리'가 적절하다.

08 허기가 진 상태에서 음식을 먹어 치웠다는 것으로 보아, 음식을 허겁지겁 빨리 먹어 치움을 비유적으로 이르는 말인 '게 눈 감추듯'이 적절하다.

09 포로수용소에서 사람이 사라졌다는 것으로 보아, '감쪽같이 행동하거나 처리하여 아무도 그 경위나 행방을 모르게'라는 의미의 '쥐도 새도 모르게'가 적절하다.

15 경수필은 생활 주변에서 일어나는 사소한 일을 소재로 가볍게 쓴 수필로, 일상적인 체험과 그에 따른 깨달음이 잘 나타난다.

16 중수필은 논리적이고 객관적인 성격의 수필이다.

11회 확인 문제 56~57쪽

01~10 해설 참조　11 명소　12 상설
13 ②　14 ①　15 대조　16 정의
17 비교　18 예시

01~10

		01 동		03 필				05 맥	
02 도	화	선		적				수	
				하		06 연	군	지	정
	04 해	박	하	다				탄	
07 위	국	충	08 절		09 태	평	성	10 대	
			호					조	

11 '명소'는 경치나 고적, 산물 따위로 널리 알려진 곳이고, '유적지'는 건축물이나 싸움터 또는 역사적인 사건이 벌어졌던 유적이 있는 곳을 의미한다. 따라서 제시된 문장에서는 '명소'가 적절하다.

12 '상설'은 언제든지 이용할 수 있도록 설비와 시설을 갖추어 둔다는 의미이고, '상시'는 특별한 일이 없는 보통 때인 '평상시'를 의미한다. 따라서 제시된 문장에서는 '상설'이 적절하다.

13 '달콤한 말로 사람들을 꾀어 냄.'은 '유세(誘說)'에 해당하는 의미이다.

14 '욕된 일을 참고 견디다.'는 '함구(含垢)하다'에 해당하는 의미이다.

15 개와 고양이의 차이점을 중심으로 설명하고 있으므로 '대조'가 쓰였다.

16 표준어의 뜻을 밝혀 설명하고 있으므로 '정의'가 쓰였다.

17 무용과 뮤지컬의 공통점을 중심으로 설명하고 있으므로 '비교'가 쓰였다.

18 휴대용 시계의 예를 들어 설명하고 있으므로 '예시'가 쓰였다.

12회 확인 문제 60~61쪽

01~05 해설 참조　06 ③　07 ②
08 ④　09 ①　10 ㉣　11 ㉠
12 ㉡　13 ㉢　14 구분　15 분석
16 분류　17 인과

01~05

계	유	용	소	탐	대	실
승	암	04 추	이	당	부	05 안
시	개	념	자	형	상	주
애	03 가	독	성	초	황	당
독	슬	사	건	박	지	부
창	01 추	하	02 안	속	비	종
적	정	감	경	위	지	판

14 시를 형식에 따라 나누어 설명하고 있으므로 '구분'이 쓰였다.

15 곤충의 몸을 구성 요소로 나누어 설명하였으므로 '분석'이 쓰였다.

16 해시계, 물시계를 묶어서 자연 시계로 설명하고 있으므로 '분류'가 쓰였다.

17 원인(생각을 글로 표현할 수 없었던 백성들을 불쌍하게 여겼음.)과 결과(세종이 한글을 만들었음.)를 밝혀 설명하고 있으므로 '인과'가 쓰였다.

07~12회 종합 문제 62~63쪽

01 ②	02 ②	03 ⑤	04 ㉠ 소견, ㉡ 안주
05 ③	06 ④	07 ②, ⑤	

01 '풍채'는 드러나 보이는 사람의 겉모양을 뜻한다. '겉으로 드러나는 차림이나 태도'는 '행색'의 사전적 의미이다.

02 '모태'는 어머니의 태 안이라는 의미도 있지만, 사물의 발생·발전의 근거가 되는 토대를 비유적으로 이르는 말이다. ㉡의 예문에 쓰인 '모태'는 두 번째 의미로 쓰였다.

03 '결속'은 뜻이 같은 사람끼리 서로 단결함을 의미하는 말이고, '분할'은 나누어 쪼갬을 의미하므로 반의어로 보기 어렵다.

[오답 확인]

① 문신: 문관인 신하 ↔ 무신: 신하 가운데 무관인 사람
② 해빙: 얼음이 녹아 풀림. ↔ 결빙: 물이 얾.
③ 천부적: 태어날 때부터 지닌. 또는 그런 것 ↔ 후천적: 성질, 체질, 질환 따위가 태어난 후에 얻어진. 또는 그런 것
④ 원경: 멀리 보이는 경치. 또는 먼 데서 보는 경치 ↔ 근경: 가까이 보이는 경치. 또는 가까운 데서 보는 경치

04 ㉠에는 어떤 일이나 사물을 살펴보고 가지게 되는 생각이나 의견을 뜻하는 '소견'이 어울리고, ㉡에는 한곳에 자리를 잡고 편안히 삶을 뜻하는 '안주'가 어울린다.

[오답 확인]

㉠ 신념: 굳게 믿는 마음
의향: 마음이 향하는 바 또는 무엇을 하려는 생각
㉡ 안위: 몸을 편안하게 하고 마음을 위로함.
위로: 따뜻한 말이나 행동으로 괴로움을 덜어 주거나 슬픔을 달래 줌.

05 '불모지'는 '식물이 자라지 못하는 거칠고 메마른 땅', '어떤 사물이나 현상이 발달되어 있지 않은 곳. 또는 그런 상태를 비유적으로 이르는 말'이다. 〈보기〉의 '불모지'는 두 번째 의미로 쓰이고 있다. ③에서는 '축구 불모지'라는 말로 보아, 축구가 발달되어 있지 않은 곳이라는 의미의 비유적 표현으로 쓰였다. 나머지는 모두 첫 번째 의미로 쓰였다.

⊕ 2015학년도 수능

■ ㉠의 문맥적 의미와 가장 가까운 것은?

> 각 식품마다 포함된 필수아미노산의 양은 다르며, 필수아미노산이 균형을 이룰수록 공급된 필수아미노산의 총량 중 단백질 합성에 이용되는 양의 비율, 즉 필수아미노산의 이용 효율이 ㉠높다.

① 가을이 되면 그 어느 때보다 하늘이 높다.
② 우리나라는 원자재의 수입 의존도가 높다.
③ 이번에 새로 지은 건물은 높이가 매우 높다.
④ 잘못을 시정하라는 주민들의 목소리가 높다.
⑤ 친구는 이 분야의 전문가로서 이름이 높다.

▸▸ ㉠과 ②에 사용된 '높다'는 값이나 비율 따위가 보통보다 위에 있다는 의미를 지니고 있다. **정답 ②**

① 아래에서부터 위까지 벌어진 사이가 크다.
③ 아래에서 위까지의 길이가 길다.
④ 어떤 의견이 다른 의견보다 많고 우세하다.
⑤ 이름이나 명성 따위가 널리 알려진 상태에 있다.

06 ④에서 '천인공노'는 하늘과 사람이 함께 노한다는 뜻으로, 누구나 분노할 만큼 증오스럽거나 도저히 용납할 수 없음을 이르는 말이다. 주로 '천인공노할 범죄, 천인공노할 만행'과 같은 표현과 어울려 쓰인다. '나라를 잃은 슬픔으로'라는 표현으로 보아, '천인공노'보다 '비분강개(슬프고 분하여 마음이 북받침.)'라는 표현이 적절하다.

[오답 확인]

① 내 코가 석 자: 내 사정이 급하고 어려워서 남을 돌볼 여유가 없음을 비유적으로 이르는 말
② 밴댕이 소갈머리: 아주 좁고 얕은 심지를 비유적으로 이르는 말
③ 전전반측: 누워서 몸을 이리저리 뒤척이며 잠을 이루지 못함.
⑤ 장삼이사: 장씨의 셋째 아들과 이씨의 넷째 아들이라는 뜻으로, 이

름이나 신분이 특별하지 아니한 평범한 사람들을 이르는 말

07 ⓑ의 문맥상 의미는 매우 급하게 치밀어 오르는 화증이다. ⓔ는 마음속으로 하는 궁리나 계획을 의미한다.

13회 확인 문제 68~69쪽

01 빈도	02 만감	03 산출	04 분포
05 식별	06 유약해서	07 의기소침	08 막간
09 ①	10 ②	11 주경야독	12 타산지석
13 온고지신	14 격물치지	15 교학상장	16 ③
17 ①	18 ②		

01 도서관을 이용하는 횟수와 관련된 내용이므로 같은 현상이나 일이 반복되는 도수를 뜻하는 '빈도'가 적절하다.

02 30년 만에 고향에 돌아와서 느끼는 감정이므로 솟아오르는 온갖 느낌을 뜻하는 '만감'이 적절하다.

03 사과가 나온다는 내용이므로 물건이 생산되거나 인물·사상 따위가 나온다는 뜻의 '산출되다'가 적절하다.

04 지지율이 고르게 펴져 있다는 내용이므로 일정한 범위에 흩어져 펴져 있음을 뜻하는 '분포'가 적절하다.

05 대상을 알아본다는 뜻의 어휘가 들어가야 하므로 분별하여 알아봄을 뜻하는 '식별'이 적절하다.

06 쉽게 좌절하는 경향과 연결되어야 하므로 부드럽고 약하다는 뜻의 '유약하다'가 적절하다. '강인하다'는 억세고 질기다는 뜻이다.

07 축구 경기에서 패배한 상황이므로 기운이 없어지고 풀이 죽음을 의미하는 '의기소침'이 적절하다. '의기충천'은 의지와 기개가 하늘을 찌를 듯함을 의미한다.

08 1부 공연이 끝난 후이므로 어떤 일의 한 단락이 끝나고 다음 단락이 시작될 동안을 의미하는 '막간'이 적절하다. '막판'은 어떤 일의 끝이 되는 판을 뜻한다.

09 우승 후보로 손꼽히는 상황이므로 이 문장에서 '유력하다'는 가능성이 많다는 의미이다.

10 지방에서 내로라하는 사업가라고 하였으므로 이 문장에서 '유력하다'는 세력이나 재산이 있다는 의미이다.

11 힘든 상황에서 꿋꿋이 공부하는 사람을 격려하는 상황이므로 어려운 여건 속에서도 꿋꿋이 공부함을 이르는 말인 '주경야독'을 활용할 수 있다.

12 짝꿍의 그릇됨을 헐뜯는 사람에게 타인의 그릇됨을 교훈 삼아 자신을 돌아보라고 조언하는 상황이므로 본이 되지 않은 남의 말이나 행동도 자신의 지식과 인격을 수양하는 데에 도움이 될 수 있음을 비유적으로 이르는 말인 '타산지석'을 활용할 수 있다.

13 고전 읽기의 가치를 알지 못하는 사람에게 옛것의 가치에 대해 조언하는 상황이므로 옛것을 익히고 그것을 미루어서 새것을 안다는 의미의 '온고지신'을 활용할 수 있다.

14 라디오를 직접 조립해 보면서 라디오의 원리를 완전히 이해한 상황이므로 실제 사물의 이치를 연구하여 지식을 완전하게 함을 뜻하는 '격물치지'를 활용할 수 있다.

15 모둠원들이 서로 모르는 내용을 가르쳐 주고 배우면서 성장할 수 있다고 조언하는 상황이므로 가르치고 배우는 과정에서 스승과 제자가 함께 성장함을 뜻하는 '교학상장'을 활용할 수 있다.

16 '곰'은 'ㄱ, ㅗ, ㅁ'의 음운이 모여 이루어진 음절이다.

17 '소'는 'ㅅ, ㅗ'의 음운이 모여 이루어진 음절이다.

18 '양'은 'ㅑ, ㅇ'의 음운이 모여 이루어진 음절이다.

14회 확인 문제 72~73쪽

01 앎	02 이바지함	03 운반	04 기준
05 자생	06 창출	07 쇄신	08 통용
09 일탈	10 내밀다	11 크다	12 익다
13 놓다	14 벌리다	15 맞다	16 ×
17 ○	18 ○	19 ×	

05 전국 각지의 산에서 저절로 나서 자란다는 내용이므로 저절로 나서 자람을 의미하는 '자생'이 적절하다.

06 새로운 질서와 제도를 만들어 내겠다는 내용이므로 전에 없던 것을 처음으로 생각하여 지어내거나 만들어 냄을 의미하는 '창출'이 적절하다.

07 분위기를 새롭게 한다는 내용이므로 그릇된 것이나 묵은 것을 버리고 새롭게 함을 의미하는 '쇄신'이 적절하다.

08 일반적으로 두루 쓸 수 있다는 내용이 들어가야 하므로 일반적으로 두루 씀을 의미하는 '통용'이 적절하다.

09 대열에서 벗어나 달아났다는 내용이므로 정하여진 영역 또는 본디의 목적이나 길, 사상, 규범, 조직 따위로부터 빠져 벗어남을 의미하는 '일탈'이 적절하다.

16 우리말의 경우 모음 하나만으로도 음절을 구성할 수 있다.

19 우리말에서 음절의 끝에서 발음되는 자음은 'ㄱ, ㄴ, ㄷ, ㄹ, ㅁ, ㅂ, ㅇ'의 7개이다.

15회 확인 문제 76~77쪽

01 자조	02 독자	03 속물	04 이상
05 ○	06 ×	07 ×	08 ○
09 ×	10 ㉣	11 ㉤	12 ㉡
13 ㉠	14 ㉥	15 ㉢	16 선생
17 손	18 히	19 짓	

06 '방사'는 가축을 가두거나 매어 두지 않고 놓아서 기른다는 뜻이므로 '방류'와 바꿔 쓸 수 없다.

07 '무상'은 어떤 행위에 대하여 아무런 대가나 보상이 없음을 뜻한다.

09 '고유'는 본래부터 가지고 있는 특유한 것을 뜻한다.

16 '선생님'은 학생을 가르치는 사람을 의미하는 어근 '선생'과 높임의 뜻을 더하는 접미사 '-님'이 결합하여 형성된 단어이다.

17 '맨손'은 '다른 것이 없는'의 뜻을 더하는 접두사 '맨-'과 어근 '손'이 결합하여 형성된 단어이다.

18 '잡히다'는 어근 '잡'에 피동의 뜻을 더하는 접미사 '-히-', 어미 '-다'가 결합하여 형성된 단어이다.

19 '짓밟다'는 '마구', '함부로', '몹시'의 뜻을 더하는 접두사 '짓-'에 어근 '밟', 어미 '-다'가 결합하여 형성된 단어이다.

16회 확인 문제 80~81쪽

01 지향	02 증식	03 상반	04 일가견
05 일면식	06 견고	07 기원	08 범주
09 다변화	10 ②	11 ⑤	12 ①
13 ③	14 ④	15 ㉠	16 ㉢
17 ㉡			

01 올림픽은 인류의 평화와 공존이라는 목표를 가지고 이루어지는 축제이므로, 어떤 목표로 뜻이 쏠리어 향함을 뜻하는 '지향'이 적절하다.

02 돈이 두 배로 늘어난 상황이므로 늘어서 많아짐을 뜻하는 '증식'이 적절하다.

03 서로의 견해가 달라 타협점을 찾아야 하는 상황이므로 서로 반대되거나 어긋나게 된다는 의미의 '상반'이 적절하다.

04 이 말은 어떤 문제에 대하여 독자적인 경지나 체계를 이룬 견해를 뜻하는 '일가견'이다.

05 이 말은 서로 한 번 만나 인사나 나눈 정도로 조금 앎을 뜻하는 '일면식'이다.

15 '구름, 바람, 아침'은 하나의 어근으로 이루어진 단일어이다.

16 '새해(새+해)', '돌다리(돌+다리)', '산들바람(산들+바람)'은 모두 두 개의 어근이 결합하여 하나의 단어가 된 합성어이다.

17 '바느질(바늘+-질)', '풋사과(풋-+사과)', '새파랗다(새-+파랗다)'는 모두 어근에 접사가 결합하여 하나의 단어가 된 파생어이다.

17회 확인 문제 84~85쪽

01 애민	02 창제	03 제자	04 편찬
05 반포	06 나누어 줌	07 언어, 대중	08 어려운
09 끝	10 부창부수	11 망운지정	
12 관혼상제, 백년가약		13 가화만사성	14 ○
15 ×	16 ○	17 ×	

01 백성을 사랑함을 의미하는 '애민'이 적절하다.

02 전에 없던 것을 처음으로 만들거나 제정함을 의미하는 '창제'가 적절하다.

03 글자를 만드는 것을 의미하는 '제자'가 적절하다.

04 여러 가지 자료를 모아 체계적으로 정리하여 책을 만드는 것을 의미하는 '편찬'이 적절하다.

05 세상에 널리 퍼뜨려 모두 알게 함을 의미하는 '반포'가 적절하다.

10 남편과 아내가 서로 돕는다는 내용이므로 '남편이 주장하고 아내가 이에 잘 따름. 또는 부부 사이의 그런 도리'를 의미하는 '부창부수'가 적절하다.

11 유학 생활을 하는 자식이 부모님을 생각하는 내용이므로 자식이 객지에서 고향에 계신 어버이를 생각하는 마음을 의미하는 '망운지정'이 적절하다.

12 예로부터 중요하게 여긴 가정 행사라고 하였으므로 관례, 혼례, 상례, 제례를 아울러 이르는 말인 '관혼상제'가 적절하다. 또 혼인을 일컫는 다른 말을 써야 하므로 젊은 남녀가 부부가 되어 평생을 같이 지낼 것을 굳게 다짐하는 아름다운 언약을 뜻하는 '백년가약'이 적절하다.

13 가정의 화목함이 중요하다는 내용이므로 집안이 화목하면 모든 일이 잘 이루어짐을 의미하는 '가화만사성'이 적절하다.

15 'ㅡ'는 땅의 평평한 모양을 본떠 만든 것이다.

17 'ㅋ'은 'ㄱ'에 획을 하나 더하여 만든 글자로 가획의 원리에 따라 만들어졌으며, 'ㅗ'는 '•'와 'ㅡ'를 결합하여 만든 글자로 합성의 원리에 따라 만들어졌다.

18회 확인 문제 88~89쪽

01 갈무리	02 표출	03 복원	04 본의
05 병행	06 진위	07 전이	08 부과
09 착시	10 ㉢, ⓐ	11 ㉡, ⓒ	12 ㉠, ⓑ
13 벗고	14 저려	15 잡아서	

16 예시 답안 만나는 사람마다 반갑게 인사하는 걸 보니 그는 발이 넓은 게 분명하다. 17 예시 답안 나는 공연 시간이 다 되도록 공연장에 도착하지 못해 발을 굴렀다.

03 이 말은 원래대로 회복함을 뜻하는 '복원'이다.

04 이 말은 본디부터 변함없이 그대로 가지고 있는 마음을 뜻하는 '본의'이다.

05 이 말은 둘 이상의 일을 한꺼번에 행함을 뜻하는 '병행'이다.

06 고미술 작품의 진짜와 가짜를 가려야 하는 상황이므로 참과 거짓 또는 진짜와 가짜를 통틀어 이르는 말인 '진위'가 적절하다. '진의'는 속에 품고 있는 참뜻 또는 진짜 의도를 의미한다.

07 암세포가 다른 곳으로 옮겨 가서 수술을 해야 하는 상황이므로 자리나 위치 따위를 다른 곳으로 옮긴다는 의미의 '전이'가 적절하다. '전가'는 잘못이나 책임을 다른 사람에게 넘겨씌운다는 의미이다.

08 범칙금을 부담하게 하는 것이므로 세금이나 부담금 따위를 매기어 부담하게 한다는 의미의 '부과'가 적절하다. '부가'는 주된 것에 덧붙임을 의미한다.

09 길이가 같은 직선 중 한쪽을 다른 쪽보다 길게 느끼는 것이므로 시각적인 착각 현상을 뜻하는 '착시'가 적절하다. '착란'은 어지럽고 어수선함을 의미한다.

13 경수가 친구를 돕는 일에 적극적으로 나서는 내용이므로 적극적으로 나선다는 의미의 '발 벗고 나서다'가 적절하다.

14 수배범이 경찰을 보고 붙잡힐까 봐 도망친 것이므로 지은 죄가 있어 마음이 조마조마하거나 편안치 아니하다는 의미의 '발이 저리다'가 적절하다.

15 과제를 하느라 주말 내내 쉬지 못했다는 내용이므로 어떤 일에 꽉 잡혀서 벗어나지 못하게 함을 의미하는 '발목을 잡다'가 적절하다.

16 '발이 넓다'는 사귀어 아는 사람이 많아 활동하는 범위가 넓다는 의미이다.

17 '발을 구르다'는 매우 안타까워하거나 다급해한다는 의미이다.

13~18회 종합 문제 90~91쪽

01 ④	02 ⑤	03 ②	04 ③
05 ②	06 ④	07 ①	08 ②

01 '반출'은 운반하여 냄을 뜻하므로 '반출하였다'는 '운반하여 내었다'로 바꾸어 쓸 수 있다.

02 '상반되다'는 서로 반대되거나 어긋나게 된다는 의미이고, '상충되다'는 맞지 아니하고 서로 어긋나게 된다는 의미이므로 의미가 대립된다고 볼 수 없다.

03 무대 공간이 이동한다는 내용이므로 자리나 위치 따위를 다른 곳으로 옮긴다는 의미의 '전이'가 적절하다.

[오답 확인]

① 사람에게 권리 · 명예 · 임명 따위를 지니도록 해 주거나, 사물이나 일에 가치 · 의의 따위를 붙여 줌을 의미하는 '부여'가 적절하다.

③ 서로 한 번 만나 인사나 나눈 정도로 조금 안다는 의미의 '일면식'이 적절하다.
④ 참과 거짓 또는 진짜와 가짜를 통틀어 이르는 말인 '진위'가 적절하다.
⑤ 어떤 목표로 뜻이 쏠리어 향함. 또는 그 방향이나 그쪽으로 쏠리는 의지를 의미하는 '지향'이 적절하다.

04 '반포'는 세상에 널리 퍼뜨려 모두 알게 함을 의미한다. 신문이나 책자 따위를 널리 나누어 줌을 의미하는 말은 '배포'이다.

05 '다변화'는 변화가 많음을 의미하는 '다변'에 '그렇게 만들거나 됨'의 뜻을 더하는 접미사 '-화'가 붙어 만들어진 파생어이다.

[오답 확인]
① '갈무리'는 물건 따위를 잘 정리하거나 간수함을 의미하는 단일어이다.
③ '한량없다'는 한정된 분량의 의미를 지닌 어근 '한량'과 '사람, 동물, 물체 따위가 실제로 존재하지 않는 상태이다.'라는 의미를 지닌 어근 '없다'가 결합하여 끝이나 한이 없다는 의미를 지니는 합성어이다.
④, ⑤ '독자적', '자조적'은 각각 어근 '독자', '자조'에 '그 성격을 띠는', '그에 관계된', '그 상태로 된'의 뜻을 더하는 접미사 '-적'이 붙어 만들어진 파생어이다.

2018학년도 수능

■ 다음 문장에서 ㉠~㉤에 해당하는 예를 찾아 이를 설명한 내용으로 적절하지 않은 것은?

아기장수가 맨손으로 산에 쌓인 바위를 깨뜨리는 모습이 멋졌다.

국어의 단어들은 ㉠어근과 어근이 결합해 만들어지기도 하고 어근과 파생 접사가 결합해 만들어지기도 한다. 어근과 파생 접사가 결합한 단어는 ㉡파생 접사가 어근의 앞에 결합한 것도 있고, ㉢파생 접사가 어근의 뒤에 결합한 것도 있다. 어근이 용언 어간이나 체언일 때, 그 뒤에 결합한 파생 접사는 어미나 조사와 혼동될 수도 있다. 그러나 파생 접사는 주로 새로운 단어를 만든다는 점에서 차이가 있다. 이에 비해 ㉣어미는 용언 어간과 결합해 용언이 문장 성분이 될 수 있도록 해 주고, ㉤조사는 체언과 결합해 체언이 문장 성분임을 나타내 줄 뿐 새로운 단어를 만들지는 않는다.

① '아기장수가'의 '아기장수'는 ㉠에 해당하는 예로, 어근 '아기'와 어근 '장수'가 결합했다.
② '맨손으로'의 '맨손'은 ㉡에 해당하는 예로, 파생 접사 '맨-'이 어근 '손' 앞에 결합했다.
③ '쌓인'의 어간은 ㉢에 해당하는 예로, 파생 접사 '-이-'가 어근 '쌓-' 뒤에 결합했다.
④ '깨뜨리는'은 ㉣에 해당하는 예로, 어미 '-리는'이 용언 어간 '깨뜨-'와 결합했다.
⑤ '모습이'는 ㉤에 해당하는 예로, 조사 '이'가 체언 '모습'과 결합했다.

▸▸ '깨뜨리는'은 ㉣에 해당하는 예로, 어미 '-는'이 용언 어간 '깨뜨리-'와 결합했다. 따라서 어미 '-리는'이 용언 어간 '깨뜨-'와 결합했다는 설명은 적절하지 않다. **정답 ④**

06 학교 앞에 불법 주차를 하는 차량의 경우 사정을 봐주지 않고 처벌해야 한다는 의미이므로 '가차'의 사용이 적절하다.

[오답 확인]
① '쇄신'은 그릇된 것이나 묵은 것을 버리고 새롭게 한다는 의미인데, 예시 문장에서는 '긍정적인 이미지'를 '쇄신'한다고 했으므로 적절하지 않다.
② '본의'는 본디부터 변함없이 그대로 가지고 있는 마음이므로 예시 문장에서 '본의 아니게'와 같이 써야 적절하다.
③ '증식'은 늘려서 많게 한다는 의미이므로 예시 문장에서 평화주의자인 '그'가 전쟁을 늘린다는 것은 문맥상 적절하지 않다.
⑤ 예시 문장에서 '기원'은 바라는 일이 이루어지기를 빈다는 뜻이므로 제시된 의미의 예로 적절하지 않다.

07 '타산지석'은 본이 되지 않은 남의 말이나 행동도 자신의 지식과 인격을 수양하는 데에 도움이 될 수 있음을 비유적으로 이르는 말이므로 적절하지 않다.

[오답 확인]
② 주경야독: 낮에는 농사짓고, 밤에는 글을 읽는다는 뜻으로, 어려운 여건 속에서도 꿋꿋이 공부함을 이르는 말
③ 무쇠도 갈면 바늘 된다: 꾸준히 노력하면 어떤 어려운 일이라도 이룰 수 있다는 말
④ 공든 탑이 무너지랴: 힘을 다하고 정성을 다하여 한 일은 그 결과가 반드시 헛되지 아니함을 이르는 말
⑤ 흐르는 물은 썩지 않는다: 사람은 언제나 일하고 공부하며 단련하여야 시대에 뒤떨어지지 아니하고 또 변질되지 아니함을 비유적으로 이르는 말

08 자신이 잘못을 해서 친구의 시선을 피하는 상황이므로 지은 죄가 있어 마음이 조마조마하거나 편안치 아니함을 의미하는 '발이 저리다'를 활용해야 한다. '발이 넓다'는 사귀어 아는 사람이 많아 활동하는 범위가 넓다는 뜻이다.

[오답 확인]
① 재형이가 환경을 지키는 일에 언제나 적극적으로 나서므로 적극적으로 나섬을 의미하는 '발 벗고 나서다'가 적절하다.
③ 차가 밀려 약속 시간에 늦을까 봐 안타까워한 것이므로 매우 안타까워하거나 다급해함을 의미하는 '발을 구르다'가 적절하다.
④ 내가 전학을 와 어색해할 때 상수가 도움을 준 것이므로 친하려고 나섬을 의미하는 '손을 내밀다'가 적절하다.
⑤ 상대 팀이 막강하다고 해서 포기하지 말고 최선을 다하라는 것이므로 하던 일을 그만두거나 잠시 멈춤을 의미하는 '손을 놓다'가 적절하다.

19회 확인 문제 96~97쪽

01~07 해설 참조		08 번영	09 상용화
10 ㉣	11 ㉠	12 ㉢	13 ㉡
14 한글 맞춤법, 어법		15 표준 발음법, 실제	

01~07

		01 귀	환			02 형	
		화				설	
				03 망	양	지	탄
04 변	질					공	
모			05 박				
		06 곡	학	아	세		
			다			07 개	괄
			식			관	

14 한글 맞춤법은 표준어를 소리대로 적되, 어법에 맞도록 함을 원칙으로 하기 때문에 '꽃이'를 '꼬치'로 적지 않고 '꽃이'로 적는 것이다.

15 표준 발음법 제1항에서 표준어의 실제 발음을 따르되, 국어의 전통성과 합리성을 고려하여 정함을 원칙으로 한다고 밝히고 있다.

20회 확인 문제 100~101쪽

01 ②	02 ③	03 ①	04 ④
05 ①	06 비약적	07 바늘 가는 데 실 간다	
08 초록은 동색		09 개밥에 도토리	
10 찬물에 기름 돌듯		11 꾸어다 놓은 보릿자루	
12 ○	13 ×	14 ○	

05 공정하지 못하고 한쪽으로 치우친 생각은 '편견'이다. 체면을 차릴 줄 알며 부끄러움을 아는 마음이 전혀 없음을 뜻하는 말은 '몰염치'이다. '순기능'은 본래 목적한 대로 작용하는 긍정적인 기능이고, 본래 의도한 것과 반대로 작용하는 기능은 '역기능'이다. '취약'은 〈보기〉 ①의 의미를 지니고, '급진적'은 ③, '퇴영적'은 ④, '배제'는 ②의 의미를 지닌다.

06 ①의 예문에서 '비약적'은 '논리나 사고방식 따위가 그 차례나 단계를 따르지 아니하고 뛰어넘는. 또는 그런 것'을 의미하고, ②와 ③의 예문에서 '비약적'은 '지위나 수준 따위가 갑자기 빠른 속도로 높아지거나 향상되는. 또는 그런 것'을 의미한다.

13 담화를 구성하는 발화들이 형식적으로 긴밀하게 연결되는 것을 응집성이라 한다. 통일성은 발화들이 내용적으로 긴밀하게 연결되는 것을 의미한다.

21회 확인 문제 104~105쪽

01 독백	02 반감	03 소양	04 교섭
05 논쟁	06 유유상종	07 동고동락	08 호형호제
09 생면부지	10 순망치한	11 심화	12 평판
13 덕목	14 은연중	15 ×	16 ○
17 ○			

11 대기 오염 때문에 인간의 생존이 위협을 받고 있다는 내용으로 보아 '정도나 경지가 점점 깊어짐. 또는 깊어지게 함.'이라는 의미의 '심화'가 적절하다.

12 '~이 좋고 영향력도 있는 인물이다.'라는 내용으로 보아 세상 사람들의 비평을 뜻하는 '평판'이 적절하다.

13 충과 효라는 말로 보아 덕을 분류하는 명목을 뜻하는 '덕목'이 적절하다.

14 대화에서 자기의 생각을 드러내고 말았다고 하였으므로 남이 모르는 가운데를 뜻하는 '은연중'이 적절하다.

15 담화의 의미는 고정되어 있지 않으며 담화가 이루어지는 맥락 속에서 결정된다.

22회 확인 문제 108~109쪽

01 ②	02 ③	03 ④	04 ①
05 각박한	06 동조할	07 겸허하게	08 무안하여
09 경각심	10 보편적	11 ㉤	12 ㉠
13 ㉣	14 ㉢	15 ㉡	16 공감적 대화
17 소극적 들어 주기: ①, ③ / 적극적 들어 주기: ②, ④			

05 '세상인심'이라는 표현이 나오므로, 인정이 없고 삭막하다는 의미의 '각박하다'를 활용하여 '각박한'으로 써야 한다.

06 '논리적인 발언'이라는 표현이 나오므로, 남의 주장에 자기의 의견을 일치시키거나 보조를 맞춘다는 의미의 '동조하다'를 활용하여 '동조할'로 써야 한다.

07 ‘받아들이겠다’라는 표현이 나오므로, 스스로 자신을 낮추고 비우는 태도가 있다는 의미의 ‘겸허하다’를 활용하여 ‘겸허하게’로 써야 한다.

08 ‘어제 저지른 실수’라는 표현이 나오므로, 수줍거나 창피하여 볼 낯이 없다는 의미의 ‘무안하다’를 활용하여 ‘무안하여’로 써야 한다.

09 ‘안전에 대한’이라는 표현이 나오므로 정신을 차리고 주의 깊게 살피어 경계하는 마음을 의미하는 ‘경각심’이 적절하다. ‘경외심’은 공경하면서 두려워하는 마음을 뜻한다.

10 ‘어느 사회에나 존재하는’이라는 표현이 나오므로 ‘두루 널리 미치는. 또는 그런 것’을 의미하는 ‘보편적’이 적절하다. ‘한정적’은 ‘수량이나 범위 따위를 제한하여 정하는. 또는 그런 것’이라는 뜻이다.

23회 확인 문제 112~113쪽

01~05 해설 참조 06 ㉤ 07 ㉣
08 ㉡ 09 ㉢ 10 ㉠ 11 ④
12 예시 답안 이 문제를 해결할 계책이 떠오르질 않는다.
13 예시 답안 발표자의 엉뚱한 대답이 청중의 실소를 자아냈다.
14 예시 답안 그녀는 시어머니의 타박에 상처를 많이 받았다.

01~05

기	이	암	시	01 문	행	급
묘	02 유	실	안	장	04 남	진
하	현	방	판	단	짓	적
다	절	제	백	고	생	05 만
개	판	방	치	세	별	평
점	03 딴	지	무	궁	무	진
숙	연	하	다	점	진	적

11 ‘속담’은 예로부터 전해지는 조상들의 지혜가 담긴 표현이다. 사리에 맞는 훌륭한 말로 유명한 사람의 입에서 나와 널리 알려진 말은 ‘명언’이다. ‘관용구’는 둘 이상의 단어가 합쳐져 원래의 뜻과는 전혀 다른 새로운 뜻으로 굳어져서 쓰이는 표현이다. ‘무단’은 〈보기〉 ④의 의미를 지닌다. ‘운치’는 ①, ‘면박’은 ②, ‘계략’은 ③의 의미를 지닌다.

24회 확인 문제 116~117쪽

01~06 해설 참조 07 ① 08 ①
09 ㉠ 10 ㉢ 11 ㉡ 12 ×
13 ○ 14 저해, 예시 답안 지역 이기주의는 사회 발전을 저해하는 요소이다. 15 왜곡, 예시 답안 그들은 역사 왜곡을 바로잡기 위해 노력하고 있다.
16 근절, 예시 답안 부정부패를 근절하자.

01~06

01 초	02 고							03 허
	루							심
	하							탄
	다			05 단				회
				조				하
				롭		04 밑	돌	다
	06 과	도	하	다				

07 자기 주변에서 일어나는 일 외에 세상 돌아가는 일에 전혀 관심을 두지 않는 사람은 넓은 세상의 형편을 알지 못하는 사람을 비유적으로 이르는 말인 ‘우물 안 개구리’로 표현할 수 있다. ‘낫 놓고 기역 자도 모른다’는 사람이 글자를 모르거나 아주 무식함을 비유적으로 이르는 말이다.

08 화재가 난 이후에 소방 시설을 점검해도 화재 사고를 되돌릴 수는 없으므로 일이 이미 잘못된 뒤에는 손을 써도 소용이 없음을 비꼬는 말인 ‘소 잃고 외양간 고친다’와 의미가 통한다. ‘빈대 잡으려고 초가삼간 태운다’는 손해를 크게 볼 것은 생각하지 않고 자기에게 마땅치 아니한 것을 없애려고 그저 덤비기만 하는 경우를 비유적으로 이르는 말이다.

12 고쳐쓰기는 글을 다 쓴 후에도 하지만 글을 쓰는 과정 중에도 할 수 있다.

19~24회 종합 문제 118~119쪽

01 ④ 02 ① 03 ① 04 ④
05 ① 06 ③ 07 ①

01 ④의 ‘순화’는 ㉠의 ‘정성 어린 가르침으로 감화함.’의 의미이다.

02 ‘유방백세’는 꽃다운 이름이 후세에 길이 전함을 의미하므로 ‘나라에 큰 공을 세우고 이름을 만대에 빛내는 것’과 관

련이 깊다.

[오답 확인]

② 박학다식: 학식이 넓고 아는 것이 많음.
③ 절차탁마: 옥이나 돌 따위를 갈고 닦아서 빛을 낸다는 뜻으로, 부지런히 학문과 덕행을 닦음을 이르는 말
④ 금의환향: 비단옷을 입고 고향에 돌아온다는 뜻으로, 출세를 하여 고향에 돌아가거나 돌아옴을 비유적으로 이르는 말
⑤ 곡학아세: 바른길에서 벗어난 학문으로 세상 사람에게 아첨함.

⊕ 2014학년도 수능

■ ⓐ의 상황을 나타내는 말로 가장 적절한 것은?

> ⓐ들을 사람은 두셋밖에 안 되는데 수십 명이 거의 동시에 떠들어대고 있었다.

① 유구무언(有口無言)　② 일구이언(一口二言)
③ 중구난방(衆口難防)　④ 진퇴양난(進退兩難)
⑤ 횡설수설(橫說竪說)

▸▸ '중구난방'은 뭇사람의 말을 막기가 어렵다는 뜻으로, 막기 어려울 정도로 여럿이 마구 지껄임을 이르는 말로 ⓐ의 상황을 드러내기에 적절하다. **정답 ③**
① 유구무언: 입은 있어도 말은 없다는 뜻으로, 변명할 말이 없거나 변명을 못함을 이르는 말
② 일구이언: 한 입으로 두 말을 한다는 뜻으로, 한 가지 일에 대하여 말을 이랬다저랬다 함을 이르는 말
④ 진퇴양난: 이러지도 저러지도 못하는 어려운 처지
⑤ 횡설수설: 조리가 없이 말을 이러쿵저러쿵 지껄임.

03 '변모'는 '모양이나 모습이 달라지거나 바뀜. 또는 그 모양이나 모습'이라는 뜻이므로 ㉠~㉤에 들어갈 수 없다.

[오답 확인]

㉠ 전국의 관광지를 안내한다는 내용으로 보아, '전체를 대강 살펴봄. 또는 그런 것'이라는 의미의 '개관'이 적절하다.
㉡ 독일인이 한국인이 된다는 내용을 담고 있으므로, 다른 나라의 국적을 얻어 그 나라의 국민이 되는 일이라는 의미의 '귀화'가 적절하다.
㉢ '저온에 보관해야'라는 내용으로 보아, '성질이 달라지거나 물질의 질이 변함. 또는 그런 성질이나 물질'이라는 의미의 '변질'이 적절하다.
㉣ '파업 직전에 ~ 이루어졌다.'는 내용으로 보아, 어떤 일을 이루기 위하여 서로 의논하고 절충함을 의미하는 '교섭'이 적절하다.
㉤ 국제 경쟁력을 상실했다는 내용으로 보아, 무르고 약함을 의미하는 '취약'이 적절하다.

04 '-하다'는 '피동'의 뜻을 더하지 않는다. 또한 '-하다'는 동사를 만들기도 하고 형용사를 만들기도 하는데 '무안하다'는 형용사이므로 여기서 '-하다'는 형용사를 만드는 역할을 하는 접사이다.

05 '남짓'은 크기, 수효, 부피 따위가 어느 한도에 차고 조금 남는 정도임을 나타내는 말이다. 따라서 '조금 넘게'라는 말과 의미가 유사하다.

06 '망양지탄'은 갈림길이 매우 많아 잃어버린 양을 찾을 길이 없음을 탄식한다는 뜻으로, 학문의 길이 여러 갈래여서 한 갈래의 진리도 얻기 어려움을 이르는 말이고, '빈 수레가 요란하다'는 실속 없는 사람이 겉으로 더 떠들어 댐을 비유적으로 이르는 말이다. 따라서 의미가 서로 유사하다고 할 수 없다.

[오답 확인]

① 유유상종: 같은 무리끼리 서로 사귐.
　초록은 동색: 풀색과 녹색은 같은 색이라는 뜻으로, 처지가 같은 사람들끼리 한 패가 되는 경우를 비유적으로 이르는 말
② 정저지와: 우물 안의 개구리라는 뜻으로, 견문이 좁고 세상 형편에 어두운 사람을 비유적으로 이르는 말
　우물 안 개구리: 넓은 세상의 형편을 알지 못하는 사람을 비유적으로 이르는 말
④ 순망치한: 입술이 없으면 이가 시리다는 뜻으로, 서로 이해관계가 밀접한 사이에 어느 한쪽이 망하면 다른 한쪽도 그 영향을 받아 온전하기 어려움을 이르는 말
　입술이 없으면 이가 시리다: 서로 밀접한 관계에 있어서 하나가 망하면 다른 하나도 망하게 되는 경우를 비유적으로 이르는 말
⑤ 목불식정: 아주 간단한 글자인 '丁' 자를 보고도 그것이 '고무래'인 줄을 알지 못한다는 뜻으로, 아주 까막눈임을 이르는 말
　낫 놓고 기역 자도 모른다: 기역 자 모양으로 생긴 낫을 보면서도 기역 자를 모른다는 뜻으로, 사람이 글자를 모르거나 아주 무식함을 비유적으로 이르는 말

07 컴퓨터를 활용하여 글을 쓰는 것이 널리 퍼졌다는 의미이므로 여기서 '보편적'은 '두루 널리 미치는. 또는 그런 것'이라는 의미이다.

어휘력 다지기

01회 2~3쪽

01 오한	02 동태	03 미간	04 권세
05 화자	06 ㉡	07 ㉠	08 ㉤
09 ㉢	10 ㉣	11 거동	12 세도
13 서정적	14 분연히	15 흥망성쇠	16 사필귀정
17 고진감래	18 흥진비래	19 화무십일홍	20 근묵자흑

01 '오한'은 몸이 오슬오슬 춥고 떨리는 증상을 뜻한다.

02 '동태'는 움직이거나 변하는 모습을 뜻한다.

03 '미간'은 두 눈썹의 사이이다.

04 '권세'는 권력과 세력을 아울러 이르는 말이다.

05 '화자'는 이야기를 하는 사람을 뜻한다.

11 '거주'는 '일정한 곳에 머물러 삶. 또는 그런 집'이라는 뜻이다.

12 '세력'은 권력이나 기세의 힘을 뜻한다.

13 '감정적'은 '마음이나 기분에 의한. 또는 그런 것'이라는 뜻이다.

14 '분명히'는 '모습이나 소리 따위가 흐릿함이 없이 똑똑하고 뚜렷하게', '태도나 목표 따위가 흐릿하지 않고 확실하게', '어떤 사실이 틀림이 없이 확실하게'라는 뜻이다.

02회 4~5쪽

01 망연자실	02 우두망찰	03 구김살	04 어조
05 정서	06 감정 이입	07 ㉡	08 ㉠
09 ㉣	10 ㉢	11 잠잠한	12 달갑잖은
13 묵직한	14 치빼지	15 낭창하다는	16 벼락
17 뿌리	18 벼락	19 강, 불	20 빙산

11 '잠잠하다'는 분위기나 활동 따위가 소란하지 않고 조용하다는 뜻이다.

12 '달갑잖다'는 거리낌이나 불만이 있어 마음이 흡족하지 아니하다는 뜻이다.

13 '묵직하다'는 ① '다소 큰 물건이 보기보다 제법 무겁다.', ② '사람이 점잖고 무게가 있다.'라는 뜻이다. 여기서는 ①의 의미로 쓰였다.

14 '치빼다'는 '(속되게) 냅다 달아나다.'를 뜻한다.

15 '낭창하다'는 성격 따위가 밝고 명랑하여 구김살이 없다는 뜻이다.

03회 6~7쪽

01 시효	02 생색	03 극한	04 반색
05 포획	06 ㉡	07 ㉠	08 ㉢
09 ㉤	10 ㉣	11 실토	12 운율
13 극치	14 유야무야	15 갈취하다	16 요산요수
17 연하고질	18 천석고황	19 무위자연	20 음풍농월

01 '시효'는 어떤 사실 상태가 일정한 기간 동안 계속되는 일을 뜻한다.

02 '생색'은 다른 사람 앞에 당당히 나설 수 있거나 자랑할 수 있는 체면을 뜻한다.

03 '극한'은 궁극의 한계라는 뜻으로, 사물이 진행하여 도달할 수 있는 최후의 단계나 지점을 이른다.

04 '반색'은 '매우 반가워함. 또는 그런 기색'이라는 뜻이다.

05 '포획'은 ① '적병을 사로잡음.', ② '짐승이나 물고기를 잡음.'이라는 뜻이다. 여기서는 ②의 의미로 쓰였다.

11 '실언'은 '실수로 잘못 말함. 또는 그렇게 한 말'을 뜻한다.

12 '비유'는 어떤 현상이나 사물을 직접 설명하지 아니하고 다른 비슷한 현상이나 사물에 빗대어서 설명하는 일을 뜻한다.

13 '극단'은 길이나 일의 진행이 끝까지 미쳐 더 나아갈 데가 없는 지경을 뜻한다.

14 '유유상종'은 같은 무리끼리 서로 사귄다는 뜻이다.

15 '갈구하다'는 간절히 바라며 구한다는 뜻이다.

04회			8~9쪽
01 배치	02 예찬	03 기별	04 흠모
05 심상	06 ㉠	07 ㉢	08 ㉣
09 ㉡	10 ㉤	11 경의	12 체득
13 부득불	14 공감각적 심상		15 모기, 칼
16 개똥, 약	17 댓돌	18 티끌, 태산	19 새, 피
20 가랑비, 옷			

01 '배치'는 사람이나 물자 따위를 일정한 자리에 나누어 둠을 뜻한다.

02 '예찬'은 무엇이 훌륭하거나 좋거나 아름답다고 찬양함을 뜻한다.

03 '기별'은 '다른 곳에 있는 사람에게 소식을 전함. 또는 소식을 적은 종이'라는 뜻이다.

04 '흠모'는 기쁜 마음으로 공경하며 사모함을 뜻한다.

05 '심상'은 마음에 그려지는 상으로, 시에서 시어를 통해 마음속에 떠오르는 구체적이거나 감각적인 인상을 뜻한다.

11 '선의'는 착한 마음 또는 좋은 뜻이라는 의미이다.

12 '습득'은 학문이나 기술 따위를 배워서 자기 것으로 함을 뜻한다.

13 '불가분'은 나눌 수가 없음을 뜻한다.

14 복합적 심상은 둘 이상의 감각이 나란히 제시되지만 공감각적 심상과 달리 '전이'가 발생하지 않는다.

05회			10~11쪽
01 복원	02 급증	03 상당	04 모종
05 반어	06 역설	07 ㉡	08 ㉢
09 ㉠	10 ㉤	11 ㉣	12 거나하게
13 희번덕거리며		14 실팍하여	15 관망하지
16 급감	17 복구	18 상충	19 풍자
20 해학			

01 '복원'은 원래대로 회복함을 뜻한다.

02 '급증'은 급작스럽게 늘어남을 뜻한다.

03 '상당'은 일정한 액수나 수치 따위에 해당함을 뜻한다.

04 '모종'은 어떠한 종류를 뜻한다.

12 '거나하다'는 술 따위에 취한 정도가 어지간하다는 뜻이다.

13 '희번덕거리다'는 '눈을 크게 뜨고 흰자위를 자꾸 번득이며 움직이다. 또는 그렇게 되게 하다.'라는 뜻이다.

14 '실팍하다'는 사람이나 물건 따위가 보기에 매우 실하다는 뜻이다.

15 '관망하다'는 ① '한발 물러나서 어떤 일이 되어 가는 형편을 바라보다.', ② '풍경 따위를 멀리서 바라보다.'라는 뜻이다. 여기서는 ①의 의미로 쓰였다.

06회			12~13쪽
01 거지반	02 멀거니	03 활유법	04 대유법
05 풍유법	06 물끄러미	07 옹졸하다	08 골똘하다
09 산천초목	10 걱실걱실하다		11 골몰하고
12 내외할	13 성마른	14 질펀한	15 사사로운
16 당당	17 속마음	18 기억	19 양심
20 두려움			

01 '거지반'은 ① '거의 절반', ② '거의 절반 가까이'라는 뜻이다. 여기서는 ②의 의미로 쓰였다.

02 '멀거니'는 정신없이 물끄러미 보고 있는 모양을 뜻한다.

03 '활유법'은 '나를 에워싸는 산', '울음 우는 바다'와 같이 무생물을 생물인 것처럼, 감정이 없는 것을 감정이 있는 것처럼 나타내는 표현 방법이다.

04 '대유법'은 '흰옷'으로 우리 민족을, '백의(白衣)의 천사'로 간호사를, '요람에서 무덤까지'로 태어나서 죽을 때까지를 나타내는 것과 같이, 대상의 일부분이나 속성으로 그 대상 전체를 나타내는 표현 방법이다.

05 '풍유법'은 속담이나 격언처럼 본뜻은 숨기고 비유하는 말만으로 숨겨진 뜻을 암시하는 표현 방법이다.

06 '빼꼼히'는 '작은 구멍이나 틈 따위가 도렷하게 나 있는 모양', '살며시 문 따위를 아주 조금 여는 모양', '작은 구멍이나 틈 사이로 아주 조금만 보이는 모양'이라는 뜻이다.

07 '치졸하다'는 유치하고 졸렬하다는 뜻이다.

08 '똘똘하다'는 매우 똑똑하고 영리하다는 뜻이다.

09 '첩첩산중'은 여러 산이 겹치고 겹친 산속이라는 뜻이다.

10 '굽실굽실하다'는 '고개나 허리를 가볍게 자꾸 구푸렸다 펴다.', '남의 비위를 맞추느라고 비굴하게 자꾸 행동하다.'라는 뜻이다.

11 '골몰하다'는 다른 생각을 할 여유도 없이 한 가지 일에만 파묻힌다는 뜻이다.

12 '내외하다'는 남의 남녀 사이에 서로 얼굴을 마주 대하지 않고 피한다는 뜻이다.

13 '성마르다'는 참을성이 없고 성질이 조급하다는 뜻이다.

14 '질펀하다'는 땅이 넓고 평평하게 펼쳐져 있다는 뜻이다.

15 '사사롭다'는 공적(公的)이 아닌 개인적인 범위나 관계의 성질이 있다는 뜻이다.

07회 14~15쪽

01 원경	02 낙제	03 모태	04 원형
05 전례	06 ㉢	07 ㉣	08 ㉠
09 ㉤	10 ㉡	11 심산	12 발상
13 낙방	14 근경	15 소견	16 비분강개
17 전전긍긍	18 전전반측	19 천인공노	20 좌불안석

01 '원경'은 멀리 보이는 경치 또는 먼 데서 보는 경치라는 뜻이다.

02 '낙제'는 시험이나 검사 따위에 떨어짐을 뜻한다.

03 '모태'는 ① '어머니의 태 안', ② '사물의 발생 · 발전의 근거가 되는 토대를 비유적으로 이르는 말'이라는 뜻이다. 여기서는 ②의 의미로 쓰였다.

04 '원형'은 ① '본디의 모습', ② '복잡하고 다양한 모습으로 바뀌기 이전의 단순한 모습'이라는 뜻이다. 여기서는 ①의 의미로 쓰였다.

05 '전례'는 ① '(주로 없거나 적다는 뜻의 서술어와 함께 쓰여) 이전부터 있었던 사례', ② '예로부터 전하여 내려오는 일 처리의 관습'이라는 뜻이다. 여기서는 ①의 의미로 쓰였다.

11 '계산'은 '수를 헤아림.', '어떤 일을 예상하거나 고려함.', '값을 치름.', '어떤 일이 자기에게 이해득실이 있는지 따짐.' 등을 뜻한다.

12 '발굴'은 '땅속이나 큰 덩치의 흙, 돌 더미 따위에 묻혀 있는 것을 찾아서 파냄.', '세상에 널리 알려지지 않거나 뛰어난 것을 찾아 밝혀냄.'을 뜻한다.

13 '낙심'은 바라던 일이 이루어지지 아니하여 마음이 상함을 뜻한다.

14 '근방'은 가까운 곳을 뜻한다.

15 '소원(所願)'은 '어떤 일이 이루어지기를 바람. 또는 그런 일'을 뜻한다.

08회 16~17쪽

01 곤욕	02 정적	03 칭호	04 심보
05 역정	06 ㉡	07 ㉣	08 ㉤
09 ㉠	10 ㉢	11 모욕	12 초래하다
13 심통	14 난입	15 괴괴하다	16 물속, 사람
17 말, 천 냥 빚		18 되, 말	19 코, 석 자
20 앞길, 구만 리			

01 '곤욕'은 심한 모욕 또는 참기 힘든 일을 뜻한다.

02 '정적'은 고요하여 괴괴함을 뜻한다.

03 '칭호'는 어떠한 뜻으로 일컫는 이름을 뜻한다.

04 '심보'는 마음을 쓰는 속 바탕을 뜻한다.

05 '역정'은 몹시 언짢거나 못마땅하여서 내는 성을 뜻한다.

11 '식욕'은 음식을 먹고 싶어 하는 욕망을 뜻한다.

12 '유래하다'는 사물이나 일이 생겨난다는 뜻이다.

13 '심리'는 마음의 작용과 의식의 상태를 뜻한다.

14 '난리'는 분쟁, 재해 따위로 세상이 소란하고 질서가 어지러워진 상태를 뜻한다.

15 '쾌쾌하다'는 성격이나 행동이 굳세고 씩씩하여 아주 시원스럽다는 뜻이다.

09회 18~19쪽

01 문신	02 괄시	03 달음질	04 풍채
05 천부적	06 하릴없이	07 공익	08 행색
09 환대	10 후천적	11 열화	12 ㉡
13 ㉠	14 ㉣	15 ㉢	16 필부필부
17 사리사욕	18 갑남을녀	19 초동급부	20 장삼이사

07 '사익'은 개인의 이익을 뜻한다.

08 '행동'은 몸을 움직여 동작을 하거나 어떤 일을 함을 뜻한다.

09 '홀대'는 소홀히 대접함을 뜻한다.

10 '선천적'은 '태어날 때부터 지니고 있는. 또는 그런 것'을 뜻한다.

11 '열기'는 뜨거운 기운, 흥분한 분위기 등을 뜻한다.

10회 20~21쪽

01 경위	02 심지	03 송출	04 해빙
05 문체	06 ㉡	07 ㉠	08 ㉢
09 ㉤	10 ㉣	11 차일	12 파면
13 치하	14 불모지	15 물색하다	16 소 먹듯 하다
17 돼지 멱따는 소리		18 밴댕이 소갈머리	
19 게 눈 감추듯		20 쥐도 새도 모르게	

01 '경위'는 일이 진행되어 온 과정을 뜻한다.

02 '심지'는 마음에 품은 의지를 뜻한다.

03 '송출'은 ① '사람을 해외로 내보냄.', ② '물품, 전기, 전파, 정보 따위를 기계적으로 전달함.'을 뜻한다. 여기서는 ①의 의미로 쓰였다.

04 '해빙'은 ① '얼음이 녹아 풀림.', ② '서로 대립 중이던 세력 사이의 긴장이 완화됨을 비유적으로 이르는 말'을 뜻한다. 여기서는 ①의 의미로 쓰였다.

05 '문체'는 문장의 개성적 특색을 뜻한다. 문체는 글쓴이에 따라 그 특성이 문장의 전체 또는 부분에 드러나는데, 길이나 표현 방법 등에 따라 간결체, 만연체, 강건체, 우유체 등으로 나뉜다.

11 '해일'은 해저의 지각 변동이나 해상의 기상 변화에 의하여 갑자기 바닷물이 크게 일어서 육지로 넘쳐 들어오는 것 또는 그런 현상을 뜻한다.

12 '파양'은 양자 관계의 인연을 끊음을 뜻한다.

13 '축하'는 '남의 좋은 일을 기뻐하고 즐거워한다는 뜻으로 인사함. 또는 그런 인사'를 뜻한다.

14 '발상지'는 역사적으로 큰 가치가 있는 어떤 일이나 사물이 처음 나타난 곳을 뜻한다.

15 '정색하다'는 얼굴에 엄정한 빛을 나타낸다는 뜻이다.

11회 22~23쪽

01 절개	02 절호	03 상설	04 태평
05 유세	06 동선	07 ㉡	08 ㉠
09 ㉣	10 ㉢	11 대적하고	12 함구하고
13 해박한	14 필적할	15 명소	16 연군지정
17 위국충절	18 맥수지탄	19 태평성대	20 도화선

01 '절개'는 신념, 신의 따위를 굽히지 아니하고 굳게 지키는 꿋꿋한 태도를 뜻한다.

02 '절호'는 무엇을 하기에 기회나 시기 따위가 더할 수 없이 좋음을 뜻한다.

03 '상설'은 언제든지 이용할 수 있도록 설비와 시설을 갖추어 둠을 뜻한다.

04 '태평'은 나라가 안정되어 아무 걱정 없고 평안함을 뜻한다.

05 '유세'는 자기 의견 또는 자기 소속 정당의 주장을 선전하며 돌아다님을 뜻한다.

06 '동선'은 건축물의 내외부에서, 사람이나 물건이 어떤 목적이나 작업을 위하여 움직이는 자취나 방향을 나타내는 선을 뜻한다.

11 '대적하다'는 적이나 어떤 세력, 힘 따위와 맞서 겨룬다는 뜻이다.

12 '함구하다'는 '말하지 아니하다.'라는 뜻으로, 입을 다문다는 뜻에서 나온 말이다.

13 '해박하다'는 여러 방면으로 학식이 넓다는 뜻이다.

14 '필적하다'는 능력이나 세력이 엇비슷하여 서로 맞선다는 뜻이다.

12회 24~25쪽

01 분배	02 체감	03 추정	04 촉진
05 결속	06 가독성	07 ㉡	08 ㉠
09 ㉣	10 ㉢	11 안주	12 분산
13 안위	14 배분	15 추산	16 추이
17 생각, 말	18 돌다리	19 천	20 식은 죽

11 '안주'는 ① '한곳에 자리를 잡고 편안히 삶.', ② '현재의 상황이나 처지에 만족함.'을 뜻한다. 여기서는 ②의 의미로 쓰였다.

12 '분산'은 '갈라져 흩어짐. 또는 그렇게 되게 함.'이라는 뜻이다.

13 '안위'는 몸을 편안하게 하고 마음을 위로함을 뜻한다.

14 '배분'은 몫몫이 별러 나눔을 뜻한다.

15 '추산'은 '짐작으로 미루어 셈함. 또는 그런 셈'을 뜻한다.

16 '추이'는 '일이나 형편이 시간의 경과에 따라 변하여 나감. 또는 그런 경향'을 뜻한다.

13회 26~27쪽

01 식별	02 분포	03 막간	04 산출
05 의기소침	06 의기충천	07 ①	08 ②
09 ③	10 산출되지	11 유약했던	12 유력한
13 ㉣	14 ㉢	15 ㉡	16 ㉠
17 ㉤	18 초성	19 중성	20 종성

10 '산출(産出)되다'는 물건이 생산되거나 인물·사상 따위가 나온다는 뜻이다.

11 '유약하다'는 부드럽고 약하다는 뜻이다.

12 '유력하다'는 ① '세력이나 재산이 있다.', ② '가능성이 많다.'라는 뜻이다. 여기서는 ②의 의미로 쓰였다.

14회 28~29쪽

01 창출	02 반출	03 일탈	04 혁신
05 기여	06 통용	07 자생	08 ㉡
09 ㉠	10 ㉢	11 손을 내밀다	12 손에 익다
13 손이 크다	14 손을 놓다	15 손이 맞다	16 공헌
17 숙지	18 쇄신	19 준거	20 자력갱생

01 '창출'은 전에 없던 것을 처음으로 생각하여 지어내거나 만들어 냄을 의미한다.

02 '반출'은 운반하여 냄을 의미한다.

03 '일탈'은 ① '정하여진 영역 또는 본디의 목적이나 길, 사상, 규범, 조직 따위로부터 빠져 벗어남.', ② '사회적인 규범으로부터 벗어나는 일'이라는 뜻이다. 여기서는 ①의 의미로 쓰였다.

04 '혁신'은 묵은 풍속, 관습, 조직, 방법 따위를 완전히 바꾸어서 새롭게 함을 의미한다.

05 '기여'는 도움이 되도록 이바지함을 의미한다.

06 '통용'은 일반적으로 두루 씀을 의미한다.

07 '자생'은 ① '자기 자신의 힘으로 살아감.', ② '저절로 나서 자람.'이라는 뜻이다. 여기서는 ②의 의미로 쓰였다.

15회 30~31쪽

01 방류	02 등재	03 가차	04 무상
05 고유	06 자조적	07 독자적	08 현실적
09 이상적	10 속물적	11 호가호위	12 혹세무민
13 가렴주구	14 도탄지고	15 지록위마	16 가정맹어호
17 글	18 가축	19 실질적 의미	20 어근

01 '방류'는 ① '모아서 가두어 둔 물을 흘려 보냄.', ② '물고기를 기르기 위하여, 어린 새끼 고기를 강물에 놓아 보냄.'이라는 뜻이다. 여기서는 ①의 의미로 쓰였다.

02 '등재'는 ① '일정한 사항을 장부나 대장에 올림.', ② '서적이나 잡지 따위에 실음.'이라는 뜻이다. 여기서는 ①의 의미로 쓰였다.

03 '가차'는 사정을 보아준다는 뜻이다.

04 '무상'은 어떤 행위에 대하여 아무런 대가나 보상이 없음

을 뜻한다.

05 ‘고유’는 본래부터 가지고 있는 특유한 것을 뜻한다.

16회 32~33쪽

01 범주	02 증식	03 기원	04 상반
05 지양	06 지향	07 ㉡	08 ㉠
09 ㉤	10 ㉣	11 ㉢	12 단일어
13 파생어	14 합성어	15 견고하다	16 무쇠, 바늘
17 나무	18 탑	19 물	20 우물, 한 우물

01 ‘범주’는 동일한 성질을 가진 부류나 범위를 뜻한다.

02 ‘증식’은 늘어서 많아지거나 늘려서 많게 함을 의미한다.

03 ‘기원’은 ‘사물이 처음으로 생김. 또는 그런 근원’이라는 뜻이다.

04 ‘상반되다’는 반대되거나 어긋나게 된다는 뜻이다.

05 ‘지양’은 더 높은 단계로 오르기 위하여 어떠한 것을 하지 아니함을 뜻한다.

06 ‘지향’은 ‘어떤 목표로 뜻이 쏠리어 향함. 또는 그 방향이나 그쪽으로 쏠리는 의지’라는 뜻이다.

17회 34~35쪽

01 배포 02 제자 03 편수 04 언중
05 구호 06 배부 07 창제 08 상형
09 가획 10 합성 11 편찬 12 관혼상제
13 망운지정 14 부창부수 15 백년가약 16 가화만사성
17 백성을 사랑함. 18 세상에 널리 퍼뜨려 모두 알게 함. 19 자연적인 재해나 사회적인 피해를 당하여 어려운 처지에 있는 사람을 도와주다. 20 끝이나 한이 없다.

01 ‘배포’는 신문이나 책자 따위를 널리 나누어 줌을 뜻한다.

02 ‘제자’는 글자를 만드는 것을 뜻한다.

03 ‘편수’는 책을 편집하고 수정함을 뜻한다.

04 ‘언중’은 같은 언어를 사용하면서 공동생활을 하는 언어 사회 안의 대중을 뜻한다.

05 ‘구호’는 재해나 재난 따위로 어려움에 처한 사람을 도와 보호함을 뜻한다.

18회 36~37쪽

01 부과	02 전이	03 진위	04 복원
05 본의	06 착시	07 연서	08 병서
09 모아쓰기	10 표출	11 부가	12 착란
13 병행	14 진의	15 갈무리	16 ㉤
17 ㉡	18 ㉢	19 ㉠	20 ㉣

01 ‘부과’는 ① ‘세금이나 부담금 따위를 매기어 부담하게 함.’, ② ‘일정한 책임이나 일을 부담하여 맡게 함.’이라는 뜻이다. 여기서는 ②의 의미로 쓰였다.

02 ‘전이’는 ① ‘자리나 위치 따위를 다른 곳으로 옮김.’, ② ‘사물이 시간이 지남에 따라 변하고 바뀜.’이라는 뜻이다. 여기서는 ①의 의미로 쓰였다.

03 ‘진위’는 참과 거짓 또는 진짜와 가짜를 통틀어 이르는 말을 의미한다.

04 ‘복원’은 원래대로 회복함을 뜻한다.

05 ‘본의’는 본디부터 변함없이 그대로 가지고 있는 마음을 뜻한다.

06 ‘착시’는 시각적인 착각 현상을 뜻한다.

10 ‘방출(放出)’은 비축하여 놓은 것을 내놓음을 뜻한다.

13 ‘병렬’은 나란히 늘어서거나 나란히 늘어놓음을 뜻한다.

15 ‘마무리’는 일의 끝맺음을 뜻한다.

19회 38~39쪽

01 귀화	02 변질	03 변모	04 번영
05 회귀	06 개관	07 ㉣	08 ㉠
09 ㉡	10 ㉢	11 번성	12 변환
13 상용화	14 귀환	15 박학다식	16 자강불식
17 곡학아세	18 망양지탄	19 절차탁마	20 형설지공

01 ‘귀화’는 ① ‘다른 나라의 국적을 얻어 그 나라의 국민이 되는 일’, ② ‘원산지가 아닌 지역으로 옮겨진 동식물이 그곳

의 기후나 땅의 조건에 적응하여 번식하는 일'이라는 뜻이다. 여기서는 ①의 의미로 쓰였다.

02 '변질'은 '성질이 달라지거나 물질의 질이 변함. 또는 그런 성질이나 물질'이라는 뜻이다.

03 '변모'는 '모양이나 모습이 달라지거나 바뀜. 또는 그 모양이나 모습'이라는 뜻이다.

04 '번영'은 번성하고 영화롭게 됨을 뜻한다.

05 '회귀'는 한 바퀴 돌아 제자리로 돌아오거나 돌아감을 뜻한다.

06 '개관'은 '전체를 대강 살펴봄. 또는 그런 것'이라는 뜻이다.

20회 40~41쪽

01 담화 02 순기능 03 배양 04 응집성
05 발화 06 선입견 07 진취적 08 급진적
09 잠재적 10 취약 11 배척 12 비약적
13 바늘, 실 14 초록, 동색 15 개밥, 도토리
16 찬물, 기름 17 보릿자루 18 공정하지 못하고 한쪽으로 치우친 생각. 19 본래 의도한 것과 반대로 작용하는 기능.
20 사람들이 보통 알고 있거나 알아야 하는 지식이 전혀 없음.

10 '빈약'은 형태나 내용이 충실하지 못하고 보잘것없음을 뜻한다.

11 '배제'는 받아들이지 아니하고 물리쳐 제외함을 뜻한다.

12 '집약적'은 '하나로 모아서 뭉뚱그리는. 또는 그런 것'이라는 뜻이다.

21회 42~43쪽

01 독백 02 논쟁 03 반감 04 평판
05 은연중 06 덕목 07 ㉡ 08 ㉠
09 ㉢ 10 ㉤ 11 ㉣ 12 호감
13 소양 14 심화 15 교섭 16 논의
17 비평 18 연관 19 구체적인 상황
20 사회·문화적 배경

01 '독백'은 ① '혼자서 중얼거림.', ② '배우가 상대역 없이 혼자 말하는 행위. 또는 그런 대사'라는 뜻이다. 여기서는 ②의 의미로 쓰였다.

02 '논쟁'은 서로 다른 의견을 가진 사람들이 각각 자기의 주장을 말이나 글로 논하여 다툼을 뜻한다.

03 '반감'은 반대하거나 반항하는 감정을 뜻한다.

04 '평판'은 세상 사람들의 비평을 뜻한다.

05 '은연중'은 '남이 모르는 가운데'라는 뜻이다.

06 '덕목'은 충(忠), 효(孝), 인(仁), 의(義) 따위의 덕을 분류하는 명목을 뜻한다.

22회 44~45쪽

01 보편적 02 무조건적 03 순화 04 경각심
05 감화 06 비판적 07 동조하는 08 야박하게
09 무안한 10 겸허한 11 토를 달다
12 말꼬리를 잡다 13 아쉬운 소리 14 말을 맞추다
15 공감적 16 소극적 17 적극적 18 주관이나 원칙이 없이 덮어놓고 행동하는. 또는 그런 것. 19 인정이 없고 삭막하다. 20 상대방이 말하는 도중에 말을 중지시키다.

07 '동조하다'는 남의 주장에 자기의 의견을 일치시키거나 보조를 맞춘다는 뜻이다.

08 '야박하다'는 태도가 차고 인정이 없다는 뜻이다.

09 '무안하다'는 수줍거나 창피하여 볼 낯이 없다는 뜻이다.

10 '겸허하다'는 스스로 자신을 낮추고 비우는 태도가 있다는 뜻이다.

23회 46~47쪽

01 남짓 02 문안 03 운치 04 만평
05 면박 06 목불식정 07 입신양명 08 유방백세
09 우이독경 10 금의환향 11 문안하다 12 어기대다
13 실소 14 타박 15 무단 16 딴지
17 계책 18 ㉡ 19 ㉠ 20 ㉢

01 '남짓'은 크기, 수효, 부피 따위가 어느 한도에 차고 조금 남는 정도임을 나타내는 말이다.

02 '문안'은 문서나 문장의 초안을 뜻한다.

03 '운치'는 고상하고 우아한 멋을 뜻한다.

04 '만평'은 ① '일정한 주의나 체계 없이 생각나는 대로 비평함. 또는 그런 비평', ② '만화를 그려서 인물이나 사회를 풍자적으로 비평함.'이라는 뜻이다. 여기서는 ②의 의미로 쓰였다.

05 '면박'은 면전에서 꾸짖거나 나무람을 뜻한다.

11 '무난하다'는 '별로 어려움이 없다.', '이렇다 할 단점이나 흠잡을 만한 것이 없다.', '성격 따위가 까다롭지 않고 무던하다.'의 뜻이다.

12 '어정대다'는 키가 큰 사람이나 짐승이 이리저리 천천히 걷는다는 뜻이다.

13 '박장대소'는 손뼉을 치며 크게 웃음을 뜻한다.

24회

48~49쪽

01 저해 02 근절 03 날조 04 초고
05 고쳐쓰기 06 과도한 07 밑도는 08 허심탄회하게
09 단조로운 10 고루한 11 속, 강정 12 소, 외양간
13 빈 수레 14 낫, 기역 자 15 우물, 숭늉
16 빈대, 초가삼간 17 사실과 다르게 해석하거나 그릇되게 함. 18 어떤 기준보다 밑돌다. 19 융통성이 없이 올곧고 고집이 세다. 20 넓은 세상의 형편을 알지 못하는 사람을 비유적으로 이르는 말.

06 '과도하다'는 정도에 지나치다는 뜻이다.

07 '밑돌다'는 어떤 기준이 되는 수량에 미치지 못한다는 뜻이다.

08 '허심탄회하다'는 품은 생각을 터놓고 말할 만큼 아무 거리낌이 없고 솔직하다는 뜻이다.

09 '단조롭다'는 단순하고 변화가 없어 새로운 느낌이 없다는 뜻이다.

10 '고루하다'는 낡은 관념이나 습관에 젖어 고집이 세고 새로운 것을 잘 받아들이지 아니함을 의미한다.